湖北省少数民族非物质文化遗产的高校教育传承模式

刘昕颖 著

中国纺织出版社有限公司

内 容 提 要

非物质文化遗产是民族的根基，它融汇了特定时代、民族、地区广大民众的生活习俗、审美特征与思维模式。保护好非物质文化遗产对于文化发展、民族振兴等具有重要意义。湖北省是我国非物质文化遗产的代表省份，具有种类多样、内容丰富的非物质文化遗产。

本书回顾了湖北省非物质文化遗产的背景和起源，讨论了当前的研究现状和趋势，并基于湖北省少数民族非物质文化遗产现状的调查，分析湖北省非物质文化遗产传承中存在的困境，探讨了高校在湖北民间非物质文化遗产传承中的优势，就如何发挥好高校在保护和传承非物质文化遗产中的作用提出了建议。

图书在版编目（CIP）数据

湖北省少数民族非物质文化遗产的高校教育传承模式 / 刘昕颖著. -- 北京：中国纺织出版社有限公司，2021.12

ISBN 978-7-5180-9231-4

Ⅰ．①湖… Ⅱ．①刘… Ⅲ．①少数民族—非物质文化遗产—保护—研究—湖北②少数民族—非物质文化遗产—发展—研究—湖北 Ⅳ．①G127.63

中国版本图书馆 CIP 数据核字（2021）第 262923 号

责任编辑：邢雅鑫　　责任校对：高　涵　　责任印制：储志伟

中国纺织出版社有限公司出版发行
地址：北京市朝阳区百子湾东里 A407 号楼　邮政编码：100124
销售电话：010—67004422　传真：010—87155801
http://www.c-textilep.com
中国纺织出版社天猫旗舰店
官方微博 http://weibo.com/2119887771
北京佳诚信缘彩印有限公司印刷　各地新华书店经销
2021 年 12 月第 1 版第 1 次印刷
开本：787×1092　1/16　印张：11.5
字数：232 千字　定价：88.00 元

凡购本书，如有缺页、倒页、脱页，由本社图书营销中心调换

　　非物质文化遗产是以人为本的活态文化遗产，它强调以人为核心的技艺、经验以及精神，主要指人类以口头或动作方式相传，具有民族历史积淀和代表性的民间文化遗产，它曾被誉为历史文化的"活化石"。加强非物质文化遗产保护已成为我国的一项重要战略决策。国务院决定将每年6月的第二个星期六定为中国的"文化遗产日"，这充分体现了国家对文化遗产的高度重视和战略远见，有助于提高人民群众对文化遗产重要性的认识，增强公众对非物质文化遗产保护重要性的认识。

　　湖北是楚文化的发祥地，湖北省各族人民在长期历史发展过程中创造的非物质文化遗产源远流长，丰富多彩。非物质文化遗产不仅包括民间文学、民间音乐、民间舞蹈、传统戏剧、曲艺，还包括杂技与竞技、民间美术、传统手工技艺、传统医药以及民俗等。可以说湖北省非物质文化遗产涉及了华夏民族祖先生活的方方面面。

　　非物质文化遗产是民族发展的根脉。它融汇了特定时代、民族、地区广大民众的生活习俗、审美特征与思维模式，具备重要的人文价值。随着社会生产方式的变化以及工业信息化的快速发展，导致我国非物质文化遗产生存环境日益恶化，很多以口传身授为传承方式的非物质文化遗产项目正在逐渐消失，非物质文化遗产艺术从业者数量目前整体呈萎缩状态。湖北省作为我国非物质文化遗产代表省份，同样面临着非物质文化遗产逐渐消亡的命运。

　　非物质文化遗产传统的传授模式是家族式的言传身教，这极大地阻碍了非物质文化遗产的传播与传承。在非物质文化遗产代表传承人如凤毛麟角般稀有的今天，欲使非物质文化遗产重获生机且能发扬光大：首先，必须建立广泛的受众，高校的广大学生无疑是最为重要的生源。其次，高校良好的软硬件条件可以为湖北省非物质文化遗产提高良好的发展空间。最后，高校有丰富的文化团体和文艺活动，为湖北省非物质文化遗产的传承和宣传提供了展示的平台。基于此，《湖北省少数民族非物质文化遗产的高校传承模式》以非物质文化遗产传承的本体论及教育人类学理论为基础，基于湖北省少数民族非物质文化遗产现状的调查，分析湖北省非物质文化遗产传承中存在的困境，继而探讨了高校在湖北民间非物质文化遗产传承中的优势，包括专业性与稳定性两点内容，最后就如何发挥好高校在民间非物质文化遗产中的作用提出了建议。

著 者

2021 年 9 月

Contents 目 录

第一章　导论

第一节　新时代非物质文化遗产的传承背景

一、问题缘起

我国是一个多民族国家，各族人民在形成和发展的历史进程中，创造了丰富的非物质文化遗产，它们是人类宝贵的精神财富，是中国传统文化的重要组成部分。许多少数民族传统民间文化，除了其本身的艺术价值和科学价值外，对于弘扬民族精神、增强民族凝聚力和认同感等方面，也具有重要意义。但近年来，随着现代化进程的加快，大量产生于农耕文明时期的少数民族非物质文化遗产，由于存在环境的巨大改变而迅速消亡。其中，一个较为突出的现象就是民族文化的传承人和传承活动难以为继。据全国人大教科文卫委员会前些年的调查报告显示，我国非物质文化遗产所面临的严峻形势主要表现为：一些民族民间传统文化表现形式后继乏人，面临失传危险，许多少数民族语言文字渐渐消亡；一些传统工艺生产规模缩小，市场萎缩，处境艰难；人们的生活方式和观念发生变化，一些民间艺术不再被人欣赏，有的传统习俗在慢慢消失；青年一代崇尚现代文明，对民族传统和民族艺术逐渐失去兴趣，不愿学习继承；那些身怀绝技的民间艺人门庭冷落，而这些民间艺人大多年岁已高，如不及时传承，则会使这些"绝技"随着他们的去世而失传甚至灭绝。因此，如何在现代化条件下传承和保护好少数民族的非物质文化遗产，为其寻求新的传承载体和传承方式，对于少数民族文化的保护具有重要的现实意义。

二、研究综述

（一）对非物质文化遗产的界定

从非物质文化遗产概念界定及其涵盖的内容可以看出，非物质文化遗产主要表现为与人有关的生产方式和生活方式，非物质文化遗产的表现方式虽然依赖于一定的物质工具，但其得以传承最主要的因素则是人，在一代又一代人的口传心授过程中，非物质文化遗产项目才能存活延续至今并不断发展变化，它的存在是一种不断运动着的活态的存在。非物质文化遗产承载的更多的是人的精神和情感因素，通过非物质文化遗产人们可以看到传承主体乃至一个民族、群体的思维方式和行为方式的特性。对非物质文化遗产文化含义的理解要涉及这样两个问题：物质与非物质的关系、非物质文化遗产的基本特点。

1. 物质与非物质的关系

非物质文化遗产并不像其字面表现出来的意思一样与物质没有关系、没有物质因素，实际上，大多数非物质文化遗产的呈现方式主要是依靠物质材料、通过物质的工具或载体才能表现出其中的精神和情感价值。

首先，有的非物质文化遗产其形态本身就是物质的，如民间美术中的绘画、雕塑、工艺等，民间手工技艺中的工具和机械制作、编织扎制、造纸、印刷等。其次，非物质文化遗产呈现的工具基本都是物质的，比如口头传统先要借助语言这一外壳，而后很多都是通过书写工具、录音录像等工具来记录保存。又如传统表演艺术，需要借助相应的乐器、服装、各种饰品来表现，而在社会风俗、礼仪、节庆中更是离不开带有先民理想与期盼的礼器、祭品等物品，至于有关自然界和宇宙的知识和实践也是如此。虽然如此，但是非物质文化遗产更加侧重本身蕴含的精神和情感因素。我国典型的非物质文化遗产代表作古琴艺术，它的呈现要用到古琴和琴谱，虽然古琴作为中国的一种古老的乐器，其制作体现了我们祖先的自由创造，是先人智慧的结晶，琴谱的创作也表达了古人的情感和志向，但如果仅有物质客体的层面，是很难产生审美价值或者说只具有极小的审美价值，所以也无法成为人们眼中典型的审美对象。而古琴艺术则不同，弹奏者根据琴谱使用古琴这种乐器弹奏出的音乐，由于具备了音乐这种感性显现的外衣，从而使欣赏者在对古琴的音色、曲谱节奏的缓急、音量的高低等各种变化中体会到作曲者、演奏者当时的心境，进而在情感上得到相应的反应，或感动或震撼或领悟，抑或是得到心灵的净化和顿悟。这时，古琴、琴谱以及奏出的琴声才成为真正意义上的审美对象，具有极高的美学价值。

物质文化遗产的物质存在及其静态存在是其实质所在，并且具有不可再生和不可传承的特性，因此在保护过程中重点是修复物质外壳和维持现状；而非物质文化遗产更加注重的是人的主体性和创造性，人的因素是占首要地位的，其本质特点则是活态传承性。通过非物质文化遗产的表现方式（主要是传承人的行为），我们仿佛可以看到一代又一代的先人的智慧和技艺凝聚到传承人的心中和手中，而在不同的传承人展示的过程中，又表达了他们在特定时期内心独特的情感状态。即使是同一类的非物质文化遗产项目在不同的传承人那里也有不同的表现，可以说非物质文化遗产的每一次呈现都是独特的"这一个"，正是因为非物质文化遗产这种不同于物质文化遗产的活态传承性，才使得其存在、表现形态尤其丰富多彩。非物质文化遗产蕴藏着传统文化的基因。非物质文化遗产融合了物质与非物质这两种看似矛盾却又同时并存的因素：一种是有形的、可以看得见摸得着的，另一种是无形的、精神的，虽然二者很难区分得一清二楚，但非物质文化遗产更加侧重的还是后者。也正因如此，非物质文化遗产在对人的审美趣味、审美态度和审美理想的形成和培养方面的作用也就更加显而易见。尤其是非物质文化遗产中属于艺术门类的内容，比如口头传统和表现形式、表演艺术等类别更具有丰富的美学研究价值。这些富有审美价值的非物质文化遗产项目不仅表现了它们形成之初创造群体的审美取向和审美心理，为我们理解和研究特定时代的审美标准提供有力的依据，而且在世界文化中也显示了我国人民在特定时代的审美能力。我们应该明确认识到非物质文化遗产与物质文化遗产的区分是相对的，在非物质文化遗产和物质文化遗产中都会同时存在这两种因素，只是两种因素的比例各有侧重，这也就造成我们对其研究、抢救、保护工作的重点相应地区分开来，一个重实物，一个重精神。

2.非物质文化遗产的基本特点

（1）群体性

从非物质文化遗产的创造主体、传承主体来说，虽然有时表现为个人，但从总体上看，非物质文化遗产是一个群体共同创造的积淀着群体智慧和情感的产物，体现出的是群体的思想观念和行为方式。群体的组成可能是几个人，更多时候是一个村落、地区、民族甚至是国家。对于产生于个体行为的非物质文化遗产来说，虽然由个体行为引发，但是在其后的发展、传承过程中，又会吸收和融入群体的智慧、情感、技艺、创新等因素，在世代相传中流变、积淀，经过漫长的历史过程，才会形成我们今天所看到的蕴涵丰富而又形态独特、辉煌灿烂的非物质文化遗产。而且个体的、个性化的创造只有融入群体的生活和生产实践中，被群众的大多数认可和接受，才能有条件得以传承，成为非物质文化遗产的组成部分。

从非物质文化遗产的创造环境来说，大多数非物质文化遗产都是在一定的社会生活背景，在一种充满群体生活气息的环境中产生的。个体或群体由于存在于这样一种大环境、大背景之中，其思维方式、行为习惯必然要受到群体性环境的影响，创造主体在这个特定时空中内心受到群体精神与社会力量的激荡，从而在其创造中把内心的追求与思索表现出来，通过这种方式与更大的群体交流互动。

从非物质文化遗产的欣赏者及传承过程来看，其群体性特点更是显而易见。一种非物质文化遗产的展示本身就需要更多人共同完成。非物质文化遗产既然是在一定的社会生活背景中产生的，体现出的是一个群体基本都认同的思想观念和行为方式，那么非物质文化遗产的展现也会自然而然地拥有众多的参与者、欣赏者和学习者。

（2）独特性

人作为文化创造的主体，本身就具有独一无二的特质，非物质文化遗产的创造主体大多是群体，而群体可以指一个地区、民族甚至国家的个人的集合，所以在创作过程中，这个群体不同于其他群体的独特的思维方式、思想观念、情感取向、价值取向、行为方式及心理模式中呈现的群体中每个个体共有的想象力、创造力、表达方式等各方面的特质会一一呈现在外，由此形成了世界上丰富多彩、表现各异、异彩纷呈的非物质文化遗产让人们感受到文化的多样性带来的心灵的净化和心智的启发与提升。文化的多样性对全世界的人类来说是必不可少的，是全人类的共同遗产。表现独特、形态各异的文化样式之间和平相处、平等对话，对于保持和改善世界文化多样性的状态，维持和发展人类的自然环境和人文环境，丰富人类的精神生活、提升人们的精神境界有极其重要的意义。

非物质文化遗产的独特性还表现在其观念表述、表现形式、实物及文化场所的唯一性和不可复制性、不可再生性上。非物质文化遗产是一个民族的文化之根，是民族文化血脉的源头，非物质文化遗产蕴涵了"这个"民族特有的智慧和情感，而其中最突出、最重要的就是决定这种文化样式之所以成为"这样"的文化基因，正如自然界中生物的基因一样，每一种文化基因都是这个世界上唯一存在的，可以说几乎没有完全相同的两种文化基因。

同时这种独特的文化基因又是不可复制的，即使我们可以复制出丝毫不差的物质外壳，也不可能造就完全一致的精神内核。由于非物质文化遗产创造主体的独特性，使得复制者不可能经历原创者所处的自然环境与社会背景，更不能获得与原创者共同的心理体验，所以不同的心理图式造就了不同的文化样式，在保护工作中出现的对非物质文化遗产刻意"复古"、伪民俗以及打着非物质文化遗产旗号的纯商业活动，即使形式再花哨、场面再热闹，也与非物质文化遗产的本来面目有本质的区别。如果原始形态的非物质文化遗产不幸消亡，那么对于它的恢复和再生也几乎是不可能的，即使按照记载的方法恢复了其面貌，也只能是它皮毛的东西，而真正蕴含其中的独特的"文化记忆"却再也不能挽回，留给后人的只能是无尽的遐想和猜测。

（3）地域性

非物质文化遗产的产生是有一定的时代背景、社会环境和地域条件的。俗话说"一方水土养一方人"，实际上"一方水土"也孕育了一方独特的非物质文化遗产。孕育非物质文化遗产的这一方地域所特有的气候、土壤、水源，生产、生活方式及水平影响了生活在这片土地上的人们的思想感情、思维方式、心理图式、生活习惯及各种传统习俗、宗教信仰的形成，因此，这一方地域的人们在其社会实践、观念表达的过程中也会带上此地独特的风格，使非物质文化遗产表现出浓厚的地域色彩。该地域就是非物质文化遗产产生和赖以生存的土壤。如果地域内的自然条件、社会环境发生变化，与之相适应的非物质文化遗产也会随之流变。因此，认识非物质文化遗产地域性这个基本特点，对我们今后的保护工作也有一定的指导作用。我们以产生于陕北的秦腔和产生于江南的昆曲为例就可以看出非物质文化遗产鲜明的地域性这个基本特点。

秦腔流传于陕西、甘肃、宁夏、青海、新疆等西北部地区，其突出特点是当地民间音乐与关中方言结合。"明清之际，秦腔由陕西商人传入中原及华东、华中、华南一带，在清初成为全国有重大影响的戏曲剧种。秦腔音乐分欢音和苦音两种，前者主要表现欢快喜悦的情绪，后者主要表现悲愤凄凉的情绪。秦腔的生、净行唱腔高亢激越、慷慨悲凉、雄迈豪放；旦角唱腔委婉细腻、婉转流变、细腻典雅。"西北地区地域辽阔、人口较少、民族众多、自然条件复杂，有浩瀚的戈壁、沙漠。实际上，正是西北部地区这样严酷的自然环境和艰苦的生活条件才造就了人们的性格，所以形成了秦腔这一独具特色的传统戏剧种类。同样作为传统戏剧，昆曲的前身是南戏与昆山地方音乐及吴方言结合而形成的昆山腔。"南戏是南宋光宗皇帝时期浙江永嘉的一种地方小戏，它以南方民间音乐为主要演唱曲调，保留了许多民间艺术的特点，不受任何清规戒律约束，演出自由活泼，带有较大的随意性。而昆曲唱腔委婉、细腻、流利悠远，被人称为'水磨腔'。"昆曲的发源地是江苏昆山，这一带是典型的江南水乡，气候湿润，无严寒酷暑，唯夏季有一段湿热的梅雨季节。所以，昆曲的表现形式也和它所出现的地理条件密切相关。

（4）活态传承性

非物质文化遗产这种独特的文化遗产与物质文化遗产最大的区别就在于它侧重的是人的因素，重视蕴藏在其中的巨大的精神价值、情感价值，人的精湛技艺、主动性和创造力，以及这个族群表现出来的独特的思维、情感、愿望、理想。它的表现，尤其是精神内核主要依附于人这个活态的载体，通过人的思维、动作、表情等各个活动过程一代又一代地传承发展，可以说它包含在人类行为活动这个范围里面。比如，口头传承的各个非物质文化遗产项目，主要以声音为载体，通过说或唱的方式展现和传播；而民间音乐、舞蹈、戏曲、曲艺等表演艺术也都离不开动态的过程；各种风俗活动、礼俗、节庆也要在活动过程中表现；传统手工艺更是一个活动的、动态的过程。

我国丰富多彩的非物质文化遗产之所以能够流传至今依然存活，是因为其世代相传的方式。虽然传承人的选择限制很多，大都在父母与子女、师傅与徒弟之间，而且传承方式也多是口传心授、领悟体验，从一方面看限制了传承范围，但换个角度看如果我们的先辈连这样的传承意识、传承活动都没有的话，那么这些丰富的非物质文化遗产也不会得以保存。

当然我们所说的传承并不是后一代人一成不变地接受先辈的创造，而是会随着时代的发展和实际情况的变化做出相应的变动。而且在非物质文化遗产向其他地区、民族和国家传播的时候，作为接受者的族群又会结合当时、当地的社会情况、文化特色与历史文明的发展，在接受和继承中发展非物质文化遗产。我们应注意的是，虽然非物质文化遗产的流变、变异使其与之刚出现时的面貌不一致，但其内在的精神内核是基本一致的，否则就会变成另外一种非物质文化遗产样式。

（二）少数民族非物质文化遗产的价值和保护的意义

1. 从文化价值和功能的角度

每一种文化都是一种价值体系，是由各种文化特质构成的价值、意义和功能的整体。一方面，它是不同民族在特定的生活环境中对外部世界思维的肯定；另一方面，它又构成一个有特殊价值和意义的文化世界，建构着不同民族的价值心理和价值观念，形成不同民族的文化价值意识的定势。

王文章主编的《非物质文化遗产概论》一书，认为非物质文化遗产的价值是一个由历史性价值、共识性价值和现实价值构成的价值体系。保护非物质文化遗产有利于保护我国的传统文化和民族文化多样性，促进文化创新和文化事业的发展。黄胜进从文化资本理论的视角，初步探讨了非物质文化遗产的价值。

张世均的《我国少数民族非物质文化遗产的价值》、罗琳的《少数民族口头和非物质文化遗产价值审视》等文章认为少数民族非物质文化遗产的价值表现在社会价值、文化价值、科学价值和旅游价值四个方面，并分析了少数民族非物质文化遗产在语言学、历史学、民俗学、艺术学、医药学等学科意义上的价值。

2. 从文化多样性的角度

《世界文化多样性宣言》声明，文化多样性是一个有利于发展的因素，因为各个民族在历史、文化、经济、哲学和社会等方面的差异是人类进行交流、创新和产生创造力的源泉。多样性培育了创造性，体现了人类适应和改变生活条件的能力。创造性的多元共存包括多种文化群体积极的和动态的共存，不同文化的人们之间"和谐相处"是理想的完美世界，它保证了生活变化的平等。李其荣认为，正是由于不同文化之间的碰撞、交流和交融，才使得这些文化在自身的发展中不断地向外汲取营养，在不同的历史时期都焕发出新的生命力，世世代代延续下去。

何星亮认为，文化多样性是各民族交流、创新和创作的源泉。文化的创新在许多情况下是在不同文化的交流中产生的，是在异民族文化的基础上或吸收了其精华而创造的。

总之，保护非物质文化遗产，对于促进各民族文化的交流和创新具有重要战略意义。

3. 从民族认同角度

刘魁立认为，人都在一定的文化环境中生存，文化是协调人们之间关系的一种规范。人们在这样的规范中成长，被这种规范所塑造。正因如此，才会把处于相同文化环境、在同一文化体系下生活的人看成"我们"，而把相异文化的人看成"他们"。于是，文化便显示出了它强大的凝聚力。

周和平提出："非物质文化遗产是人类伟大文明的结晶和全人类的共同财富，是文化多样性的生动展示，是人类文化整体内涵与意义的重要组成部分。一个民族的非物质文化遗产，往往蕴含着该民族传统文化的最深根源，保留着形成该民族文化身份的原生状态，以及该民族特有的思维方式、心理结构和审美观念等"。

这些构成了维系他们共同情感体验、共同伦理意识和世界观的重要内容。郑晓云认为，在人类文化发展的一个很长时期内，文化是以民族为载体的，不同的文化类型为不同的民族所创造；同样，不同的文化也反映着不同的民族存在，成为维系一个民族存在的纽带。正是由于民族与文化的不可分性，认同一个民族的文化，就必然认同这一个民族。

4. 从民族文化权和民族自决权角度

民族文化权是一个民族拥有自己民族文化得到保持、保护与发展的权利，对于衡量民族平等及一个民族的生存与发展、民族之间的互相尊重与团结都有十分重要的意义，是人权保护的一个重要内容。

只有充分保护各民族的文化，保障每个人能自由使用本民族文化的权利，才有可能真正实现民族平等。文化自决权是指文化主体自由决定其文化地位，自由谋求其文化发展的权利。对于民族地区和传统社区而言，文化自决权就是他们创写自己的历史和身份、反对外部社会对其形象和文化进行误导和虚伪陈述的权利。

从以上四个方面内容可以看出，非物质文化遗产的价值是多方面和多向度的，对于非物质文化遗产保护的必要性，学者们已达成广泛共识。

（三）少数民族非物质文化遗产的保护原则

贺学军认为，保护非物质文化遗产的本质在于维护和强化其内在的生命，增进其自身可持续发展的能力，并针对这一目标，提出了保护非物质文化遗产的五项原则：生命原则、创新原则、整体原则、人本原则和教育原则。

刘魁立认为保护非物质文化遗产，应该从整体性原则出发：既要保护非物质文化本身，也要保护它的生命之源；既要重视非物质文化的历史形态，也要关注它的现实形态和将来发展；既要重视非物质文化的价值观及其产生的背景和环境，又要整合和协调各方面的关系及其利益诉求；此外，还应尊重文化共享者的价值认同和文化认同。

吴文科提出，以人为本的原则是保护非物质文化遗产的根本性原则。

王文章主编的《非物质文化遗产概论》也认为抢救与保护非物质文化遗产应当遵循本真性、整体性、可解读性和可持续性的原则。祁庆富认为非物质文化遗产保护的根本目的在于存续"活态传承"，这是衡量非物质文化遗产保护方式合理性的基本准则。

（四）非物质文化传承机制的相关研究

1. 对文化传承概念的认识

从19世纪中叶起，就有人类学、民族学学者对文化的传承演变问题进行专门的研究。文化进化论、传播论和涵化论都是与文化传承密切相关的理论。但是，对于文化传承的概念和内涵，学者们尚未形成明确统一的解说。

祁庆富在《论非物质文化遗产保护中的传承与传承人》一文中指出，在中国学术界，传承是最先用于民俗学研究中的一个基本概念，指民间知识，特别是口承民俗文化的传授和继承。但是文化传承的现象绝不仅仅局限在民俗学范畴，而是传统文化的根本性特征。因而也是人类学、民族学、考古学、社会学、文化学等学科研究中的重要概念。对"传承"概念的认识，应当从更宏观的"大文化"视野拓宽、加深理解。而正确理解传承语义与内涵，对于非物质文化遗产的研究及保护有重要的理论与实践意义。

刘锡诚在《传承与传承人论》一文中指出，"传承的第一义是习得，即通过传习而获得；第二义是创新或发明，即在前人所传授的知识或技能的基础上，加入自己的聪明才智，有所发明有所创新，使传承的知识或技艺因创新和发明而有所增益"。

赵世林则对文化传承的概念和内涵作出较为详尽的解释。他认为："文化传承是指文化在民族共同体内的社会成员中作接力棒似的纵向交接的过程。这个过程因受生存环境和文化背景的制约而具有强制性和模式化要求，最终形成文化的传承机制，使民族文化在历史发展中具有稳定性、完整性、延续性等特征。也就是说，文化传承是文化具有民族性的基本机制，也是文化维系民族共同体的内在动因。社会成员正是通过习得和传承共同的民族文化而结成为一个稳定的人民共同体。"

2. 有关非物质文化传承机制的研究

（1）对文化传承机制的整体性研究

索晓霞在对贵州少数民族文化传承运行机制进行动态分析后认为："民族文化传承的运行机制，实际上就是存在于民族文化传承过程中的'看不见的文法'，通过制度和法规所形成的社会强制、民俗在生活中的潜移默化以及道德和禁忌所形成的心理约束，来实现代际之间的文化传承"。

赵世林将民族文化传承的社会机制概括为以下六个方面：以家庭为中心的亲亲强制、以村寨为单位的社会监督、特殊状态（战争）下的高强传承、族际交往中强化的自我意识、意味着义务延续的祖先崇拜、宗教意识。

段超在论述民族文化生态保护和建设问题时，提出文化生态建设的首要任务就是要建构传统文化在新时期的传承机制，具体包括以下四方面内容："保护和培养民族传统文化的传承者；保护民族文化的传统载体和传承媒介，为民族文化寻求新的传承载体和媒介；保护民族传统文化的传承方式和方法，寻求新的传承方式和方法；通过开发利用为传统文化寻求新的社会市场和生存土壤"。

刘宗碧以黔东南苗族侗族为例，探讨了少数民族文化传承机制的当代变迁。他认为随着改革开放和整体的社会转型，少数民族文化的传承机制也获得了重塑和发展，主要表现为：从以族内传承为主的方式逐渐扩大到以与族外交往为中介的传承模式过渡；文化传承逐步走向以现代生产转型的依赖和重构来实现；在经济一体化的背景下民族文化的生存处于弱化状态，其传承对政府力量的依赖加强。

（2）对文化传承主体的研究

根据《保护非物质文化遗产公约》的规定以及各国的具体实践，参与文化传承的主体通常包括：中央和地方政府、文化传承人、社区民众、社会组织等。目前，学术界关于参与文化传承的主体研究，焦点主要集中在对传承人和政府这两个主体的讨论上。关于传承人的研究：非物质文化遗产作为一种活态的人文遗产，具有"现在"性，与个人或群体的活动密切相关，依附于特定区域或空间而存在，是一种"活态"文化。

民族文化的传承人一般都通晓本民族的文化传统、熟练掌握着本民族的传统民间技艺，是各民族民间文化资源的活宝库。正由于他们世代相承和发展创新，各民族的传统文化才得以延续和发展，从历史走向当代。祁庆富认为传承人是非物质文化遗产保护的核心，如果传承人消失，原形态的非物质文化遗产也就不复存在。因而，非物质文化遗产保护的重点是传承人。

吴彤彤提出要建立传承人名录体系、传承人权益保护法规体系和传承人培养教育体系的保护机制。

陈兴贵认为，我国的大部分少数民族是有语言无文字的，许多少数民族的传统文化往往掌握在极少数人手中，传承方式主要是家族内代际之间的承传。要充分重视对传承人的保护和培养，给予他们相应的物质保障和荣誉，使其自觉成为保护非物质文化的领头人。

苑利却仍认为："很多非物质文化遗产是群体性拥有的，并非掌握在某一个人手里。一旦只给一个人发钱，必然破坏了社群的关系。"因此，他建议以群体资助的方式去支持非物质文化遗产的传承工作，充分调动传承人的内在积极性，使他们在市场竞争中占据更多优势。

安学斌在分析评价作为民族文化传承人的历史作用与当代生活环境后，提出改善传承人生存状况和传承活动的具体措施。

萧放提出对传承人不仅要有经济、社会的生活保障，还需精神关怀。同时作为非物质文化遗产的传承人也应该自觉承担传承文明的责任与义务。

徐辉鸿认为对传承人的保护既包括对其本人的保护，还包括对传承机制的保护。在保护的基础上，政府要对传承人的活动进行必要的监管，防止其行为背离保护非物质文化遗产的宗旨。

（3）对文化传承方式的研究

我国的非物质文化遗产形式多样，种类丰富，包括民间文学、各类表演艺术、传统手工艺和民俗文化等。由于各类非物质文化遗产的表现形式不同，传承方式有别，因此，对其保护要注重因类而异，采用适合各自特点的方法和措施。

从文化生态保护角度：黄涛在《论非物质文化遗产的情境保护》一文中提出作为一种活态文化，非物质文化遗产的完整样态和生动内容存在于特定情境之中。"对非物质文化遗产的情境保护分为两种情况：一是对在现代社会仍有存活价值的文化事象应大力扶植，保护其赖以存活的土壤，使之在现代社会传承下去；二是对不适应现代社会环境，因失去存活价值而正在衰亡的文化事象，要完整地记录保存，不仅要保存期文化事象，还要保存期文化情境。"

刘守华在《论文化生态与非物质文化遗产保护》一文根据我国非物质文化遗产不同项目的生存状况，分别阐述了相关文化生态的保护、修复和重建问题，提出应将文化生态建设置于保护工程的重要位置，着力实现"活水养活鱼"的科学目标。

高梧认为，所谓"活态保护"是将非物质文化遗产的传承人、文化空间和时间三个部分组成一个动态的文化场，在这个场中通过疏通传承渠道、留存文化空间和延续文化时间的努力，来实现保护非物质文化遗产的目的。

李玉臻在《非物质文化遗产视角下的文化空间研究》一文中提出，"文化空间保护打破了以往非物质文化遗产保护的碎片化，在保护文化的同时实现了文化的再生产，兼顾了社区民众的发展需求，是非物质文化遗产保护方法的新突破。"

从生产性保护角度：生产性保护是在非物质文化遗产活态传承的前提下，将这些遗产转化为经济效益和经济资源，发掘其现代价值，实现保护和发展的模式。对于表演类的非物质文化遗产，可以通过在民俗节日、旅游活动中展演或表演，实现生产性保护。如田敏在《民族社区社会文化变迁的旅游效应再认识》中提出旅游对民族传统文化的保护同时存在利弊两个方面的影响，但两者不是绝对对立的关系，应正确认识民族社区旅游效应的两面性，以促进民族传统文化变迁的良性发展。

徐赣丽在《非物质文化遗产的开发式保护框架》中提出非物质文化遗产的开发式保护框架，即将保护非物质文化与民俗旅游开发等产业经济形式相结合，调动政府、商家、学者和文化主体的积极性，使非物质文化遗产在现实生活中找到生存的土壤。

崔凤军在《旅游与非物质文化遗产的保护》中指出非物质文化遗产具有旅游品牌效应，旅游是抢救、保护非物质文化遗产的主要渠道。而传统工艺类的非物质文化遗产，由于其本身就具有生产性，与博物馆式的保护及其他的保护方式相比较，生产性保护是其最为合适的保护手段。

三、非物质文化遗产传承人基本概论

（一）传承人及代表性传承人的概念

非物质文化遗产的传承主体，是指民间文化艺术的优秀传承人，即掌握着具有重大价值的民间文化技艺、技术，并且具有最高水准的个人或群体。民族学家祁庆富先生认为，传承人是在有重要价值的非物质文化遗产传承过程中，代表某项遗产深厚的民族民间文化传统，掌握杰出的技术、技艺、技能，为社区、群体、族群所公认的有影响力的人物。

按照《国家级非物质文化遗产项目代表性传承人认定与管理暂行办法》，传承人与代表性传承人是一种包含与被包含关系。其不同的在于代表性传承人应具有以下特征：第一，掌握并承续某项国家级非物质文化遗产；第二，在一定区域或领域内被公认为具有代表性和影响力；第三，积极开展传承活动，培养后继人才。同时，从事非物质文化遗产资料收集、整理和研究的人员不得认定为国家级非物质文化遗产项目代表性传承人。

（二）非物质文化遗产与传承人之间的关系

1. 非物质文化遗产保护中的核心问题

非物质文化遗产是植根于民族土壤的活态文化，是发展着的传统的行为方式和生活方式。因而，它不能脱离生产者和享用者而独立存在，它是存在于特定群体生活之中的活的内容。它无法被强制地凝固保护，它的存在与发展永远处于活体传承与活态保护之中。从这个意义上来说，进行非物质文化遗产保护的核心因素之一即要保护其传承主体。非物质文化遗产的传承主体，是指民间文化艺术的优秀传承人。非物质文化遗产正是依靠他们的传承才得到延续，要使非物质文化遗产的传承永不断流，人是决定性的因素。

从本体论的角度来看，传承人的存在根本上决定了非物质文化遗产的存在；从价值论的角度来看，传承人的价值集中地体现了非物质文化遗产的价值；从功能论的角度看，承人的延续有效地保证了非物质文化遗产的生命。保护非物质文化遗产，其实质就是能延续传统文化，其核心便是保护承载着传统文化的人。非物质文化遗产作为无形活态的文化，其存在与传承必然离不开传承人。也就是说，传承人消失，原形态的非物质文化遗产也就不复存在。因而，非物质文化遗产保护的重点是对传承人的保护。

一些依靠口授和行为传承的文化遗产正在不断消失，许多传统技艺濒临消亡，大量有历史、文化价值的珍贵实物与资料遭到毁弃或流失境外，随意滥用、过度开发非物质文化遗产的现象时有发生。加强我国非物质文化遗产的保护已经刻不容缓。在当前非物质文化遗产保护工作中，采取有效措施，抢救与保护濒危的传承人是迫在眉睫的重大问题。如果从事非物质文化遗产的传承人日益减少，乃至青黄不接、后继乏人，一些传统艺术、技艺就会不断消亡。当前，大多活态传承人年事已高，来不及把优秀传承人掌握的传统技艺及时用各种方式存留下来，人亡歌息，人去艺绝，就会造成非物质文化遗产不可弥补的损失。非物质遗产的濒危性表现在传承的危机，解决传承危机的关键是便是对传承人的保护。

2. 非物质文化遗产项目及其传承人之间的关系

由于其不同项目的非物质文化遗产，其传承主体承载的方式有很大不同，因而在认定传承人的过程中，也难免遇到理论上的量化难题。为了能直观地表现了非物质文化遗产项目与传承人承载之间的关系，制作了图 1-1~图 1-3。

图 1-1，传承人与传承项目之间一对多的关系，在国家级非物质文化遗产项目传承人认定过程中并不常见，其认定方法也可以采用个体认定（若项目数取 1，则演变为一种一对一的相互关系，其认定方式采用个体认定）。

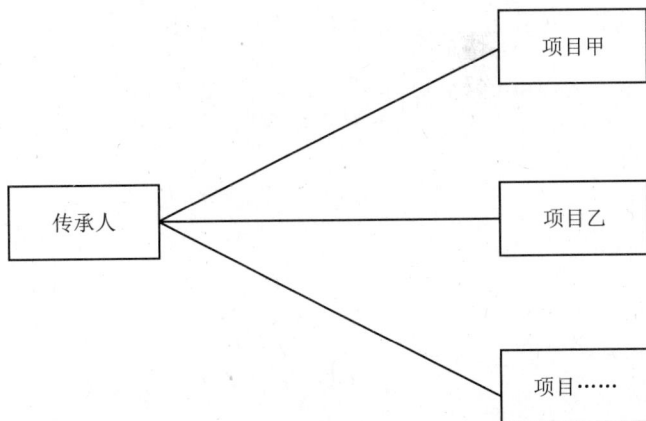

图 1-1 传承人与传承项目之间一对多的关系

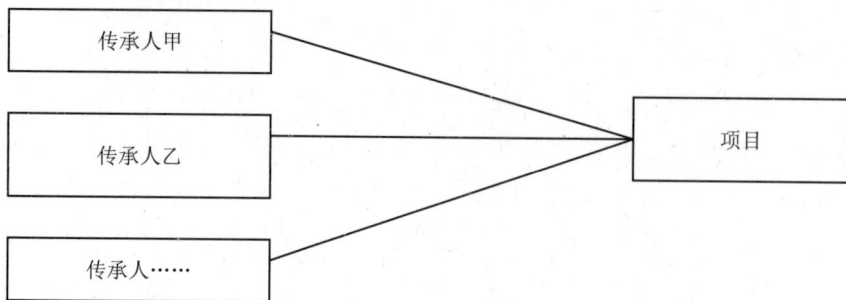

图1-2　传承人与传承项目之间多对一的关系

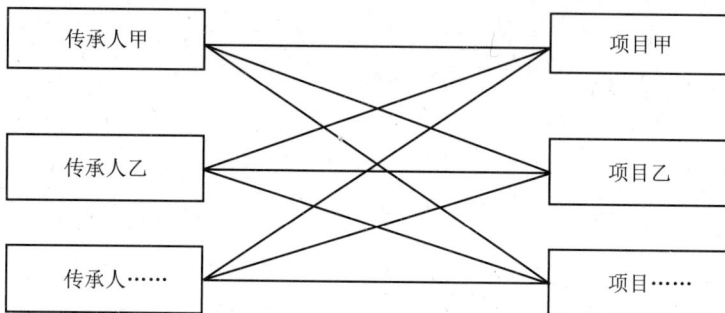

图1-3　传承人与传承项目之间多对多的关系

由于其传承路径过于复杂，这种情况下分类中的项目必然会存在着多方面的文化基因相互交叉，因而形成了一个复杂的非物质文化遗产群，很难区分其中哪个项目更为重要，哪个是核心。因此，这样的传承方式适合采用团体认定的方法，以保护非物质文化遗产的整体性，而不刻意肢解其文化群体。

（三）非物质文化遗产传承人所处的社会环境

1. 经济的发展带来文化价值观的转变

改革开放以来，我国经济得以高速发展。各族人民逐渐摆脱贫困，社会主义现代化进程加速实现，经济的繁荣促进了社会的根本性发展，也为各族人民创造了一个更加美好的生活环境。

在这样的繁荣背景中，民族民间艺人却面临着两种不同的路径：

（1）创造经济价值

一些承载着传统文化，特别是有着显著经济价值非物质文化遗产的民间艺人，在新的社会主义市场经济体制下，获得了较以往更加自由的市场环境。他们根据市场的需求，大力恢复民间技艺，并发展新的产业。不仅使非物质文化遗产得以延续，也在新的市场环境中拓展了非物质文化遗产原有空间。

（2）不创造经济价值

还有一些民间艺人，由于其承载的非物质文化遗产不具有直接经济效益，甚至对艺人而言，传承这一类非物质文化遗产更是一种物质消耗。其不仅仅不能为民间艺人带来生活物质上的改变，甚至在传承的过程中还需他们大量的投入，消耗他们的物质基础。对这一类非物质文化遗产而言，社会经济越是发展，人们对传统文化的依赖往往越大，因而使得民间艺人在传统文化艺术的投入就越高，而正是这种投入与获得不成比例，最终必然影响到艺人的物质生活条件。

在现阶段，丰富的非物质文化遗产资源主要留存于广大的民族民间，而我国正处于社会主义初级阶段，非物质文化遗产存在主体空间即广大农村生活环境依然严峻。虽然经济的发展使得我国广大农村摆脱了贫困，但是在城镇化大力发展的今天，严峻的生活环境并不能满足农村年轻人对更美好生活的追求。在这样的环境中，越来越多的农村年轻人，或是迫于生活压力，或是对城市美好生活的向往，纷纷涌向城市。他们中的大部分仅仅初中毕业，甚至中途辍学，正处于人生观、世界观逐渐形成的时期。而在经济条件明显好于农村的城市生活中，他们的价值观也逐渐被同化，而渐渐形成趋利性的价值观。由于城市的生活可以给他们带来满意的物质需求，当这些新生代回乡的时候，他们的一言一行以及改善的生活条件，影响着越来越多的乡人。最终，向往城市生活的乡人越来越多，农村的青年甚至中年人、老年人纷纷进城打工。他们放弃原有的生活方式，对原有的生活观念也开始持有怀疑态度，随着他们价值观的转变，非物质文化遗产的文化空间受到很大的威胁。

2. 科学技术的发展带来文化自觉的缺失

什么是文化自觉，它又何以如此重要呢？按照费孝通先生的解释："文化自觉是指生活在一定文化中的人对其文化有'自知之明'，明白它的来历，形成过程，所具的特色和它发展的趋向，不带任何'文化回归'的意思，不是要'复归'，同时也不主张'全盘西化'或'全盘他化'。自知之明是为了加强对文化转型的自主能力，取得决定适应新环境、新时代对文化选择的自主地位。文化自觉是一个艰巨的过程，首先要认识自己的文化，理解所接触到的多种文化，才有条件在这个正在形成中的多元文化的世界里确立自己的位置，经过自主的适应，和其他文化一起，取长补短，共同建立一个有共同认可的基本秩序和一套与各种文化能和平共处，各抒所长，联手发展的条件"。

20世纪，世界科技得到了飞速发展，特别是第三次科技革命以后，信息技术的发展生活各行各业带来了极大的便利，许多非物质文化遗产均以信息记录等方式被完善保存下来。例如，20世纪50年代艺人阿炳演奏的民间二胡乐曲《二泉映月》，如果没有科技的发展，没有录制保存，今天我们就很难领略华彦均享誉中外的弦音。到20世纪末，网络的发展、个人计算机普及为信息的传播提供了更加广阔的平台。在这样便捷的平台上，人们只需要点一点鼠标、按一按键盘，便可以很方便地领略大洋彼岸的文化风采，而我们的民族传统文化也能方便地为世界其他各族人民共享。但是，随着信息化、网络化的高速发展，科技给世界各族传统文化的传播提供更广阔平台的同时，也带来了一些负面性的影响。由于非物质文化遗产有别于实物形态的文化遗产，其在识别、保护方面存在着一定的难度，同时由于非物质文化遗产活态流变的特性，使得非物质文化遗产本身也具有一定的脆弱性，无论是文化空间的改变、消失，还是传承人理念的转变，都会使非物质文化遗产失去其原真性。所谓原真性，也称本真性。非物质文化遗产的原真性是来自原初的可以流传的一切之整体，从物质形态上的持续、文化环境的"本体真实"到它的历史见证性。

科技的发展给非物质文化遗产带来的负面影响主要表现在以下方面：

（1）科技的不当应用

科技的发展，为非物质文化遗产保护提供了新的工具。多媒体的应用，使非物质文化遗产的保存变得更加容易，而这种多媒体的便利性却更容易被保护者或者为获取产业化的商人所应用。但是，这样的保护方式，往往是抽取了非物质文化遗产中的外在表现因素，很难客观记录非物质文化遗产传承中承载主体传承人的记忆，只能让新的文化消费者体验到被记录的局部内容。正是这种忽略文化空间、忽略传承人记忆的保护方式，却往往是肢解了完整的非物质文化遗产，使其被孤立、机械地传播。这种缺乏文化自觉的保护方式，使非物质文化遗产在保护过程中渐渐失去其原真性，而最终导致非物质文化遗产的异化或者消失。

（2）伪民俗冲击着非物质文化遗产的存在空间

现代科技的发展为非物质文化遗产的延续带来了新的平台，但是由于众多缺乏文化自觉人士行为，通过科技的方式很容易就炮制了大量的伪民俗。这些伪民俗并不符合传统的审美价值、甚至是低俗的，其不仅仅破坏了非物质文化遗产的生存空间，甚至破坏了非物质文化遗产在人们内心中的审美价值，使得一些人错误认为非物质文化遗产是一种应该被淘汰的糟粕。

3. 外来文化的冲击带来文化认同的危机

文化认同是一种肯定的文化价值判断。即指文化群体或文化成员承认群内新文化或群外异文化因素的价值效用符合传统文化价值标准的认可态度与方式。经过认同后的新文化或异文化因素将被接受、传播。

经济与科技的发展，带来了交通和媒介的便利，渐渐拉近了人们之间的距离。一方面，交通与媒介的便利促进了各地人民之间的文化交流，融合各民族优秀的文化传统，丰富了各民族人民精神文化生活；另一方面，交通与媒介的便利，也加大了外来文化侵蚀其他民族文化的风险。当这些外来文化逐渐改变其他民族群众价值观的同时，民族的认同感也渐渐被弱化，传统的文化体系将面临被怀疑甚至被遗弃的命运。随着社会经济和科技的发展，城市化进程的加快，年轻一代不再固守土地，而通过读书、当兵、打工等方式离开故土。由于现代城市生活中趋利性以及为了生计竞争性的影响，使他们很快适应快速的城市节奏，与此同时，他们乐于能够给他们带来物质需求的城市化生活。大批正值传承非物质文化遗产年龄的农村青壮年到异地工作生活，迫使传承的主体不断流失，越来越少的人愿意延续传统的民族民间文化。非物质文化遗产赖以传承的核心主体以及群众基础逐渐消亡，人们的理念在城市化、现代化的进程中逐渐倾向于外来文化。这样便带来了文化最终的单质化，使民族的认同感逐渐淡化乃至消失。因而，传统的习俗、信仰等在现代化的进程中由于不被认可而逐渐被人遗忘，这种记忆形式的非物质文化遗产一旦失去其文化空间，便会面临着消亡的危机。

现代媒体的介入，使得大量的外来文化涌入，而这种外来文化往往来自经济科技较为发达的民族。尚处于发展中国家的我国的国情，决定了我国的大多数群众依然是以追求物质富足为第一要求，而这种情况下，便外来文化提供了一个同化群众的优势。因而，当VCD、DVD、网络等现代媒介进入我国的同时，流行音乐便冲击着传统的戏剧、曲艺，大量的年轻人，更愿意选择这种外来的文化。传统文化在这样的外来文化包围下，艰难前行，而新生一代渐渐被同化，最终渐渐改变着民族认同感，造成传承人的断代。

第二节　湖北省少数民族非遗文化起源

湖北少数民族民俗主要指土家族、苗族、侗族、回族、白族、蒙古族等民族的民俗。湖北少数民族民俗的传承地域有州、县、乡镇、村、居委会等多种形式。实践证明，在少数民族聚居区建立民族州、县、乡、镇、村、居委会，能够起到保护民族民俗的作用。湖北少数民族民俗是湖北非物质文化遗产富有特色的重要组成部分，研究其渊源构成，是实施保护的重要前提。因为只有清楚地认识其来源和构成要素，才能认识其独特的风韵与魅力，才能根据其构成要素制定合理的保护措施。湖北少数民族众多，民俗地域形式多样，民俗的构成也呈现纷繁复杂的状况。

一、原住少数民族民俗

在湖北本地域形成的民族主要有土家族。土家族的祖先巴人发源于长阳清江河畔的武落钟离山，并最早创造了清江流域的文明。湖北土家族世代传承的独特民俗主要是与祖先崇拜相关的信仰民俗以及一部分与当地自然环境相联系的生活民俗，前者包括摆手舞，后者包括西兰卡普、吊脚楼、土家服饰。

（一）摆手舞

摆手舞是土家族原始的祭祀舞蹈，主要祭祀土王，即土家族地方的已故族群首领。摆手舞在"摆手堂"举行。位于西水河畔的湖北来凤县舍米湖摆手堂至今仍保存完好："摆手堂"设有神台，供奉土王田好汉、彭公爵主、向老馆人。每年正月初三至十五，人们都要到摆手堂举行祭祀活动，摆手舞是祭礼活动中的主要内容：先是鸣铳放炮，宣告祭祀舞蹈开始。一人敲锣击鼓，众人在场坝和着锣鼓的节奏，跳起摆手舞。摆手舞分"单摆""双摆"，舞蹈者随领舞人的示意变换队形和动作，在摆动规律上，绝大部分是顺摆，即摆右手时就出右脚，摆左手时就出左脚，俗称"甩同边手"。摆手舞的舞蹈动作多是土家生产、生活、征战场面的再现：如表现打猎生活的"赶野猪""拖野鸡尾巴""岩鹰展翅"等；如表现农活的"挖土""撒种""种苞谷"等；表现日常生活的"打粑粑""擦背"等；表现征战活动的"开弓射箭""骑马挥刀"等。摆手舞的舞姿粗犷舒展，刚劲有力，节奏鲜明。土家人用牛头、猪头、粑粑、米酒、腊肉等供品祭祀过祖宗之后就开始起舞，从天黑一直跳到天亮，有时甚至一连跳几个通宵。还有一种在野外举行的大摆手舞，规模宏大，气势不凡：少则几人，多则上万人，历时七八天不息。大摆手舞每三年举行一次，是战争场面的再现。

（二）西兰卡普

西兰卡普是一种土家织锦。在土家语里，"西兰"是铺盖的意思，"卡普"是花的意思，"西兰卡普"即土家族人的花铺盖。又称"土花铺盖"，表示此种工艺为土家族所有。土家族习俗，过去土家姑娘出嫁时，都要陪嫁"西兰卡普"。土家族女子很小的时候就要开始织这种土花铺盖。

（三）吊脚楼

土家族有倚山建房的习惯，其形制成为吊脚楼——楼上住人，楼下圈养牲畜或存储柴火杂物：吊脚楼一般是并列三间，居中的一间为堂屋，两侧多为两小间卧室：堂屋正面墙壁设祖先神位堂屋一侧设火塘，火塘常年火种不断用于取暖煮饭。火塘上放有铁制三脚架。火塘上设有升降拉钩，上吊水壶烧水一上方还吊有炕架，用以烘炕物品多是在春节之前，用以烘炕腊肉和香肠等物。

（四）土家服饰

土家族男女大多喜穿大衣袖、大裤脚，在裤脚上刺绣花、鸟一类，裤子要接腰，男女头上喜包白帕子，脚上穿白底布鞋，大方美观。妇女头缀银饰，胸前配有银刀、响铃等。男女小孩帽上有各种各样的头饰，帽后配有银饰响铃，叮当作响。

二、汉族土著文化民族民俗

楚地古称荆，一种小灌木，其称呼实际上指该地为未开化之地，即蛮荒之地，这是中原汉族对荆楚地域的称呼。可见其原本是中原汉族文化之外的区域，中国文化发展历程包含着这样一个事实：中原文化不断南迁，影响南方地域文化，随着中原文化的南迁，中原汉族的习俗也不断影响荆楚地区的民族，并逐渐形成了受汉族影响而形成的少数民族民俗来自汉族的民俗，又经过了少数民族的改造，形成了一定的地域特色和民族特色。

土家族节日习俗，一方面受汉族影响较大，汉族的重大节日，几乎都为土家族所接受；另一方面，汉族的节日在土家族地区又经过了民族化或土化，带有了土家族民族的特色。汉族的元宵节是正月十五，而土家族却过正月十四。主要民俗是吃猪头，象征新的一年农事有个好的开头。汉族的端午是五月初五，而有的土家族却要推迟10天过五月十五大端午，还有的土家族人提前一天过端四。汉族一般称七月十五为七月半，而土家族却过七月十四。汉族中秋是八月十五，可土家族却过八月十四。汉族的重阳节是九月初九，土家族偏偏过九月十九的大重阳节。汉族的小年是腊月二十四，而土家族过小年是腊月二十三。汉族过年是腊月三十（月小腊月二十九），可土家族过年却是腊月二十九（月小腊月二十八），称过赶年。与汉族相比，土家族的节日总是提前或推后，节日日期的更改也导致了内容的变化。

此外，土家族的哭嫁习俗也是受到汉族的影响而形成的。哭嫁习俗是一种贯穿新娘歌哭仪式的婚俗。在婚仪过程中，新娘边哭边唱，抑扬顿挫，念念有词。广东、上海郊区、恩施土家族的哭嫁习俗，都有专门的哭嫁歌。其他地方的哭嫁习俗与土家族有大致相似的形式，都有哭亲朋好友、哭爹娘、哭骂媒人等环节，但与土家族的哭嫁习俗又有所差别。土家族的哭嫁有哭十姊妹一项，为其他地区所不见。土家族哭嫁时间也特别长，少则十多天，多则数月，有的女孩甚至从十一、二岁就开始向成年妇女伊伊哑哑学哭嫁，也为其他地区所罕见。形式不同，导致功能的差异。其他地域的哭嫁或为抢结婚的遗存，或为妇女不满包办婚姻的一种发泄与控诉。土家族的哭嫁实际上是土家族地区女子的一种成年礼。土家族女子经过长时间竭尽全力的歌哭，往往哭得眼睛红肿，嗓音嘶哑。

清人彭谭秋竹枝词《十姊妹歌》对此有过描述："十姊妹歌歌太悲，别娘顿足泪沾衣。宁山地近巫山峡，犹似巴娘唱竹枝。"土家族以哭嫁女哭得是否悲伤、是否厉害作为判定女子是否贤惠以及贤惠程度高低的标准。这些与成年礼的意义有相同之处。实际上是将成年礼与婚礼合二为一的产物。

哭嫁在土家族的特殊功能，是其在土家族长期流传的重要原因。古人早已对此有所认识。《长阳县志》载："古婚冠为二事，长邑则合而为一。于嫁娶前一二日，女家来发命筓。曰上头。设席醮女，请幼女九人，合女而十，曰陪十姊妹"。土家族将成年礼与婚礼合而为一的原因主要是旧社会女子成婚的年龄太早，很多女子在十一二岁就出嫁了。这样在时间上挤掉了成年礼的举行。而在这样的年龄为人父母，担当起沉重的人生与家庭重担，缺乏必要的心理承受能力，难以胜任。所以在婚礼中融入成年礼的内容，帮助土家族少女完成人生的重大过渡。这就是哭嫁习俗得以在土家族地区落地生根发展的重要原因。

三、迁徙民族民俗

在湖北，只有土家族是本地域形成的民族，其他都是迁徙而来的民族，他们在大杂居、小聚居的格局中保留了自己民族的传统民俗。迁徙民族往往以州、县、乡、镇、村、居民小区为地域单位传承本民族的民俗。

湖北苗族 99% 分布在恩施州。湖北苗族，多数是在清乾隆嘉庆年后，从湘黔两省聚居区迁徙而来，少数如建始龙姓苗族是明朝中期迁徙而来。恩施州苗族在服饰、节日等习俗方面还保留着鲜明的民族特色。

（一）苗族服饰

苗族女子喜戴银饰，她们在头顶绾发髻，戴上高约20cm，制作精美的银花冠，花冠前方插有6根高低不齐的银翘翘，银翘翘多为打制而成的二龙戏珠图案。有的地区，银冠上除插银片外，还插有银牛角，角尖系彩飘，更显得高贵富丽。银冠下沿，挂银花带，下垂一排小银花坠。脖子上戴银项圈，往往有好几层，多以银制花片和小银环连套而成。前胸戴银锁和银压领，胸前、背后戴的是银披风，下垂许多小银铃。耳环、手镯都是银制品。只有两只衣袖才呈现出以火红色为主基调的刺绣，但袖口还镶嵌着一圈较宽的银饰。苗家姑娘盛装的服饰常常有数公斤重，有的是几代人积累继承下来的。素有"花衣银装赛天仙"的美称。苗家银饰的工艺，华丽考究、巧夺天工，充分显示了苗族人民的智慧和才能。苗族的服饰各地不完全相同，男子多用布包头，身穿短衣裤。苗族妇女的穿戴普遍比较讲究，特别是喜庆节日所着盛装，极为精美，花饰很多，有的裙子有四十多层，故名"百褶裙"。衣裙上面绣制各种图案，五光十色，异彩纷呈。

（二）侗族

侗族多是清康熙至嘉庆年间先后由湘、黔、桂侗乡迁来，恩施侗族还保留着湘黔桂祖籍的古风习俗：在信仰上，他们虔诚地敬奉始祖"飞山公"杨再思，崇尚开辟沅州的神人杨天应。在节日习俗方面，有过重年、祭祖节、年三十开场的闹年锣等民族节庆；在建筑艺术上有独树一帜的风雨桥和鼓楼。

（三）白族

湖北鹤峰铁炉乡的白族，是100多年前由湖南桑植迁徙而来，桑植白族则系南宋时由云南迁徙而来。2006年，在湖北鹤峰铁炉成立铁炉白族乡，铁炉乡的白族还保留了白族的民间信仰。

四、邻近民族共有民俗

在大杂居小聚居的格局中，相邻而居的民族之间，往往交往频繁，民族文化相互渗透程度甚深，往往又形成相邻近的少数民族共有民俗的现象。

牛王节是鄂西土家族、苗族祭祀耕牛的节日。一般为农历四月初八，也有的地方在农历四月十八过牛王节。在土家族，有多种关于牛王节起源的传说，其中最流行的传说是：土家族在一次战斗中失败了，退到一条大河边，为洪水所阻挡。正在这时，河对面又来了一条水牛，土家人拖着牛尾巴过了河。为感谢水牛的救命之恩，每到这一天，土家人就杀猪宰羊，打粑粑，亲朋聚会。在这一天要让牛休耕一天，给牛喂精饲料。来凤高洞、旧司、大河土家族每年四月八都过牛王节，不仅给水牛喂鸡蛋和酒，还邀请巫师举行祭牛仪式。

苗族传说四月初八这天，神牛为苗民盗来了谷种，养活了苗民。苗民为了纪念牛神，在四月初八这天不使用耕牛，给牛喂好饲料。苗族还修建有牛王庙，举行隆重的祭祀活动。建始县郝州城附近就曾建有牛王庙，供奉有牛王牌位。来凤一带的苗族每年牛王节时，还在村寨场坝中供一纸扎牛头模型，摆上食物，叩头祭奠。人们还围着牛头和牛王牌位，赤裸着身子（仅下身以兽皮、青草遮掩）跳舞、法师则赤脚登上高耸的刀梯进行表演，场面十分壮观热闹。土苗四月初八的牛王节同中有异。其实，牛王节在南方许多民族都存在，是与农事相关的活动。

第三节　湖北省少数民族非遗文化的历史价值与内涵诠释

湖北省是一个多民族的省份，除乌孜别克族、德昂族外，全省共有53个少数民族成分，少数民族人口283万人，占全省总人口的4.68%；民族自治地方总人口440万，占全省总人口的7.34%；民族自治地方区域面积约3万平方公里，占全省总面积的1/6。少数民族主要分布在鄂西南民族自治地方和武汉（5.4万）、荆州（3.3万）等地。湖北省现有1个自治州、2个自治县、12个民族乡镇，20个民族村（街）。湖北各族人民在这片土地上创造了辉煌的民族文化，蕴藏着丰富的民族民间文化资源。

一、文化资源及文化遗产开发相关理论

文化越来越成为经济社会发展的重要支撑。在实践推进经济社会发展的过程中，各级各地党委政府也越来越重视文化的支撑作用；在理论认识上，有的领导强调，文化的大发展大繁荣不能仅限于文化自身的发展。而只有在同时与经济建设，特别是产业化发展相结合的实践过程中切实发挥作用才能实现。事实上，文化与经济的深度融合，文化的经济化、经济的文化化、文化产业的发展，文化遗产资源的价值通过文化旅游开发得以彰显。已是大势所趋、潮流所向、前景可期。

（一）文化资源的概念、含义、作用

经济社会发展离不开资源。文化促进经济社会发展乃至文化自身发展亦是如此。文化资源是指人类为开辟、发展和完善自己赖以生存的环境，在改造利用自然、维系社会规范和塑造人类自身的长期实践过程中所创造的物质文化、制度文化（社会文化）和精神文化资源。文化资源来源于历史文化积淀，包括历史人物、文物古迹、民俗、建筑、工艺、语言文字、戏曲等，有形与无形之分，有可度量与不可度量之别，可复制利用与不可再生性并存，总体而言，只要是体现人类追求和满足精神需求的产品或活动，均可划入文化资源的范畴。事实上，社会生活的方方面面都大量体现了文化的痕迹，政治、经济、社会生活以及世界范围内的比较，都蕴含了丰富的文化特征。文化资源具有精神和物质的双重属性，从统计评价的角度看，对于文化资源价值的评价和度量也具有双重的意义。物质文化、行为文化、制度文化和精神文化。这四类文化形态既相互区别又彼此联系，构成了文化整

体，四者为同一文化体系的"基础""表层""中层"和"深层"结构。

文化资源开发的意义深刻、作用重大，主要体现为文化资源开发可以直接创造经济效益，可以更广泛更充分地保障人民群众的文化权益，可以更好地传承、弘扬优秀文化，可以提升文化的凝聚力、保障文化安全。文化资源是文化生产力的重要基础，文化生产力实际上是对文化资源加以有效整合和开发利用的结果，它对推动社会进步、增加社会财富起到巨大的带动作用。文化生产力与一般生产力的不同在于，它通过"软力量"来显现对社会生活的影响。文化的软力量与文化产品相关，而文化产品又是靠文化资源来打造的，它与文化资源密切相关。文化资源可以转化为文化资本，成为影响经济社会发展的重要因素。在当代社会，资本已经成为资源的一种转化形式，已由过去的经济范畴向社会范畴和文化范畴延伸转化。文化资源转化为文化资本是文化向经济渗透的必然结果，也是文化产业发展的关键。文化可以通过资本的形式为社会带来直接的经济效益和价值增值，从而推动经济社会和文化自身的发展。

（二）作为文化资源的文化遗产含义及其开发意义、途径

文化资源是个宽泛的概念，文化遗产是其中一部分。历史文化遗产有形与无形之别，无形地可以转化为有形文化遗产。非物质文化遗产的保护可以采取建立独立博物馆、扶植地方表演队与资助单项传承人等方法。文物（有形的）即"文化遗存"。它是特殊的文化信息的载体，或者说是人类文明的见证物。

随着市场经济的深入发展，历史文化资源的开发利用，越来越受到人们的重视。文物的开发利用是有前提的。首先，文物本身的价值必须得到绝对的尊重。其次，开发利用不能违反国家的《文物保护法》。开发利用不仅要有内容上的合理性，还要有操作上的合法性。

（三）文化遗产资源的规范分类及其内容

按现代规范分类和政府层面的实际操作，文化遗产是分级登记保护的，有世界级、国家级、省级、市级和县级等。为了深刻认识和规范把握文化遗产，我们有必要详细了解联合国教科文组织的分类。联合国教科文组织《保护世界文化与自然遗产公约》根据形态和性质的界定，将"世界遗产"分为文化遗产、自然遗产、文化和自然双重遗产、记忆遗产、人类口述和非物质遗产（简称非物质文化遗产）、文化景观遗产，还包括其他遗产。具体分述如下。

1. 文化遗产

包括从历史、艺术或科学角度看具有突出的普遍价值的建筑物、碑雕和碑画、具有考古性质成分或结构、铭文、窟洞以及联合体；从历史、艺术或科学角度看在建筑式样、分布均匀或与环境景色结合方面具有突出的普遍价值的单立或连接的建筑群；从历史、审美、人种学或人类学角度看具有突出的普遍价值的人类工程或自然与人联合工程以及考古地址等地方。主要表现为文物、建筑群、遗址。

2. 自然遗产

包括从审美或科学角度看具有突出的普遍价值的由物质和生物结构或者类结构群组成的自然面貌。从科学或保护角度看具有突出的普遍价值的地质和自然地理结构以及明确划为受威胁的动物和植物生境区；从科学、保护或自然美角度看具有突出的普遍价值的天然名胜或明确划分的自然区域。

3. 文化与自然混合遗产

文化与自然混合遗产简称"混合遗产""复合遗产""双重遗产"。按照《实施保护世界文化与自然遗产公约的操作指南》，只有同时部分满足《保护世界文化与自然遗产公约》中关于文化遗产和自然遗产定义的遗产项目，才能成为文化与自然混合遗产。

4. 文化景观

《保护世界文化和自然遗产公约》表述为"自然与人类的共同作品"。一般来说，文化景观有以下类型：

由人类有意设计和建筑的景观。包括出于美学原因建造的园林和公园景观，它们经常与信仰或其他概念性建筑物或建筑群有联系。

有机进化的景观。它产生于最初始的一种社会、经济、行政以及宗教需要、并通过与周围自然环境的相联系或相适应而发展到目前的形式。它又包括两种次类别：一是残遗物（化石）景观，代表一种过去某段时间已经完结的进化过程。不管是突发的或是渐进的。它们之所以具有突出、普遍价值，就在于显著特点依然体现在实物上。二是持续性景观，它在当地与传统生活方式相联系的社会中，保持一种积极的社会作用，而且其自身演变过程仍在进行之中，同时又展示了历史上其演变发展的物证。

关联性文化景观。这类景观列入《世界遗产名录》，以与自然因素、强烈的宗教、艺术或文化相联系为特征，而不是以文化物证为特征。

5. 人类非物质文化遗产

人类非物质文化遗产是指被各社区、群体，有时是个人视为其文化遗产组成部分的各种社会实践、观念表述、表现形式、知识、技能以及相关的工具、实物、手工艺品和文化场所。这种非物质文化遗产世代相传，在各社区和群体适应周围环境以及与自然和历史的互动中，被不断地再创造，为这些社区和群体提供认同感和持续感，从而增强对文化多样性和人类创造力的尊重。它是相对于有形遗产即可传承的物质遗产而言的概念。

6. 世界线性遗产

世界线性遗产是指在拥有特殊文化资源集合的线形或带状区域内的物质和非物质的文化遗产族群，运河、道路以及铁路线等都是重要表现形式，如中国的大运河、丝绸之路、茶马古道等。

7. 世界记忆文献遗产

世界记忆文献遗产是指符合世界意义、经联合国教科文组织世界记忆工程国际咨询委员会确认而纳入《世界记忆名录》的文献遗产项目。世界记忆文献遗产是世界文化遗产保护项目的延伸，侧重于文献记录，包括博物馆、档案馆、图书馆等文化事业机构保存的任何介质的珍贵文件、手稿、口述历史的记录及古籍善本等。世界记忆工程建立了国际咨询委员会、地区级委员会、国家级委员会三级委员会框架。在记忆文献遗产确认上，除《世界记忆名录》以外，还鼓励建立地区和国家名录，主要收集具有地区和国家意义的文献遗产。地区和国家名录并非在重要性上次于世界记忆名录，而是保护地区和国家文献遗产的手段，《中国档案文献遗产名录》就是中国的国家级记忆名录。

8. 工业遗产

工业遗产是指凡为工业活动所造建筑与结构、此类建筑与结构中所含工艺和工具以及这类建筑与结构所处城镇与景观，以及其所有其他物质和非物质表现，包括具有历史、技术、社会、建筑或科学价值的工业文化遗迹，包括建筑和机械，厂房，生产作坊和工厂矿场以及加工提炼遗址，仓库货栈，生产、转换和使用的场所，交通运输及其基础设施以及用于住所、宗教崇拜或教育等和工业相关的社会活动场所。在内容方面，狭义的工业遗产主要包括作坊、车间、仓库、码头、管理办公用房以及界石等不可移动文物；工具、器具、机械、设备、办公用具、生活用品等可移动文物；契约合同、商号商标、产品样品、手稿手札、招牌字号、票证簿册、照片拓片、图书资料、音像制品等涉及企业历史的记录档案。广义的工业遗产还包括工艺流程、生产技能和与其相关的文化表现形式，以及存在于人们记忆、口传和习惯中的非物质文化遗产。因此，工业遗产是在工业化的发展过程中留存的物质文化遗产和非物质文化遗产的总和。工业遗产不仅由生产场所构成，而且包括工人的住宅、使用的交通系统及其社会生活遗址等。整体景观对于工业遗产至关重要。

9. 全球重要农业文化遗产

农业文化遗产不仅是杰出的景观，对于保存具有全球重要意义的农业生物多样性、维持可恢复生态系统和传承高价值传统知识和文化活动也具有重要作用。典型的 GIAHS 项目包括以下类型：以水稻为基础的农业系统、以玉米／块根作物为基础的农业系统、以芋头为基础的农业系统、游牧与半游牧系统、独特的灌溉和水土资源管理系统、复杂的多层庭园系统、狩猎—采集系统等。

10. 世界湿地遗产

国际湿地也是世界遗产的一部分。2009 年，湿地国际联盟组织正式开展了对国际湿地纳入世界遗产保护战略的范畴。目前，已经在中国计划开展湿地世界遗产评估的项目有青海湖、洞庭湖、泸沽湖等湿地。

（四）中国文化遗产包括物质文化遗产和非物质文化遗产

1. 物质文化遗产

包括古遗址、古墓葬、古建筑、石窟寺、石刻、壁画、近代现代重要史迹及代表性建筑等不可移动文物，历史上各时代的重要实物、艺术品、文献、手稿、图书资料等可移动文物，以及在建筑式样、分布均匀或与环境景色结合方面具有突出普遍价值的历史文化名城、街区、镇村。

2.非物质文化遗产

包括口头传统、传统表演艺术、民俗活动和礼仪与节庆、有关自然界和宇宙的民间传统知识和实践、传统手工艺技能等，以及与上述传统文化表现形式相关的文化空间。

二、湖北民族民间文化资源概况

湖北民族民间文化遗产主要包括以下方面。

（一）民族语言

湖北各少数民族在历史上都曾有自己的语言，在长期与汉族和其他民族的交往中，不断借用和学习汉语，所以湖北少数民族多借用了汉语。现在，只有在来凤河东一带有少数老人能讲土家语词汇，在宣恩小茅坡营还有少数苗族能讲苗语。

（二）口传文学

湖北各族人民在认识自然和改造自然的过程中，创造了丰富多彩的民族民间口传文学。神话有《巴务相》《虎儿娃》《佘氏婆婆》等；传说中的优秀作品有《巴蔓子》《清江的传说》《大悔寨》《女儿寨》等；民间歌谣有劳动号子、生产歌、创世纪歌、哭嫁歌、丧鼓歌、情歌等；叙事长诗有《吴幺姑》《梁山伯与祝英台》等。还有童话、谚语、寓言、笑话、歇后语、报靠语等。在已经出版的《鄂西民间故事集》《鄂西谚语集》《恩施土家族苗族自治州民间歌谣集》《中国民间故事全书·湖北长阳卷》《中国民间故事全书·湖北五峰卷》，以及恩施自治州各县市出版的民间故事、对联、谚语集成中收录了相当数量的故事、传说、歌谣、谚语、对联等口传文学遗产。

（三）传统表演艺术

湖北民族地区民族民间传统表演艺术丰富多彩，包括传统舞蹈、戏剧、曲艺、民间音乐等。传统舞蹈有摆手舞、撒尔嗬、铜铃舞、耍耍、地盘子、猴儿鼓、花鼓子等；戏剧有傩戏、南剧、灯戏、柳子戏、堂戏、皮影戏等；曲艺有长阳南曲、恩施扬琴、利川小曲、竹琴等；民间音乐也很丰富，如长阳山歌、利川种瓜调、打溜子、薅草锣鼓、丝弦锣鼓、劳动号子、宗教音乐、仪式音乐都有自己的特色，《龙船调》《黄四姐》以及长阳山歌已经闻名遐迩。在《恩施土家族苗族自治州民间舞蹈集》《恩施土家族苗族自治州民间歌曲集》《恩施土家族苗族自治州民间曲艺音乐集》等集子里收录了大量的关于湖北民族民间传统舞蹈、戏曲、音乐资料。

（四）民间体育游艺

湖北民族民间体育游艺活动形式多样，生动活泼，多姿多彩。如竞技体育抢花炮、打陀螺、跷旱船等；健身活动如赶仗、赶毛狗、划龙舟等；游戏如牵羊肠、打铁、土地持拐棍。还有气功、武术等。

（五）民间科技知识

湖北各族人民在长期认识自然的过程中，为了生存发展的需要，积累了不少科技知识。如对动植物和天象的认识，建筑技艺及其对生态美学、力学、光学的应用，染织业、陶瓷业、造纸业等对化学知识的探索和应用，造船、修桥、水车的制造对物理学等知识的应用，采矿和金属制造对化学及其他学科的应用，等等。民间医药特别发达，土家族、苗族、侗族等民族的民间医药都很有特色，形成了一套较为完备的医学理论、治疗原则和治疗方法。

（六）信仰礼仪和节日

在历史进程中，湖北各民族形成了一套完备的民间信仰礼仪。在信仰方面表现出许多神崇拜多种信仰的情态，既崇拜部落首领、民族英雄和祖先，也信奉孔子、关公、张飞、妈祖。在节日方面，各族民众都有自己特有的节日，如"提前过年""苗年""四月八""端午节""六月六""七月半""中秋节""女儿会"等；在婚丧嫁娶也有自己的风俗。如老人死后跳丧、穿花、坐丧等；婚俗中的陪十姊妹、披红、回门等。为了生存和发展的需要，维护社会稳定和民众的共同利益，民间还形成了一些不成文的习惯法，如"封山育林""保护秋收""打猎分配"等乡规民约。在民间还形成了诸多禁忌，包括生产禁忌、生活禁忌、船上禁忌、商贾禁忌、堂屋禁忌、孕妇禁忌、产妇禁忌、年节禁忌等。

（七）传统知识和技能

湖北少数民族主要聚居在鄂西南山区，他们在特定的山地环境里为了生存和发展的需要，积累了丰富的地方性知识和技能。生产知识和技能方面如刀耕火种的生产技术与知识、修造梯田的知识、使用自然肥料的知识等；渔猎技能与知识方面，如赶仗知识与技能、运用不同的方式捕鱼的技术与知识；采集知识方面，如辨认各种野生植物的知识、把握采摘野生植物的季节知识；牧业知识方面，如喂养各种动物的知识、给牛、羊、猪和家禽防病治病的知识；手工业知识方面，如适时砍伐竹木的知识、制作各种器物的技艺、榨油的知识—技能等。生活知识方面包括木房的修建知识和技能、服饰的制作知识与技能、饮食制作知识与技能、食物的储藏知识等。

（八）传统工艺美术

湖北少数民族地区传统民间手工艺类型繁多，主要有：木雕、石雕、藤编、竹编、棕编、面具制作、挑花刺绣、彩绘、纸扎、造纸、制陶等工艺。如咸丰唐崖司和利川鱼木寨的石雕，咸丰小村的背篓，来凤和宣恩一带民间的纸扎工艺都有很高的水平。

（九）文化空间

文化空间是联合国教科文组织首先提出来的，我国在界定非物质文化遗产时也借用了这一概念。所谓文化空间是指在特定时间内举行各种文化和礼仪活动的特定场所，具有时间和空间的限制。如土家族、苗族、侗族的传统吊脚楼，来凤舍米湖和茶堰坪的摆手堂，清江流域地向王庙等即属于此列。

三、湖北民族民间文化遗产的现状

和全国其他地方一样，在全球化和现代化的冲击下，湖北民族民间文化遗产的处境也不容乐观。总的来看，湖北民族民间文化遗产存在着消失、濒危、衰退、变异等几种情况。消失是指一种技艺的完全失传或一种文化现象（物件）已不复存在。

消失的技艺往往是民间工艺中工艺水平极高，按习惯又不外传的绝技、绝活，例如：在恩施自治州咸丰县过去有一种桃核雕工艺就已经失传了，像这种绝技、绝活在全省民族地区到底消失了多少，还需详细调查。消失的文化现象往往是因为受外来文化影响的结果，原有的文化已不为适应当地人的生活需要，不为当地民众所认同，逐步被其他文化所取代，如土家语、土家族传统服饰、稻谷的加工等就是例证。

濒危是指某种技艺只掌握在极少数人手中，又无其他传人，或某种文化事象只在极小的社区和群体中传承。这种情况在湖北民族地区十分普遍，我们经常引以为自豪的"南、堂、灯、傩、柳"五种地方戏剧基本处于这一边缘。比如：恩施傩面具就谭学朝一人会制作，由于谭老的逝去，这一技艺就基本失传。又如：恩施灯戏传人廖南山去世后，再也找不到全面精通灯戏的老艺人。一些庆典礼仪、薅草锣鼓、告祖礼仪、舞蹈、口传文艺、手工工艺等大都处于濒危状态。

衰退主要是从数量减少来说的，从手工工艺品说，是指生产地、生产者、使用者的减少；从其他文化事象看是指社区受众、传承人的减少和其影响力的减弱。这种现象在湖北民族地区所有非物质文化遗产中都是存在的。比如：传统的吊脚楼木房不断拆除，新建的都是钢混结构的房屋，传统的吊脚楼建筑工艺就慢慢衰退，吊脚楼木房的不复存在，它所负载的传统文化也跟着消失。又如：金属和塑料制品的进入，逐步取代了传统的竹、木制品，传统的竹编、木活技术也一天天消失；由于电视的普及，观看民间艺术表演、摆龙门阵、唱山歌已渐渐成为历史。因此，民族民间文化遗产的衰退已成必然。

变异是指在现代社会中，民族传统工艺在种类、形制、色彩、图案、制作材料、工艺技术方面发生了不同程度的变化；对民间文艺来说就是传承的环境、受众、功用、表现形式，甚至内容都发生了变化。湖北民族民间文化也发生着不同程度的变异。如传统的西兰卡普工艺在原材料、花纹图案、形制等方面都发生了变化；传统的女儿会移植到了风景区，参加的人也不是原来地方的民众，而是游客，甚至外国人；山歌移植到了漂流船上和宾馆酒店；传统的摆手舞被改编成广场舞，传统的跳丧改变成巴山舞。这种变异多是为适应市场需要或现代人生活的需要，人为地进行的，往往失去原有文化的本质特征。

四、湖北省非遗展览馆的新媒体应用

湖北省地处华中，既南北文化交融地，同时也是东西文化汇集地。在悠久的历史进程中，不同文明的相互交流和融合，留下了丰厚且珍贵的非遗文化资源。虽然湖北省非遗资源极其丰富，但整体分布不平衡，据统计，湖北省非遗文化资源主要分布在恩施州、宜昌市、荆州市、黄冈市、十堰市和襄阳市。

非遗展览馆的建设多以非遗资源分布为依托，由于湖北省非遗资源分布的不平衡性，导致非遗展览馆的分布不平衡，非遗展览馆主要分布在非遗资源丰富的地区。例如，恩施巴蜀民俗文化博物馆、恩施土家族苗族自治州博物馆、荆州市非遗博物馆、荆州市关公文化博物馆、宜昌市秭归县屈原博物馆、长阳土家族自治县博物馆、五峰土家族自治县民族博物馆、宜昌市夷陵区博物馆、竹山秦巴民俗博物馆、黄冈市民俗博物馆、长江非遗博物馆、武汉高龙博物馆、武汉汉绣博物馆等。因为不同非遗展览馆的创办主体和展陈主题不同，所以非遗展览馆的种类多种多样。既有个人和公司创办的私立博物馆，也有政府为主体创办的公立博物馆，既有综合性的非遗展览馆，也有以一种非遗为主题的非遗展览馆，公立博物馆也有级别的高低之分。

非遗展览馆在级别和展陈主题上的不同，导致展览馆的新媒体应用现状也不尽相同。为了清楚地了解湖北省非遗展览馆新媒体应用的整体现状，本书选取了四家具有代表性的非遗展览馆作为案例，进行非遗展览馆新媒体应用现状分析。其中恩施土家族苗族自治州博物馆（州级）和长阳土家族自治县博物馆（县级）是两家不同级别的公立博物馆，长江非遗博物馆（综合主题）和汉绣博物馆（单一主题）两家展览主题不同私立博物馆，这四家非遗展览馆既具代表性又具有广泛性。

（一）恩施土家族苗族自治州博物馆

恩施土家族苗族自治州博物馆位于恩施州文化中心内，2013年被评为国家二级博物馆。博物馆馆藏丰富，种类繁多，文物价值高，主要反映的是恩施及周边的历史文化和民风民俗等。主要有巴文化、崖葬文化、土司文化、红色文化、民俗文化等。

展陈现状：博物馆采用常设专题展览和临时展览相补充的展览体系。设有"武陵足音""生态恩施""恩施记忆"等基本展陈厅，同时不定期举办各种主题展览和相关活动。在展陈手段上，大量采用信息技术、互动技术、影像技术等新媒体技术，以生动形象的方式，展现展陈内容，增强了博物馆的吸引力。例如"生态恩施"展厅，通过模拟大型景观，数字影像处理技术等手段，营造了极具地域特色的文化空间，使人如临其境，在轻松愉悦的环境中获得相关非遗知识。

在新媒体信息传播方面，恩施州博物馆拥有自己的微信公众号"恩施州文化馆"，主要用来展示博物馆的基本信息、公示公告、场馆预约和活动信息发布。除此之外，恩施州博物馆还有官方网站，网站主要分为恩博概况、陈列展览、精品典藏、学术研究、开放服务、恩博魅影、专题专栏等板块，陈列展览模块以网上展厅的方式详细地介绍了博物馆展览信息，方便公众获取信息，同时网站还有3D虚拟展厅，观众可随时随地通过计算机终端进入虚拟展厅进行参观。

（二）长阳土家族自治县博物馆

长阳县土家族自治县博物馆于1986年成立，是集收藏、展览和研究为一体的综合性博物馆。从 2000 年开始，相继开办了长阳广场文物展览馆、香炉石遗址博物馆、麻池革命旧址展览馆、长阳巴人博物馆和彭秋潭纪念馆，近年来又开办了其他各具特色的专题博物馆。博物馆自成立以来，开办了不同主题、不同形式的展览二十几个，目前布展有"巴人之源展""土家刺绣与织锦艺术展""彭秋潭纪念展"等七个展厅。"巴人之源展"是长阳县土家族博物馆的主要非遗展厅，是本案例的重要分析部分。

展陈现状：巴人博物馆位于巴土文化园内，于 2011 年建成，耗资 800 万元。2012 年，"巴人之源"专题非遗展布置完成，总展览面积 500 平方米。展览馆将巴文化从起源到近代分为四个部分：远古文明、觅史辩踪、建都夷城和巴人遗风四个部分。整个展览馆使用文字、图片、实物、搭建场景、复原模型，辅助声、光、电等技术手段，将古代巴人的生产、生活，民风民俗完整形象地展现在观众面前，传播了巴文化，增强了民族认同感，也满足了人们的精神文化需求。

（三）长江非遗博物馆

长江非遗博物馆位于武汉市园博园汉口里小镇，是一座以长江流域非遗为主题的非遗展览馆。博物馆展厅分为上下两层，总占地 1000 平方米，展陈面积超过 1600 平方米，展览馆的整体展陈设计以非遗元素为主导，运用新媒体技术与非遗相结合，打造出了有别于传统展陈方式的视觉效果。展览馆共收藏非遗项目 150 多个，展品超过 1500 件，涵盖了四川、湖北、江西、江苏等长江流域 15 个省（市）的非遗项目，主要展陈项目以传统美术和传统技艺为特色。

展陈现状：长江非遗博物馆主要采用静物与新媒体相结合的展陈方式，为观众打造一种全新的视觉体验。展馆内多采用新媒体技术进行非遗的信息介绍，通过全息投影、虚拟展示、互动体验和非遗实物相结合等多种展示方式向观众展示非遗文化。例如，"高山流水遇知音"无弦琴展项目，运用光电传感和发声技术，观众通过拨动光线，触发对应的音符发出琴声，亲身感受古琴带来的文化韵味。"3D 虚拟互动试衣镜"展示项目，通过虚拟现实技术，观众站在感应区，通过挥舞手臂选择屏幕上的性别、服饰种类、大小放缩等选项，试穿传统服饰或少数民族服饰，还可以进行拍照留念并打印出来。此外，长江非遗博物馆还有"全息剪纸展项""虮隋寄非遗""签名留念数字墙""印象非遗""虚拟开船"展陈项目等多种新媒体展陈项目。

在信息传播方面，武汉非遗展览馆开通了微信公众号，进行展览馆的整体介绍和活动的发布。但是，公众号自 2016 年开通后仅发布了 10 篇相关文章，之后一直未进行信息更新。

（四）汉绣博物馆

为了更好地保护和传承汉绣工艺，2013 年 5 月，汉绣博物馆在汉阳成立，汉绣博物馆汇集了很多汉绣传承人的汉绣绣品，供观众免费参观。博物馆面积不大，但展示的藏品数量较多，展示有关民俗、宗教、饰品和戏服四种类型的汉绣藏品 1000 余幅，其中像《九头鸟》《兽面纹》《古黄鹤楼》等具有代表性的汉绣作品 70 余幅。汉绣博物馆既是汉绣的展示空间，也是研究、保护、传承汉绣的文化空间。展陈现状：展馆内的汉绣作品展示多以静态方式展示。大多数绣品装裱好后挂在墙上，汉绣的制成品大多在展柜展示，辅之以说明牌。传承人现场展示也是汉绣的主要展示形式之一，虽然传承人现场展示是一种活态展示，但针对汉绣这样的传统手工艺而言，观众在传承人现场展示中获取的信息是有限的，并不能够在短时间内全面地了解汉绣。展馆内配有显示屏，用来播放汉绣相关知识，在一定程度上丰富了展示的内容。在信息传播方面，汉绣博物馆并没有形成自己的新媒体传播体系，基本上靠实体展览馆进行汉绣信息的传播。

第四节　少数民族非遗文化传承与高校教育的逻辑关系

一、学校教育与民族文化传承内容

纵观目前有关学校民族文化传承的论著，在传承内容选择上，均有一个共同特征：注重民族文化载体引入，鲜有论及"价值观"等文化内核。在这宏大理论的指引下，民族地区学校民族文化传承逐渐形成两种结果。

（一）民族文化传承取向逐渐偏离

学校教育中民族文化传承的内容常常被化约为一些实实在在、看得见甚至摸得着的事物，如民族舞蹈、民族音乐、民族体育、民族技艺、民族服装、民族器物等。诚然，这些内容如得以有效传承，同样意义非凡，它在一定程度上可以激活人们对传统民族文化的集体记忆，感知民族文化独特魅力，提升民族社区个体或群体文化自觉与自信等。然而，常常事与愿违，在现有教育竞争与评价体制背景下，这些具体的、操作性较强的民族文化传承内容却被"无限化"，最后演变成"一次性"文化传承、"快餐式"文化消费，最初价值取向发生根本性偏离。

（二）民族文化课程自成体系

民族地区学校中，民族文化课程分门别类：哪些是民族文化课、哪些是普适知识课、民族文化课程分为哪几类等，以独立形式"进军"学校原有课程体系。有专家堂而皇之地论述民族文化传承课程应占学校课程体系的比例，如"民族地区学校地方性知识应在整个知识体系占中 12%~15% 的比例较为合适"。这种将民族文化分门别类，将其作为一门或多门独立课程嵌入民族学校，对于学校、学生与家长而言，无疑是一种"增负"，这可能是目前学校民族文化传承举步维艰的重要原因。

针对以上情况，需要对民族文化传承内容有所审思。

1. 完善民族地方教育评价标准

对各教育层次的评价设法关照到民族文化内容，以此找出民族文化传承与教育竞争的目标一致性，使之并行不悖，促民族文化得以顺利传承。

2. 对民族地区文化资源进行分析

民族地区文化是山区文化、乡村文化与民族文化在长期生态适应中动态生成的。"因其特殊的社会历史轨迹和其所处的独特生态环境，既是构成民族民间文化的内容，从根本上决定了各族群文化的传承模式"，长期以来，民族社区的个体是在家庭和社区中感受着民族民间文化的熏陶，他们在民族社区日常生活中感知、体验、领悟着本民族文化的精髓，这就是一种传统的、不分时空地渗透于民族地区儿童日常生活之中的"自发教育"，这是它最本真的传承方式。因此，需遵循民族文化原生的传承规律，以"润物细无声"之势渗进目前学校课程体系，方能达到民族文化传承之目的。

3. 社区协作参与

民族文化传承形式最初是在社区中自然生成的，目前，学校承担传承责任自不待言，然而，"无根基地依赖学校，使得学校承受着它无法承受之重，这种依赖使得人们忘记了自己责任"。成功理所当然，失败归咎于学校。此种心理使然，人们往往觉得民族文化传承责任移交学校后，社区和族群没有责任。因此，要从根本上转变这种观念，由学校引导，家庭协同，社区支持，形成整体合力，方能促进民族文化保护与传承。

4. 文化包括更丰富的内容

文化是指人们在体力劳动和脑力劳动过程中所创造出来的一切财富，包括物质文化和精神文化，以及人们所具有的各种生产技能、社会经验、知识、风俗习惯等。因此，民族文化传承不能局限在它的外在显性形式，隐性形式同样不可忽视，在重"形"的同时，不忽视"神"的传承。

二、民族文化传承与学校教育竞争

关于民族文化传承与学校教育的相关研究中，回避教育竞争、大谈民族文化传承是我国目前主流研究方向，这是一种乌托邦设想。如何做到触摸教育中"人"的心灵，逐渐接近问题的焦点，并对其做出有效回应呢？笔者以为须从教育两个基本要素谈起。目前，学校中民族文化传承"吸引力"令人担忧，各民族地区"民族民间文化进校园"实施收效甚微，难以达致原初价值取向，大有"力不从心"之感。

因此，避开教育竞争谈民族文化传承的对策不过是隔靴搔痒。如"转变传承主体观念""编写校本课程和地方教材""增加专项经费"等，这些不过是民族文化传承的润滑剂，无需在此纠缠，因为这没有触及问题的根本，即民族地区学习者、教育者的价值诉求。

（一）学习者

学习者主要指学生。学生是学校教育活动的主体，是学校和教师存在的依据，学校的一切活动都围绕它而展开。我们应回归到学校教育中"人"的要素去追根溯源。对于民族学生个体而言，教育更多是一种"谋生"的手段，而非"谋心"手段，他们关注的是"眼前"利益，这些看似"粗俗""非性理"的问题，却潜藏着"生存理性""经济理性"和"社会理性"的交融与杂糅，充分体现了民族地区人们急于借助教育阶梯摆脱贫困、追求幸福生活的迫切要求，代表了他们的教育价值诉求。因此，我们不该回避这些问题，而是以其为出发点，揭示民族文化传承难以启动的根源。

家长是学生的"同盟军"，其价值诉求与学生基本一致，在民族地区，家长为割断子女代际贫困而使出浑身解数。因此，民族地区的学校中民族文化传承，应该基于民族文化根基，从尊重少数民族学习者价值诉求出发，积极探索，找出两者之间和谐共生之道。

（二）教育者

教育者包括学校教师、领导者和教育研究者，他们是学校生存与发展的引领者，是教育活动的主导者。具有教育改革性质的"民族文化传承"实践，教育者群体的态度至关重要。在激烈的教育竞争背景下，对自上而下的"民族文化传承"政策，他们的态度暧昧。处于"时而与学生和家长站在同一阵容、时而又跟上级站在同一战线"的"两难境遇"。在应然与实然的纠葛中，在公共领域以"应然"的姿态呈现自己的行为与言说，而在私人领域却面对现实、无奈与无望。然而，我们能否在无奈中的实践与创新中逐渐拓宽的空间，寻找两者适当的平衡与互补？

目前，我国教育领域的竞争无须在此论争，仅有一点是肯定的，那就是它的合理性依然有强大的实践辩护。然而，以"文化多样性"为理论基础，借此论证民族文化传承活动合理性的学者众多，诚哉斯言，言之凿凿。那么，这关涉一个两难问题："如何从一个合理到另一个合理？"因此，在需要我们直面目前的教育竞争的强势语境下，探索如何在教育竞争"夹缝"中求得最大限度的生存与发展是当务之急。在确保不影响、甚至是有助于教育竞争的前提下，开展民族文化传承，才可能点燃学生、校长与教师参与的激情和创造力，达到完美的文化生态链接，方能促使学校、社区与国家在民族文化传承的问题上各得其所，"美美与共"。

那么，如何点燃"学习者"与"教育者"主体性参与激情，"全心全意"做好"民族文化传承"？有几点建议：

首先，以招生优惠政策促教育竞争。教育行政部门要从战略高度考虑，拓宽参与民族文化传承活动的学生上升通道。争得家长、社区与学校的合力支持。

其次，重视民族地区本土教师培养，发挥他们深谙民族文化的优势和穿梭于学校与社区之间的能力，这使学校教育与民族文化传承连接成为可能和可为。以上两点虽是治标不治本之方，却能达到营造舆论之效。

最后，结合民族地区现代教育与民族文化特点，积极开展科学研究，探索两者"和合"之道。结合民族文化资源，开发地方课程和校本课程，挖掘学生潜能，着力提升学生"位育"能力，提升教育竞争能力。如是，方为治标又治本之举。

三、学校教育与民族文化传承"联动共生"

教育作为文化的一个重要部分，其功能在于传承文化，使其持久存续，并形塑着一代代子孙，教育是文化的生命机制。同样，教育具有"文化性格"，文化的价值取向也会影响教育的功能与价值取向，赋予教育活动以合理性与科学性。诚然，这里的"教育"是指"原生状态的教育"。但是，随着教育由原生状态到制度化的教育现代体系演化过程中，作为现代性产物的学校教育横亘于民族文化的历史绵延之中。随着全球化、现代化和城市化愈演愈烈，它忘却了其与文化间的天然"缠绵"关系，"别恋"于现代科学，寄望借此获得不断升华。如何促成学校教育与民族文化理性"和合"，彰显它们天然的因缘，是解决学校民族文化传承的关键所在。

（一）民族文化需要学校教育

1. 现代学校与生活分离，学校成为民族文化传承的前沿阵地

近年来，现代化与城市化已向民族地区纵深推进。随着农村九年制义务教育的基本普及，作为民族文化主要载体（继承人）的学生悉数进入学校，接受现代学校教育，随后径直外出打工，并在外暂居，家乡成为他们的生活驿站，仅限于春节或家族大事才回家一趟，这给民族文化的传承造成了极大困难。近年来的撤点并校、延居县城的政策推行和小学寄宿制度的实施，现代学校进一步帮民族学生"逃离乡土"，民族文化的传承可能被压缩，加之传承人也逐渐变老。随着传承人与继承人相继缺席，乡民的"经济理性"使传统民族文化传承场所逐渐被吞噬与功能改造，文化传承"场域"逐渐解体。因此，民族文化传承的主要责任只能随着继承人走进学校，需要具有服务社会功能的现代学校，身先士卒，勇于担当，并借此以寻找自身生发空间，这是新时代无奈的选择。

2. 民族文化需要学校予以理性指引

20 世纪 90 年代以来，全球化与现代化以疾风暴雨之势渗进封闭落后的民族山区，传统的民族文化在世俗化的大潮中已无法构成对峙性的力量，人们迅速抛弃了所有的传统。在这种背景下，作为民族文化载体的个人，容易"随波逐流"，这本无可厚非，也无伤大雅。因为每个人都有权利追求与选择自己"幸福"的生活方式。但作为一个群体而言，这种选择如果成为群体"幸福"生活的集体想象，那么权力精英与学术精英应担当起社会责任，对问题细密深思，借助学校教育自身制度化的优势予以理性指引，确保民族文化获得健康而持续的发展。

（二）学校教育需要民族文化

随着市场经济的逐渐渗透，民族地区经济建设取得很大发展已是不争的事实。然而，学校教育依然问题丛生。学校教育问题需要专家学者们上下求索，寻找发展瓶颈的根源所在，并作出有效回应，寻找新的生长点，方能走出困境，迎来春意盎然的愿景。与清末现

代教育制度引进中国时的"水土不服"现象类似，现代学校引进民族地区也略显不适的特征，这充分说明了教育的文化性格。教育活动唯有基于"文化土壤"中，才具备自己的科学性，否则，教育活动本身的科学性应受到质疑，经不住"教育实践"反复追问。学校教育，尤其是民族地区的学校教育，需要从传统民族文化教育中获得持续的滋养，研究所属民族文化的价值取向，从对"他者"的研究、学习与传承中获得营养。

作为现代产物的学校"嵌入"民族地区，要在此"茁壮成长"，就必须对民族地区生发的文化予以足够的珍视并借此发展自己，不断修复自身"水土不服"的症结，以获得持续的发展。最后，学校中的民族学生也只有在保护、传承自己的根文化的基础上，才能提升"位育"能力和教育竞争能力，提升自己民族文化的自觉与自信，做到"安其所，遂其生"、沉心静气、进退自如。当然，这需要一些措施予以支持。在民族地区，多元文化并存，除主流文化外，还含乡村文化、地域文化和各族独特的文化。

在整个民族学校推行"多元文化整合教育"是解决问题的重要策略。在多元文化整合教育的设想中，对民族学生而言，这不仅仅是增强他们对于所属文化的自觉与自信。对城市学生而言，他们可从多元文化教育中获得文化多样性滋补，在对"他者"的审思中得以生命成长。如是，现代学校教育与民族文化传承之间方能找到某种"平衡"与"互补"，实现"联动共生"。

第五节　研究内容框架、方法简述

一、研究目标

文化教育的多元化给大学生提供了文化选择的权利和机会，使他们能够获得适用本民族文化、主流文化以及全球文化所必要的知识和素质，并能促进不同民族的互相了解和尊重，从而更好地保护和传承自己民族的文化。在国家新一轮基础教育课程改革背景下，如何开发和利用少数民族文化资源和自然资源，把民族文化和学校教育有机结合起来，既发挥教育的育人功能，又促进本土文化的传承与发展，为此课题组确定了研究目标为：

①认真贯彻实施新课程改革的精神，在植根本土文化的学习过程中，使高校大学生逐渐形成基本的民族文化素养与能力，并努力增强他们对本民族文化的感悟能力。

②通过对新课程资源的开发，培养造就一支具有创新精神又有本土文化的教师骨干队伍。

③发掘适应大学生的民族文化教育的内容，探索高校民族文化教育行之有效的方法和途径，并以此编写校本教材，开展文化主题教育活动，提高学校传承民族文化能力。

④发掘民族文化教育规律，探索一种民族文化和学校教育相结合的，可持续的，可推

广的教育传承模式。

二、研究内容

本课题整体研究思路框架图如1-4所示。

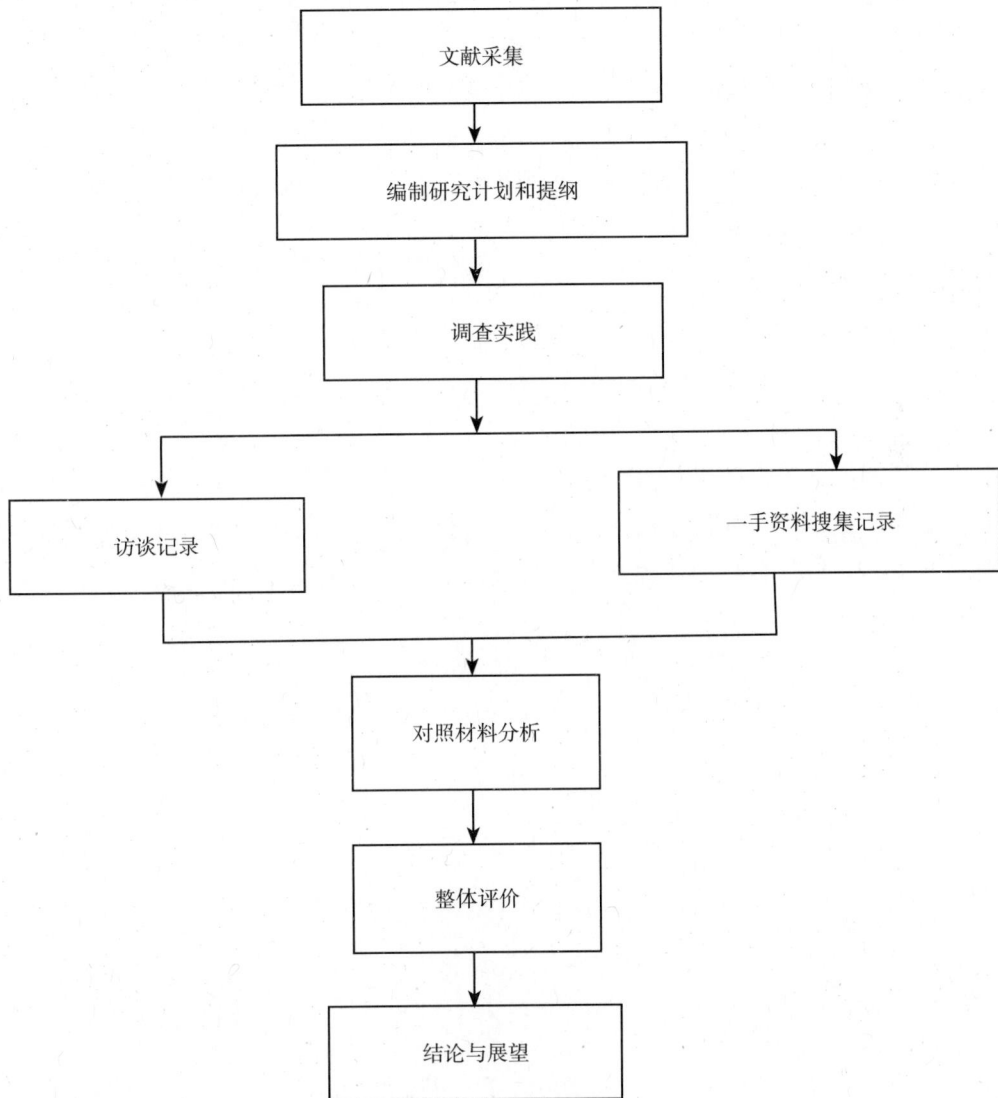

```
文献采集
   ↓
编制研究计划和提纲
   ↓
调查实践
   ↓
访谈记录      一手资料搜集记录
   ↓
对照材料分析
   ↓
整体评价
   ↓
结论与展望
```

图1-4 思路框架图

三、研究方法简介

（一）访谈法

调查中以采用半结构访谈方法为主，考察中尽可能做到勤动、勤问、勤记和勤思，确保资料采集的真实性和可靠性。湖北省非遗的核心是其代表性传承人，因此，在访谈中主要对各项非遗代表性传承人主要从非遗项目基本情况、湖北省非遗代表性传承人的基本情况、湖北省非遗项目的生存与发展情况等方面进行访谈。

（二）田野调查法

在导师的带领下，研究小组深入湖北省非遗项目所在地，主要是恩施土家族苗族自治州和宜昌长阳、五峰土家族自治县区域等地，在调查和信息收集之前事先查找好相关资料，制订考察计划和方案，熟悉非遗项目所在地、管理者、活动时间等各方面的情况，准备好调查所需要的器材与设备等。通过对其生活地、传承人、训练与教学情况、节日表演等活动进行观察，取得原始资料，包括湖北省非遗的地理人文环境、起源、文化底蕴、传承条件和项目展示等。将田野调查收集到的图片、文字、项目展示的视频等资料进行整理，将资料上传到全国非遗数据库中。

（三）录像法

随着现代信息科学技术的发展，对湖北省非遗的保留与保存不仅仅只是在文字的记录上，本研究通过录像法，主要对湖北省非遗传承人的访谈过程进行录像，其中代表性传承人回答了关于传承人自身，该项非遗项目以及传承情况等相关问题，而且对整个演示过程、代表性传承人的教学等进行录像，收集更加全面的资料，将所得到的视频经过整理上传到全国非遗数据库中，通过录像法，提高了代表性传承人的积极性，这种方法也得到了代表性传承人的认可，有利于在调查中获取该项非遗详尽的信息。

第二章　湖北省少数民族非物质
文化遗产研究现状与趋势

第一节　艺术观视野下的研究考察

当前艺术设计学科的教学主要沿用西方的教学体系，设计案例也多为西方的，导致学生在理解设计的时候比较倾西化，本土的优秀民族文脉被忽视。高校艺术设计专业与非遗文化的结合，既顺应了文化创意产品的发展趋势，又让传统湖北非遗文化在现代艺术设计院校中焕发新生。

一、少数民族非遗文化的艺术定位研究

（一）楚文化艺术的视觉形态

春秋战国时期，百家争鸣，思想文化自由开放，呈多元发展。楚国便是春秋五霸其中之一，其霸业始于楚庄王时期，历经改革，楚国国力大幅增强。这一时间国富民强，征战四处，疆域同时不断扩大，经济迅速发展，出现了中国文化史上前所未有的进步和繁荣。战国中期之后，楚文化呈现出鼎盛状态，这一时期青铜器冶铸水平最是登峰造极，漆器、丝织、雕刻等艺术的发展也是方兴未艾。民族精神植根于华夏文明，所呈现出来的楚文化艺术，更是代表了湖北人独特的审美观、极富浪漫主义的思想，以及自由的想象和丰富的情感。

1. 楚青铜器上的视觉形态

青铜器是楚文化艺术中最具代表性的成就，楚青铜器上的视觉形态多以装饰图形纹样的方式呈现。其题材在选取上是极为广泛的，而且每个时期的纹样题材都有其每个时期的特点。有数据研究发现，青铜器装饰纹样对于研究整个楚文化艺术的视觉形态具有很典型的代表意义。楚青铜器上的视觉形态的主要题材选自两方面，一方面是自然界，另一方面则是人类社会生活。在保证器物功能性前提下结合湖北人自身经历所形成的审美观点，尊重当时的生活习俗，创造出动物图形、植物图形、几何图形、自然景象形态和社会生活场面等五大类型的视觉图形形态，给不同造型的青铜器增添上各式各样花纹，使单一色调的

器物表现得丰富多彩起来。动物题材被大量应用于青铜器的装饰上，如常见的龙纹、夔纹、凤纹等，还有鱼、鸟、兽面纹等，有很多都是采用写实的手法直接画下动物的真实形态。

到了后期人们已逐渐不再满足于写实形态，而开始给图案进行一些变形，结合动物表情和肢体等进行变化，甚至逐渐夸张化，创造出了许多风格迥异的图案纹样，呈现出特点鲜明的视觉效果。楚国青铜器上植物题材的使用也很多，有四叶纹、蕉叶纹、叶脉纹和花瓣纹等，它们大体被分为叶纹与花纹两种，其中花纹大多数被用于青铜器皿表面与铜镜背面装饰。据研究发现春秋时期的楚青铜器上出现较多的是花瓣纹和蕉叶纹，战国时期时才逐渐有了其他形式的花叶图形纹样，其中四叶纹、叶脉纹、花叶纹和花朵形纹等被广泛应用。不过，相对于动物视觉纹样而言，植物图案主要起衬托的作用，极少数的是作为独立装饰纹样而存在。此外青铜器上还有几何纹。几何纹的种类有很多，常见的有菱形纹、圆卷圆点纹、弦纹、三角形纹等，都是由其几何图形的名称来命名的。他们在青铜器上出现的频率很高，但大都主要用来衬托主体，类似于植物纹花纹。

直至战国中后期，铜镜上才常有菱形纹作为主题装饰纹样，另有弦纹常被用于铜器上。圆圈纹图形在春秋早期时是稍微繁复，逐渐被简化变得简洁是在战国中期之后，此外圆点花纹等其他几何纹样，早期多以平面化形式存在，到了战国时期便开始出现一些变化，这一变化使得这一时期的纹样形式多样化，这便成为了楚青铜器装饰纹样的一个明显特征。从自然景象中提取视觉元素，也是楚青铜器装饰纹样获取素材方式的一种。其中云由于是常见的自然景象，再加上其可设计性强、形态多变等特点，因而产生了像云纹、卷云纹、三角形云纹、山字纹、勾连云纹、绚纹等装饰纹样。尤其是像卷云纹、绚纹、雷纹、重环纹和瓦棱纹等，在春秋早期较为多见，到后来就逐渐减少，主要集中在三角形云纹、勾连云纹、山字纹等上。社会生活场景作为装饰题材也常被应用到青铜器的装饰上，这也是楚青铜器装饰视觉上呈现的一个显著特征，不过这种装饰纹样并不算多，出来的作品形象栩栩如生，写实风格明显，刻画的花纹主要有人物以及鱼、鸟、树等，具有宏大的场面，真实地记录了当时人们的生活画面，这种刻画的花纹也极其细腻，反映出当时楚文化艺术达到了一定的高度。

2. 楚漆器上的视觉形态

楚漆器上的视觉图案的种类也有很多，而且各不相同，题材的选取上和青铜器较为相像。湖北人在创造纹样时会相互借鉴，因此会有许多共同的特点，他们在题材选取上一般多以动物和生活场景为主，用几何形以及自然景物等作为辅助图形装饰。楚漆器追求的是一种实用性与审美性相结合的艺术，并赋予其楚文化独有的浪漫、洒脱与空灵之美。楚漆器上最为常见的是植物视觉纹样，植物纹样的设计运用的是一种变形的设计手法，借用花、花瓣、花蕾以及树枝树叶所呈现出的直观视觉形态，进行变形设计形成线条纹样。常用的植物有梅花、四瓣花、三角花、攀枝花、石竹花等这类花瓣较少较小的花，还有像牡丹花、菊花、藤类等花瓣繁多稍显复杂的花，除了花之外；还有柳树、扶桑树的树纹等。

在楚漆器纹样中植物纹样虽然常见，但并不常被作为主体，同青铜器上的动物纹一样占比较少，起到一些衬托和装饰的作用。动物装饰纹样是楚漆器上较为常见的一种纹样，常被使用的动物形象有龙、凤、马、鸟、牛、鱼、狗等，它们演变而成的动物纹样主要有龙纹、凤鸟纹、兽面纹、虎纹、饕餮纹、鹿纹、幡螺纹、窃曲纹、犬纹等。自然景象题材的视觉纹样也是一种较为常见的装饰纹样，常出现在早期的楚漆器上，它们大都常作为辅助纹样图形与其他图形图案相组合而呈现。

云和水作为自然题材，在生活中最为常见，因此也被运用得最为广泛。云有卷云纹、勾连云纹，水有水波纹和波折纹等，战国时期后逐渐向山字纹、三角形雷纹、勾连雷纹和绚纹等转变。在大多数战国时期的漆器中能够找到描述社会生活场景这类型视觉纹样的痕迹，贵族日常活动的画面被频繁记录，常见的有出行、宴乐以及狩猎等活动，是湖北人的社会生活和信仰世界的直观反映。其中常有贵族人物、乐师、车马、狩猎动作、巫师歌舞等形象元素被提取出来形成视觉图形纹样。楚漆器所呈现的几何纹内容也十分丰富，是楚漆器视觉图案图形的主体部分。漆器上装饰的几何形花纹图案，圆形、方形和三角形元素题材被较多地应用到设计中，其中以圆形为基本形状的装饰纹样有圆卷纹、涡纹、点纹、弧形纹等；以方形为基本形状的装饰纹样有方块纹、方格纹、方格点纹；还有三角形纹等。不同的图形纹样相互组合并以重复和连续的方式进行排列重组，它们常出现于小型器物上，还有一些也会起到烘托与装饰主体的作用。

3.楚丝织品上的视觉形态

楚丝织品也是楚文化艺术中比较有代表性的成就，按其工艺制作的方式大致可以分为织锦和刺绣两大类。织锦在工艺制作中会借助织机等机器工具，因其制作工艺太过于局限，所制作出来的织锦图案显得单调，常以单一的几何形式出现；而刺绣就较为灵活很多，其制作工艺常为纯手工制作，这种纯手工制作的表现形式所呈现出来的刺绣图案类型非常丰富。楚织锦上的图案纹样类型几乎都是以几何形元素视觉图形为基础，按照其图形不同的排列方式，大致可详细划分为几何骨骼填充组合型图形纹样、散点式排列的小型几何型纹样，以及几何组合型纹样三种。

相比之下，刺绣的手工艺方式使工艺品添加上丰富的细节，因此纹样的造型就有了多样化的可能性。楚丝织品上的纹样根据题材内容的不同也具有其独特的艺术特点，其题材的选取也都来自动物、植物、几何形以及社会生活场景等，但与楚青铜器和楚漆器不同的是，楚丝织品纹样的特点更多地是依据其制作工艺的不同而不相同。以最常见的动物纹"凤纹"为例，刺绣上的凤纹造型栩栩如生、活灵活现；织锦上的凤纹却不同，织锦在制作上会用到提花机等纺织时使用的传统机械工具，采用二方连续和三点组合排列等构形方式制造出来的纹样都是抽象的几何纹图形，以方形和菱形图形元素为主，并且不同的题材抽象程度和图形的组合方式也都不相同，凤纹常被抽象成线条和重复排列的小点，被抽象的程度非常高。

（二）楚文化艺术视觉形态的具象表达

基于艺术领域，将现实的视觉形态分为具象与非具象两种，非具象也可以称为抽象形态。具象形态一般直接从自然界获取，以客观存在的事物为对象进行直给的一种视觉形态，抓住直给对象的整体形态和细节特征进行完美重现，创造出写实的艺术美感。它们是客观存在的形态表达，是直给的视觉形态，无任何人为行为进行加工再创，这种现实自然具象的视觉形态具有较高的直观性，因此它也可以作为构成所有形态的基础元素，因此也可以说具象形态是所有现实形态的初级阶段。

根据楚文化艺术视觉形态所呈现出的创作手法，大体可以将其归纳为写实与夸张两种，写实一般是对自然界进行直接描述，所描述的内容也都是可以直观感受的事物，如常见的各种动植物、自然现象、人类社会行为活动等内容，然后再将描绘出来的图案装饰在所需要的器物上，以此来完成一幅幅具有写实性艺术手法的佳作。

在楚文化艺术中，具象视觉形态与抽象视觉形态同时存在，但其在发展上是有着先后顺序的规律，一般而言，具象形态产生在前，抽象夸张变形都是在具象形态的基础之上进行的。

（三）楚文化艺术视觉形态的抽象表达

艺术领域里面的另一种视觉形态的表达方式是抽象。与具象形态相比较而言，抽象虽然也是人类对实客观形态的表达，但其经过人类行为对其进行夸张、变形、组合、提炼等艺术手法进行创作，赋予其新的含义并呈现出来新的视觉形态，这种抽象形态比具象形态要高级很多。到了战国中后期，湖北人对于具象形态的应用逐渐减少，设计出了大量的抽象形态，这一时期所出现的青铜器、漆器以及丝织品等一些楚艺术品中，大多都是夸张变形的装饰纹样，湖北人将精神文化融入文化艺术中，使得这一时期所呈现的作品更具浪漫主义，更加的自由以及富有想象力。

几何纹是楚文化艺术中最常见的纹样，使用也较为广泛，它是视觉形态中典型的抽象形态，常用的几何形元素有方形、圆形、三角形、多边形及不规则图形等。几何纹在我们现代设计中也常被使用，特别是现代标志设计中，利用几何图形相互组合时变化出的多种形态，可以令标志设计更加多变，使设计者能更加自由地发挥创意。春秋早期的几何纹主要以圆圈纹为典型，图形稍微还显得繁复，到了战国中期逐渐变得简化，变得抽象，以弦纹、菱格纹、回纹等最为典型。

以社会生活场景为题材类型的纹样，常会被湖北人加以自己的理解采用夸张变形的创作手法，湖北人极其富有想象力和天马行空的创造思维，对于艺术设计颇有自己的一番见解，设计出来的纹样富有极强的装饰性效果。如青铜器上的莲花形装饰纹样，首先抓住莲花的特征，找到莲花最美最具代表的元素并提取出来，采用夸张变形的艺术手法，创作出装饰艺术效果鲜明的视觉纹样。此外还有大量的其他类型纹样，都是在功能性与审美性的基础上，采用夸张变形的手法创造出来的。植物纹和动物纹在春秋早期时也以具象形态占多数，到战国中后期湖北人逐渐采用夸张变形的手法，使植物纹和动物纹从具象形态向抽象形态转变，例如早期的龙纹、凤纹到中后期逐渐演变为变形龙纹、变形凤纹，植物纹和花卉纹也逐渐变形得和几何纹较为相似。

总之，湖北人常考虑到实用性与美观性，并将其结合以达到最佳的艺术效果，这种创作思维显然也体现出了湖北人当时的审美观。

二、少数民族非遗的文化风貌研究

（一）湖北拥有丰富的文化遗产资源

湖北是文化资源大省，是楚文化的发祥地之一，这里曾诞生过文化名人屈原、陆羽、李时珍、张居正、王昭君，及"竟陵派""公安派"等有重要影响的文化流派。湖北又是辛亥首义的发生地，在中国历史上写下过浓墨重彩的一笔。湖北人文景观灿若星河，自然景观俯仰皆是，文物资源、民间文化资源相当丰厚。

1. 湖北是全国为数不多的几个文物大省之一

武当山古建筑群、钟祥明显陵被联合国命名为世界文化遗产，世界文化遗产数量位居全国第三。有全国重点文物保护单位91处，省级重点文物保护单位825处，县级以上文物保护单位4000余处。10座省级历史文化名城，其中武汉、荆州、襄樊、随州、钟祥被国务院命名为国家历史文化名城。以武汉为中心的辛亥革命旧址遗迹为海内外瞩目。红安七里坪、洪湖瞿家湾、监利周老嘴镇等14处全国历史文化名镇（村）。

全省现有博物馆、纪念馆145个，数量居全国第二，年举办展览500余场次，免费开放的博物馆共106个，年参观人次1610余万。全省有文物藏品115万余件，位居全国第六；其中一级藏品2876件（套），居全国前列。湖北拥有国宝级文物19件（套），曾侯乙编钟、越王勾践剑、郭店楚简、云梦秦简、楚国丝绸漆木器等享誉海内外。全省文物古建筑形成五大系列：鄂州吴王城、赤壁古战场、荆州古城、当阳关帝陵、襄阳城墙及古隆中等三国文物建筑；利川大水井、鱼木寨、咸丰土司王城、来凤仙佛寺等少数民族建筑；黄梅四祖寺、五祖寺、当阳玉泉寺、襄阳广德寺、武汉宝通寺、归元寺及武当山、长春观等宗教建筑；钟祥明显陵、江夏龙泉明代楚藩王古墓群、李自成墓等明代王陵建筑；秭归屈原故里、兴山昭君故里、襄阳米公祠、黄州东坡赤壁、汉阳古琴台、东湖行吟阁等历史名人纪念建筑。

全省20多个戏曲剧种。通过改革和调整，已初步形成省会武汉以歌舞、杂技、京剧、汉剧、话剧为主，江汉平原以荆州花鼓戏为主，孝感以楚剧为主，黄冈以黄梅戏为主，咸宁以采茶戏为主，宜昌及鄂西以民族歌舞为主，襄阳和鄂西北以豫剧、曲剧为主，恩施以南剧为主的舞台艺术发展格局。湖北民间文化丰富，且风格独特。三棒鼓、渔鼓、皮影戏、民间故事、民间工艺等历史悠久。省文化厅先后命名了21个"湖北省民间艺术之乡"。其中，长阳县民间歌舞、宜昌县民间版画、枝江市民间吹打乐、黄梅县黄梅戏、崇阳县提琴戏、安陆市民间漫画、黄州区农民画、大冶市保安镇的民间石雕、丹江口市伍家沟民间故事、竹山县官渡镇民间故事、宜都市民间故事11个县市的民间艺术在全国有一定的影响，被文化部命名为"全国民间艺术之乡"。

湖北的文化资源特别是文化遗产资源极为丰富且富有特色，目前的问题在于，我们只是习惯于按过去的分类角度进行罗列宣传，要把资源优势转化为资本优势，亟须进行与国际接轨的按产业开发需要的资源分类、分级进行规范的梳理、建设。

2. 湖北的文化遗产保护开发情况

按照"保护为主、抢救第一、合理利用、加强管理"的文物工作方针，湖北省大力加强文化遗产保护，扎实推进各项工作，在文化遗产融入地方经济社会发展，服务当代，改善民生等方面取得了显著成绩。

全省部分在建重大文化遗产保护项目全力推进，省博物馆三期扩建工程、大遗址保护荆州片区建设、随州叶家山西周墓地考古发掘项目、武当山遇真宫垫高保护工程、世界文化遗产保护与黄石工业遗产片区／恩施土司遗址／荆州和襄阳城墙等世遗项目预备、湖北乡土建筑抢救保护工程、三峡厂南水北调工程文物保护等成绩斐然。

3. 湖北省非物质文化遗产资源及其开发展示情况

通过普查，湖北省非物质文化遗产资源家底已摸清，共收集到77729项，涉及17个门类，其中民间文学类41805项、传统音乐类11555项、传统舞蹈类1726项。全省非物质文化遗产数据库现已完成录入项目12216条、传承人9688名、图文音像等素材20359个，资料全面、完整、科学、规范，此项工作在全国领先。现已公布三批省级非物质文化遗产目录，共计260项，其中105项列入国家级目录。自2008年启动非物质文化遗产代表性传承人评选至今，湖北已有省级代表性传承人达299人，其中国家级39人。

此外，在恩施州还命名了40位民间艺术大师和80名原生态山民歌手。土家织锦"西兰卡普"、汉绣、阳新布贴、长阳山歌等一批具有浓郁地方风情的民间艺术。频频在国家级博览会、艺术展、表演赛中赢得荣誉。目前，湖北省正以非物质文化遗产特色资源作支撑。打造三峡牌、"世遗"牌、三国文化牌、红色文化牌、巴土文化牌等，推动文化遗产在开发和利用中得到繁荣发展，在繁荣与发展中得到保护传承。

（二）湖北文化旅游资源及其产业开发情况

旅游业的进步推动了全省城乡建设、交通运输、外经外贸、建筑建材、商品流通、邮电通信等相关行业和部门的发展，增进了区域间的社会、经济、文化交流，从而通过有形、无形的收益，带动了整个社会向前发展。

1. 实施"灵秀湖北"品牌推广战略

一是推广"灵秀湖北"品牌。湖北省以省政府的名义统一推广"灵秀湖北"旅游主题宣传口号和形象标识以来，湖北省迅速开展"灵秀湖北十大主题旅游线路"设计、建设、评选活动，继而评选出"灵秀湖北十大旅游名片"和"灵秀湖北十大旅游新秀"并进行深度宣传，放大品牌效应，提升旅游名片和旅游新秀的品牌价值。

二是开展旅游产品线路营销。以"灵秀湖北"为主题，以高铁旅游、红色旅游、文化旅游为重点，着力开展三大促销活动。以武广高铁延伸到深圳、京汉高铁年底开通、汉宜高铁通车在即为契机，开展"南北纵贯线、灵秀湖北游"高铁旅游促销，开发沿线省市为主的国内旅游市场。以大别山红色旅游公路通车为契机，开展红色旅游专题推广活动。加强旅游文化产品推介，拓展境外旅游市场。

三是加大媒体宣传力度。采取"联合推介、捆绑宣传"方式，继续在央视投放"灵秀湖北"形象宣传片，在航班、高铁、车站、地铁站推出旅游形象广告。开辟旅游推介新阵地，利用微博网络，开展"灵秀湖北"互动讨论，不断提升旅游形象。

2.服务湖北发展战略

结合各地文化资源，分区推进旅游业发展。

一是推进鄂西生态文化旅游圈建设，充分释放旅游业在鄂西圈的带动作用，建立完善以旅游业为引擎的产业联动发展机制。以"一江两山"核心，以推进仙洪试验区等战略为契机，完善旅游基础设施，打造旅游精品名牌，加快建设神农架机场、武当山文化旅游扩复建等"十二大工程"和炎帝神农故里一大洪山旅游区等"十大景区"，不断提升鄂西圈的整体水平，努力将其建设成为低碳经济的示范区、发展方式转变的试验区、以旅游业为切入点加快发展的经济区。

二是加快"一主两副"城市旅游目的地发展。以武汉、宜昌、襄阳中心城市旅游业为龙头和支撑，充分发挥其辐射和带动作用，促进全省旅游业协调发展。

三是推进"两区四片"旅游发展。认真落实大别山区、武陵山区"一红一绿"两区旅游产业推进方案，助推大别山、武陵山、秦巴山、幕阜山"四片"跨越式发展。推进大别山红色旅游、名人名寺文化旅游和生态旅游，培育核心旅游产品。启动清江流域旅游一体化开发建设，加强系统集成，打造清江生态文化旅游精品。

四是实施荆州旅游"壮腰工程"。深度挖掘荆楚文化旅游资源，加快楚故都纪南城大遗址保护区、荆州古城等重大旅游项目建设；以海子湖生态文化旅游区建设为重点，努力把荆州打造成为鄂西圈楚文化旅游中心。

五是发展"中国农谷"旅游示范区，用旅游的理念和标准谋划"中国农谷"建设，努力将其打造成"中国一流、世界知名"的旅游目的地。

（三）全力提升景区景点资源档次

湖北的世界级及国家级旅游资源与旅游景区有：世界文化遗产武当山古建筑群、明显陵2处，神农架联合国人与生物保护区网成员1家，国家质量等级旅游景区111家，其中5A级2家、4A级26家、3A级37家、2A级42家、A级4家，国家级风景名胜区7家，国家级自然保护区8家。国家红色旅游经典景区14家，国家农业旅游示范点13家。国家工业旅游示范点4家，国家森林公园22家，国家地质公园4家，国家级文物保护单位89家，国家非物质文化遗产 19 项。经过近年来的全力建设推进，到 2020 年湖北省拥有 A 级旅游景区 412 个。其中 5A 景区 12 个，4A 景区 142 个，3A 景区 219 个，2A 和 1A 景区分别为 38 个和 1 个。其中，湖北十堰市 A 级旅游景区数量最多，为 64 个。其次湖北黄冈 63 个。从 5A 景区来看，湖北武汉和宜昌市数量最多，均为 3 个。

在扩基提档的基础上，打造精品，建设、评比出"灵秀湖北十大旅游名片""灵秀湖北十大旅游新秀"和"灵秀湖北十大旅游精品线路"。"十大名片"是长江三峡、武当山、黄鹤楼公园——辛亥首义、神农架、随州炎帝神农故里、武汉东湖一省博物馆、大别山红色旅游、三国文化、咸宁温泉、恩施大峡谷一利川腾龙洞。"十大旅游新秀"包括大洪山——明显陵、黄梅禅宗文化、洪湖旅游区、麻城杜鹃花、秭归屈原故里、长阳清江画廊、武昌户部巷、宜昌柴埠溪峡谷、通山九宫山——隐水洞、梁子湖生态旅游区。

灵秀湖北十大精品旅游线路是"湖北最佳经典游线路"（主要景点：武汉东湖——省博物馆——黄鹤楼——汉口江滩——随州神农故里——曾侯乙编钟遗址——襄阳古隆中——武当山——神农架——葛洲坝——西陵峡口风景区——三峡大坝——荆州古城——荆州博物馆），响亮号召"逛武汉、探神农、登武当、游三峡、品三国"、湖北最佳人文游线路、湖北最佳生态游线路、湖北最佳都市游线路、湖北最佳休闲游线路、湖北最佳乡村游线路、湖北最佳摄影游线路、湖北最佳自驾游线路、湖北最佳红色游线路、湖北最佳外国人游线路。

还开辟了众多的主题游线路如武汉都市之旅、长江三峡一神农架之旅（主要景点：三峡大坝景区——神农架——神农溪——车溪——三峡人家——柴埠溪——昭君故里）、世界遗产之旅（主要景点：武当山、明显陵）、三国胜迹之旅（主要景点：武汉黄鹤楼——襄阳古隆中——赤壁古战场——鞠陂 H 古城——当阳关陵——鄂州吴王古都）、恩施风情之旅（主要景点：腾龙洞——梭布垭石林——恩施大峡谷——恩施土司城——鱼木寨——大水井——土家歌舞肉连响）、荆楚文化之旅（主要景点：荆州市博物馆——湖北省博物馆——楚纪南城遗迹——熊家冢楚墓）、炎帝祭祖之旅（主要景点：随州炎帝神农烈山风景区——神农架神农祭坛），等等。

建设鄂西生态文化旅游圈既是湖北省的发展战略，也是湖北旅游发展的重点。鄂西生态文化旅游圈包括襄阳、荆州、宜昌、十堰、荆门、随州、神农架、恩施 8 个市（州、林区），这里是湖北省生态和文化旅游资源既丰富又集中的地区。目前，鄂西生态文化旅游圈旅游开发已经成为湖北旅游发展的一大亮点。

（四）湖北旅游商品特色鲜明

一些民间工艺美术享誉海内外。比较突出的有年画、挑花刺绣、土锦、竹木器、羽毛扇、淡水贝雕和珍珠。有些品种在全国乃至世界上都是稀有的，如绿松石、墨石、白鹤玉、菊花石等，可供开发成旅游纪念品的矿产资源丰富，级别高，如十堰的松香玉，神农架的水晶和玛瑙，黄石的孔雀石，宜昌的三峡石，远安的紫砂陶土。恩施的冰舟石和云景石等。

近年来，旅游、轻工、文化等部门和企业积极协作，以楚文化和湖北省旅游风光为主题，开发了一批既反映湖北省旅游风光和历史文化，又适应旅游市场需求．并具有观赏和收藏价值的旅游商品，如湖北工艺箔画、湖北旅游纪念卡（册）、楚文化系列手工地毯、三峡风光系列真丝品、青铜系列文物仿制品、根雕盆景艺术品和汉味旅游食品等，深受广大游客喜爱。

三、少数民族非遗文化的价值取向研究

（一）有利于高校主动对接地域文化，担当传承非遗文化的责任

湖北有众多的非遗类传统美术和传统技艺项目，国家《非物质文化遗产法草案》就明确指出："学校应当按照国务院教育主管部门的规定，将非物质文化遗产教育纳入相关课程，因地制宜开展教育活动。"非遗文化与高职艺术设计类许多专业相关，因此高校应主动对接湖北非遗地域文化，将非遗文化主动融入课程设置和专业建设中，主动担当传承非遗文化的责任。

（二）有利于湖北文化创意产业发展的需要

早在 2015 年，国家就提出了发展文化创意产业，面对文化创意产业发展的趋势，高职院校要及时开展非遗文化融入高职艺术设计类专业学科教育的应用与实践，探索传统非遗文化适应时代发展与高校专业建设的道路，推动湖北非遗产业的传承与创新发展，探索艺术设计专业人才培养新模式，促进高职艺术设计类专业建设和创新发展。

（三）有利于培养高职艺术设计学生的文化自信与工匠精神

湖北非遗文化包含了湖北少数民族地区的核心文化价值体系、文化意识与文化特征，是几千年文化融合的成果，是具有独特湖北特色的传统文化艺术语言。在当今互联网信息快速发展的时代，传统湖北非遗文化的高校艺术设计专业教学的融合，能助推优质的地域传统文化的传承与发展，能增加学生对湖北本地文化的理解与应用，对提升高职艺术设计专业学生的人文素养与专业能力有着重要的作用。

（四）有利于湖北非遗文化的传承与创新发展

湖北非遗文化含着多元化的艺术表现，是现代艺术设计的宝库，蕴含着丰富因子，为现代艺术设计提供了丰富的素材内容和创意元素，是文化产业的创意源泉和资源宝库。探索非遗融入学科教学，探究如何培养学生对优秀非遗文化的学习，使学生设计出的艺术作品更有文化性和特征性。通过非遗与艺术设计专业教学的结合，从而促进非遗文化项目的设计与产品创新研发，从而推动湖北非遗文化与高职设计教育的融合。

四、典型案例

建筑彩作作为传统建筑上重要而又十分脆弱的一部分，具有深厚的研究价值，"从时间分布来看，建筑彩作的研究约起始于 20 世纪 80 年代，随后的 20 年间研究成果较

少，自 2000 年起学界关注较多，研究成果数量呈明显上升趋势，占据总统计数额的 89.3%"；从空间分布来看，明清时期作为中国建筑彩作发展的鼎盛时期，在此期间分化出了官式彩作和民间彩作两种主要类型，其分型沿用至今。我国虽为非物质文化遗产大国，但非遗文化的传承现状不容乐观。当下科技高速发展，社会变革日新月异，以口传身授为主要传承方式的非遗文化正迅速走向消亡，基于互联网思维与数字化技术对非遗文化的保护与传承，能提升非物质文化遗产的传承效率与恒久性，也为文化与技艺带来更多的创新性与可能性。

（一）明清建筑彩作简析及分类

1.明清建筑彩作

古建筑彩作是视觉艺术之一，其在建筑物表皮装饰上有着重要地位和独特功能，它兼得观赏性与实用性，通过矿物颜料上色减缓建筑构件因自然环境带来的风化与侵蚀，延长建筑物的寿命；同时还可以描取物象借物抒情，给人深刻的艺术感染力。明清时期宗教建筑，尤其佛教建筑成就比较突出。该时期的建筑在空间组织、造型、装饰、设计与施工等方面都有许多新创造与发展。"就建筑艺术特色方面来说，明清官式建筑斗拱比例开始减小，柱的比例逐渐拉长；建筑装饰方面，由于梁枋比例增大，可供装饰彩作的面积增多，使得明清官式彩作得到了空前发展"。位于湖北省荆州市沙市区太师渊路上的章华寺，始建于元代泰定年代，复修于清代，是喧嚣古城中具有荆楚地域特色的皇家古建筑群。据北魏郦道元所著《水经注》记载：章华台"台高十丈，基广十五丈"。台上宫殿亭榭，气势磅礴；台下雕石砌池，金波荡漾，整座寺庙布局恢宏精妙，金碧辉煌，是湖北地区较为经典的建筑彩作之一。

2.明清建筑彩作的主要类型

（1）金龙和玺彩作

按清代彩作制度，和玺彩是最高等级彩作类型。大雄宝殿为章华寺的主殿，由其彩作中圭线形制可判断为清末时期和玺彩作，在彩作枋心、找头、盒子以及其他重要部位多运用了龙纹作为主题装饰，龙纹用来体现皇权，有象征护法神灵的寓意。龙纹多数为行龙纹饰，绘制要求严格，注重形神兼备、遒劲有力，纹饰疏密均匀、形式对称。建筑正中间的梁枋中心挂有大雄宝殿的匾额，而每层楼梁枋均为云龙枋心。"各种纹饰距枋心线平均地留有相等空间，宝珠火焰位于立面枋心的中段偏上部位；宝珠在正中，火焰纹与龙纹都以枋心横向的中轴线左右对称；底面枋心宝珠画于正中，龙纹与火焰纹同样以枋心横向的中分线为轴，画成相反对称形式"。即可描述为平板枋画行龙云气纹，大额枋枋心画龙首相对的双行云龙，两侧找头画对称降龙，两侧盒子画对称坐龙；垫板画行龙，小额枋枋心亦画双行云龙，两侧找头画升龙，两侧盒子同大额枋一样画坐龙，柱头画升龙，斗拱板间点缀着火焰三宝珠。而较窄的枋底除了画行龙云气纹亦画拉不断纹。大雄宝殿作为全寺的主体建筑正面望去，红色的建筑主体与青绿色调彩作交相辉映，轮奂鲜丽，雄壮不已。

（2）清式旋子彩作

旋子彩作等级仅次于和玺彩作，是清代主要彩作类型之一，其应用广泛，形式品类丰富。旋子彩作纹饰以旋涡状花纹为主要纹饰形式，最显性的视觉特征是在藻头内使用带涡纹的花瓣图案。旋子彩作在单独构件中的画面平均分成枋心、箍头和藻头的三段式结构，每段装饰纹样的规律与纹样形制均有差异。清初期常见的枋心式旋子彩作有云龙枋心、一字枋心、锦纹枋心等，章华寺天王殿彩作则大多数枋心为云龙枋心和锦纹枋心。云龙枋心纹样同大雄宝殿中的大小额枋枋心纹样一致，枋心里的云纹称为"散云"，在传统装饰中常以辅助纹样的形式出现，与龙纹配合使整体纹样更加饱满与灵动。天王殿大小额枋枋心内容根据建筑开间大小上下交替绘制，除云龙枋心外还绘制有宋锦纹，如较宽的构件大额枋、小额枋枋心的宋锦纹通常绘制为与枋心线成一定角度的"一整二破"式纹样组织形式，用以适应枋心的规格。旋子彩作中最有特色的为藻头部分，旋花在"一整二破"的构图规律中又有新的变化，旋花的花心部分使用了沥粉贴金工艺，花瓣不做退晕，宝剑头以青绿色退晕，藻头旋花为"二路瓣"。

（3）苏式彩作

苏式彩作为官式彩作，主要应用于皇家园林建筑或亭、轩、阁、游廊等装饰小式建筑的装饰，有极强的艺术感染力。在章华寺内苏式彩作大都出现在偏殿或游廊，其绘饰的题材大多为贴近生活的内容，如农耕故事纹、各式花草纹以及佛教故事写真纹等。章华寺提倡农禅并重，僧侣融禅于农、以农悟道。因此章华寺内许多苏式包袱式彩作纹样题材为农作物或以农作物为主题的耕地故事内容，画风清新古朴，体现了章华寺禅宗僧侣勤劳、节俭的美德，并把这种美德与其禅宗思想和禅修方式结合起来，形成了独具中国特色的农禅并重的禅修与生活方式。苏式彩作中最富有灵动性、趣味性的部位是藻头，上面绘制多样性的吉祥动物、植物等美好事物。概括提炼后聚合而成的"聚锦"纹样，纹样间各自相合，互相衬托，使人久观不厌。聚锦纹样造型要求生动富有吉祥寓意，青色藻头部位大都为纹饰排布严谨的满构图，尤其上下边路不可留得过宽。"装饰藻头中的风带、流苏、绿叶、花蕾或动物、禽类的头饰中都需要采用染、点、开、攒等不同手法分类表现"。

（二）章华寺彩作的审美维度营造

1.彩作色彩与光影在审美维度上的表现

彩作最早的产生是为了保护建筑的木构件，使其经久耐腐，后逐渐发展演变为集功能与装饰为一体的艺术门类。《营造法式》一书在彩作制作规范中描述彩作颜色以青、绿、红为主，辅以赤黄、白等其他色彩，隔间品合，分色阶排比绘制叠晕，相邻纹样的色彩常设置为冷暖相间或青绿相间，形成规律性的视觉秩序。彩作中的五彩遍装的绘饰风格适用于皇家寺院或重要的建筑，章华寺彩作主要为五彩遍装模式。远看章华寺，建筑主体为红色，顶部颜色丰富的彩作装饰与建筑主体形成强烈对比，装饰风格富丽而稳重，气势恢宏。章华寺彩作色彩构成包括青、绿、红、金、白，色彩纷杂，但总体始终呈青绿色冷调，局部加以红、金点缀，既达成了色彩设计上的灵动与变化，又与周边环境相得益彰。《工程做法则例》中将彩作归为画作，强调了主色调在彩作色彩绘设中的重要性。"色调，概指因色彩面积的总体倾向所造成的色彩效果，可冷暖或亮暗"。建筑彩作所反射出的色彩是光源色、环境色与固有色在建筑表层关系的融合，其色彩会受到光线与环境等因素的影响，晨昏四季，阴晴雨雪，不同的情境下彩作色彩的调性与情态也会呈现出微妙而多元的变化。建筑作为多维度空间艺术，彩作纹样的组织方式与色彩建构均在建筑构件丰富的维度之中，立体构件的丰富有序和纹样色彩的对比和谐之间融合共生、相互助益，这也是建筑彩作的典型性特征之一。

章华寺彩作以高纯度的色彩表现为主，它们能够在同一视域内和谐共生，主要取决于以下两个方面的因素：

首先，彩作纹样有序的组织方式，强对比的色彩在组织架构内呈现出相对恒定的视觉节奏，在色彩的变化和色彩的呼应中形成默契。

其次，叠晕的色彩处理手法，叠晕即将色彩按照明度的序列等量推移。古人运用自然退晕的色彩处理技巧形成色彩的数列感与维度塑造的视错觉，形成具有层次感、节奏感的色彩搭配秩序。在寺庙后院公园走廊进廊的内檐枋心式苏画构图中，主图两边缘有蓝色系、黄色系、绿色系明度序列渐变，如墨绿、翠绿、中绿、浅绿、白色形成色晕，两侧回纹或万字纹加以点缀并均作叠晕效果处理，使建筑构件的维度层次更加丰富。

同时，不同明度的色彩对色光的吸收程度也不尽相同，这常常会体现为光的强弱对建筑彩作色彩的调节作用，例如为增强梁枋面顶部绘以莲花，中心雕刻生动的降龙，周围绘有一圈水纹，神似降龙戏水，视觉秩序清晰。在建筑彩作的背光部分可以通过绘制明度较低的颜色来强化暗面的体块，增强梁枋结构的体积感。

2. 彩作纹样在建筑构件上的维度表现

彩作的纹样通常以造型维度丰富的建筑构件作为载体，有其维度表现的个体性。中国古典建筑构件自身的形式感与丰富性为彩作提供了富有表现力的视觉呈现舞台。从图案的界定来看，有平面图案与立体图案之分。人们对于图案学研究常常定格在二维层面，但平面图案通常会用于装饰各类三维载体，而彩作的维度表现通常分为以下几种视觉形式：其一，彩作图案常以层次多元的三维建筑构件为载体进行呈现；其二，纹样以叠晕的方式展开，形成多元空间维度的视错觉；其三，节奏与韵律并存的建筑构件在空间中的三维占有，其本身也是立体图案的范畴，建筑彩作图案纹样常以二维与三维关系共存。彩作纹样常以二方连续或四方连续的纹样组织方式在立体建筑构件中铺陈开来，以一个或一组完整的纹样为单位，进行两个方向或四个方向等间距的重复排列，可以形成无限扩展的视觉形式。纹样绘制在建筑立体构件之上，用以装饰形成三维立体装饰的视觉印象。彩作构件本体的造型在建筑中通常以对称方式出现，有极强的营造秩序，雀替、斗拱等构件构造精巧美观，形制复杂，以建筑构件形成的立体图案形式与彩作的平面纹样交相形成独一无二的审美形式与格调。章华寺寺内游廊上的苏式彩作纹样贯穿于构件的起承转合之中，形成了视觉上的透视感与立体感，空间维度得以更多元地呈现。在色彩、纹饰与光影的共同作用下，形成技术与艺术、审美与实用、二维与三维的相互交融，彼此助益。在建筑彩作中纹样的装饰规律以空间维度为主线展开研究，以更开放的视角探索图案的设计理论，在提升图案设计认知的同时，对于彩作形式的研究也将更加全面与立体。

（三）章华寺彩作活态化传承与创新

1.虚拟仿真技术构建彩作技艺数字化传承平台

基于数字技术活态化传承彩作工艺与传播彩作文化。"非遗是特定人群的生活经验、历史传统、集体记忆以及社会实践，是一种文化的遗产"。彩作作为建筑装饰，是被定格下来的历史和艺术，保护彩作非遗文化是保护民族传统文化的精髓。数字化保护作为非遗保护的重要手段，需要传承人和技术拥有者共同努力，协作实现非遗文化的传承与创新。如今VR展示技术发展迅速，可使用成熟的2D/3D数字动画技术修复、再现建筑彩作形式、使用场景与工艺流程，实现原始物件或原场景的虚拟再造，三维仿真建筑再现，用户佩戴VR眼镜可以进行空间漫游体验；工艺流程的数字化演示与虚拟操作，为彩作的传承带来更为高效的平台。

2.数字化创意相结合的非遗活态化传承与创新

近年来APP的发展让人们感受到了方便与快捷。在开发理念上智能手机可为荆州彩作非遗文化打造"非遗彩作APP"的移动互联网终端，也可在国外APP例如"IMUSEUM"上链接荆州古建筑欣赏模块，创建集彩作欣赏、技艺传承、旅游景点导览与介绍等功能为一体的平台。同时，也可在微信平台建设章华寺彩作公众号和设计小游戏，推广非遗彩作绘制及修复技艺。数字化技术与创意有利于彩作艺术的保护与设计再造，可用于记录彩作绘制过程，对彩作的珍贵资料进行处理和保存，可以对其所承载的历史文化内涵、地域精神等进行数字化的梳理整合，使极具中国特色的彩作艺术得到更好的传承与创新。

3.彩作装饰艺术形式的设计迁移与创新设计

迁移是拓展设计思路的常用形式，具体表现为将A物的某一属性通过设计的方式移用到B物的形式之上，是将熟稔之物陌生化和情趣化的一种表达方式，形成高识别度的视觉印象。彩作装饰包含了先民们对于社会伦理秩序的理解以及对美的质朴追求。彩作之于建筑有保护、装点、张示等级等作用。从艺术学的角度看，将装饰品格极高的彩作从古建筑构件中以迁移的方式延展到其他的艺术形式，让人们喜闻乐见的装饰形式更加紧密地连接日常，让中华民族的艺术经典与美学智慧以亲近的方式建立活态化传承的开放路径，是值得实践的非物质文化遗产的创新传承之道。将建筑构件立体装饰的形式会同当代艺术的观念，进行当代艺术小品的创作。抽取彩作维度装饰之意象，用结构的方式将木构件的形态予以榫卯结构的穿插与构成，并以抽象化的着色纹案构建视觉秩序，搭建全新的艺术形态。从功能性到艺术门类均发生了改变，古建筑彩作的智慧得到了升华。以彩作二维与三维协同的装饰艺术形式进行民族化包装、生活物件及装饰艺术品等方面的迁移性设计思考，让其走向百姓生活，也是将彩作活态化传承的有效途径。以彩作的结构与形式为设计来源进行民族化的异形结构包装设计，包装盒设计构思精巧，动静相宜，别有洞天，开合之间让人心生欢喜。

第二节　发展观视野下的研究考察

一、少数民族非遗文化的发展现状研究

（一）理论研究空前壮观，市场生存之道难见成效

从文化社会学、非物质文化遗产、"现代手工艺"、"创意产业"等领域开展的理论研究，成果颇丰。政府、企业、学校积极参与，建立的传承园、产业园、社科研究基地比比皆是。毫无疑问，对非遗的重视历史上没有任何一个时期可以与此时比肩。以上研究尽管涉及面广，但针对创意产业背景和当下消费文化时代工艺美术的现代转型及开发问题，仍缺乏具体而行之有效的路径。如果把非遗保护局限在形而上的理论研究层面上，与市场脱轨，则不是保护，而是伤害和破坏。

（二）非遗品类个体之间的发展存在严重的不平衡现象

宏观湖北美术类非遗，品类个体发展受政策、个体艺术形态、艺术品市场认可度、艺人素质、培育条件等因素影响较大。如政策的影响：武汉牙雕因原材料限制，艺人只有选择猛犸象牙等代替材料，但是这种材料又不被艺术品市场，特别是收藏市场所欢迎。于是有的艺人就改行，转向玉雕、木雕行业以谋生计。这些中途转行的，很难与已经牢牢占据市场的专业玉雕、木雕艺人抗衡，市场销售不容乐观。个体艺术形态的差异，导致艺人们几家欢乐几家愁。例如，玉石雕刻和泥塑，二者在艺术品投资和收藏市场的优劣势非常明显，一个是高端、贵气、细腻，一个是低廉、乡土、粗犷，市场价值自然天地之别。有些艺人立足工作单位（工艺美术研究所、群艺馆等），在政策、经费、对外交流上，要比纯农民艺人的日子好过多了，培育条件相对较好的，发展自然良好，相反则发展缓慢，举步维艰，甚至面临人亡艺绝的困境。

（三）依靠政府扶持，难以"断奶"，"自我造血"能力不足

受多方面因素影响，很多艺人的作品市场行情并不乐观。非大众喜好的收藏品类，其生存状况不容乐观。调研结果显示，市场最为乐观的非遗品类是玉雕、青铜器、木雕、陶瓷这些传统收藏大类，艺人每年的收入不菲，并且大都建立了自己的稳定、优质藏家群体，甚至完全不需要政府的扶持。而泥塑、膏雕、贝雕、布贴、麦秆画、剪纸等小众门类，市

场反响并不乐观。大多数艺人都在另谋生计，对非遗的坚持纯粹是出于情怀在维系。这种尴尬会使非遗的生存更加恶化——越没有市场，就越没有人气，没有良好的收藏爱好者群体，非遗在市场中就没有优势。小众市场的非遗品类，如果再失去政府的关怀，情怀不在，非遗就不在了。

（四）文化影响力不够，难以形成软实力

大多数非遗项目是民间的、乡土的，有的甚至难以走出自己的起源地。品种自身艺术水准、文化内涵、技艺特色有没有吸引力，有没有开发、延伸、融合发展的可能，是品牌能否建立、传播、产生影响的关键因素。国家强调扎实推进文化强国，坚持可持续发展战略。湖北省也有"将湖北工艺美术发展成为推动科学发展、跨越发展的精神力量，成为支撑构建促进中部地区崛起重要战略支点的软实力、生产力和竞争力"的发展需要。因此，研究消费文化时代湖北民间工艺的现代转型和开发很有必要。

（五）对现代市场，尤其是艺术市场和创意产业的发展缺乏研究

由于艺人整体文化层次不高，对现代艺术市场、收藏市场、创意产业的发展难以有系统、深刻的认知。那么势必对受众群体、消费模式、工艺美术品的转型升级、互联网＋等缺乏有效的理论研究和实践。作为"非物质文化遗产"和"创意产业"行业之一的工艺美术的意义和价值越来越受到重视。既要注重保护和抢救，从文化解析入手，寻根固本，又要通过"工艺的再发现"，寻找设计之源，进而借助"创意产业"的热浪，推进工艺美术在当代的生活化、大众化和时尚化。要实现后者这一目标，首先面对的就是工艺美术的转型升级问题。工艺美术及经营主体的定位至关重要，改变企业经营形态，进行产业战略或者市场战略的转移、从生产低附加值产品转向高附加值产品需要探究。

二、少数民族非遗文化的传承现状研究

（一）湖北非遗产业化现状

1. 非遗资源现状

湖北历史悠久，文化积淀深厚，汉绣、楚式漆器、江汉平原皮影、阳新布贴等都是很好的非遗代表。几千年来，荆楚儿女留下了特色鲜明、形式多样的非物质文化遗产。

肥沃的文化土壤孕育了五彩缤纷的非遗资源。比如，湖北拥有世界文化遗产和自然遗产5项：丹江口的武当山古建筑群、钟祥的明清皇家陵寝、神农架自然保护区、荆州的明清城墙以及长江三峡风景名胜区。世界级的非遗2项：仙桃剪纸、秭归县端午节。国家级的非遗80项，其中，民间文学13项、民间音乐17项、民间舞蹈5项、传统戏剧17项、曲艺9项、杂技与竞技2项、民间美术8项（黄梅县的挑花、大冶石雕、武汉木雕船模、武汉市江汉区汉绣、红安绣活阳新布贴、天门糖塑、老河口市木板年画、孝感鄂州仙桃雕花剪纸）、民俗5项、传统技艺3项（荆州铅锡刻镂技艺、咸丰县土家族吊脚楼营造技艺、荆州楚式漆器髹饰技艺）以及传统医药1项（中医传统制剂方法：京山县夏氏丹药制作技

艺、武汉市武昌区马应龙眼药制作技艺）。根据非遗自身的特点以及产业化的条件，民间美术、传统技艺及传统医药类非遗比较适合以产业化的方式进行传承与保护。

2.非遗开发与保护现状

湖北省按照"保护为主，抢救第一，合理利用，传承发展"的方针，开发和保护文化多样性。许多工作走在全国前列。

文化企业的成长，给非遗项目带来了新的春天，然而由于各种原因，湖北仍有许多非遗项目的传承濒临消亡。例如，黄梅县的挑花技艺有500多年的历史，立意巧妙，布局合理，图案古朴繁杂，左右对称，体现出浓厚的民族特色和乡土气息，在全国的挑花绣品中被列为上品。但是随着社会变革的深入和生活环境的改变，民族服饰不断被外界所同化，这一时期，许多的挑花艺人去世，技艺传承出现断裂。同时挑花材料匮乏，制作面临困难，花瑶挑花工艺日渐式微，已到了濒危状态，亟待保护和挽救。又如，曾声名远扬的"楚剧"，也面临着人员老化、经济窘迫、剧团锐减、剧场萎缩等种种困难。总之，各种各样的原因，使得"非遗"的保护与传承工作面临着越来越严峻的形势：依靠口头和行为传承的各种技艺、习俗等文化遗产正濒临消失，传承人的青黄不接也将导致一些传统的技艺面临灭绝的危险。可见，非遗的保护与开发工作迫在眉睫。

3.非遗产业化现状

湖北省的非遗产业化有着一定的发展，但很不够。与丰富的非遗资源不匹配。湖北有着省级以上传统技艺、传统美术以及传统医药名录项目生产性保护单位70余家。在这些非遗项目中，是最适宜产业化发展的。但现实是产业化的现状堪忧，大多数非遗都躺在市场的襁褓中睡觉，没有销售渠道，面临着后继无人、落伍于时代的尴尬。第一批国家级非遗生产性保护示范基地全国一共41个，湖北一个都没有。例如，老河口市南派民间木板年画，虽已被列入国家级非遗，并加大了开发力度，开发了6种产品，且销售到韩国、俄罗斯、奥地利等国，但仍面临着新时代形形色色事物的冲击，新的年画的发展道路、现有小范围收藏圈的饱和状态等，这些产业化的后续工作都亟待解决。

（二）湖北非遗产业化存在的主要问题及分析

湖北在非遗产业化方面才刚起步，许多优秀的非遗资源利用不够，产业化严重缺乏。存在的主要问题表现如下：

1.非遗产业化的宏观环境不佳

首先表现为非遗产业化意识不强。从湖北省的产业化现状可以看出，从政府到非遗传承人到普通民众，人们并没有很强的产业化发展非遗的意识和观念，相关传承人受中国传统观念和民族保守思想的影响，以及一般传承人由于年龄偏大、文化水平较低，对经济、政策和科技的了解和掌握不够，难以应用科学、可行的方式让非遗走上产业化道路。例如中南民族大学文学与传播学院教授何红一是一名剪纸艺术家，多次受邀到国外展示技艺。她说，湖北许多手工产品艺术性很高，连美国的博物馆都有收藏。"与精美的产品相比，包装则显得比较落后"。何教授指出，湖北的手工文化产品普遍缺少包装意识，导致产品看起来显得低档，进不了高端市场。具体到地方上，往往以能够取得经济效益作为重视非遗与否的衡量标准，这是很明显的短视行为。其次，缺乏非遗保护、传承及产业化的完整法规。国家层面有对非遗保护的法规和制度。但这只是一个方向性的指导，并不针对湖北。即便如此，在落实方面相比于江苏、湖南、广东等省份依然显得滞后，更没有具体到相对应的制度来保障主导政策的实施和落实。

2. 非遗产业化的政策支持不够

首先，金融政策支持不够。非遗项目的保护与产业化是需要大量资金投入的，一般是通过申请政府设置的专项资金获得。而申请专项资金的项目多，财政拨款总额有限，大批项目资金没有着落，并且申请流程复杂，过程漫长。与此同时，湖北省的非遗项目产业化社会融资也不够成熟。由于资金的匮乏，导致一系列的产业链连接不上。并且从全省范围看，还存在工作开展的地区不均衡性。例如，宜昌市的各项工作就走在其他地市的前列，而有些地区却有无专门保护机构的现象。其次，财政政策支持不够。湖北非遗项目在产业化中财政投入是不足的。对非遗企业的税收也不尽合理，普遍反映税负偏重。在前几年的调查中，传统手工艺企业税负最高的达到33.6%。不少非遗项目传承人表示，目前的税收有点负担不起。一些企业为了生存，采取了"化整为零"的做法，将企业分成若干个工作室，变成小的纳税人，缴纳较低的定额税。这也就导致企业规模做不大，纷繁复杂的账目难以管理，阻碍了非遗产业化的发展。

3. 非遗传承人后继乏人

湖北省当前的非遗传承人存在经营管理人才数量偏少、结构不合理和专业化程度不高的现象，这严重制约了非遗的产业化发展。非遗传承人，包括两层含义：一是积极掌握非遗项目或者具有某项特殊技能的人员。二是积极开展传承活动，培养后继人才的人员。非遗传承人是非遗项目传承、保护及产业化的关键，具有不可替代的作用。然而，社会的外部因素以及非遗自身难以传承性的原因，使各类非遗出现了传承乏人的共同问题：民间音乐、传统戏剧、曲艺等非遗项目在现代流行音乐文化的冲击下，被新一代的青年人所遗弃；民间技艺类的非遗也因不具有较大的经济价值而出现难招徒的局面；科技的进步使得传统医药类非遗项目被西医及更为精密的医疗设备蚕食得几乎无生存空间。目前，非遗传承人普遍存在老龄化的现象，后继乏人，使大批非遗面临失传的尴尬境地。例如，流传于荆门市的上清丸是传统的中成药，原为"老积荫堂"李氏祖传秘方，这一秘方历来传男不传女。因此只有李氏独家经营，远远不能满足市场的需求。并且非遗的产业化发展，必须具备高素质的文化专业人才。

4. 非遗企业竞争力不强

湖北省非遗企业大多规模较小。在非遗企业方面，大多呈现组织化程度低，竞争力不强。湖北的非遗企业一般以小团体或家庭为主的小型组织、经营手段单一、管理方式比较落后、市场适应性差、对市场变化反应慢、对政府的依赖性较大、发展战略不明确。要使企业具有竞争力。唯一可以依靠的就是组织能力。组织化重要的目的就是建立一个持续培养并发挥核心团队作用的机制，这正是湖北企业非遗产业化过程中所缺少的。

5.非遗品牌培育不够、高科技作用欠发挥

中南民族大学文学与传播学院教授何红指出，湖北的手工文化产品普遍缺少包装意识，导致产品看起来显得低档，进不了高端市场，包装也是品牌培育的一部分。例如阳新补贴，缺乏原创品牌的长远开发策略，虽然已经注册了商标，但拥有商标并非就建立了品牌，阳新补贴的知名度较高，但并不等于它就能拥有品牌信用度。并且产品形式单纯，视觉效果单一，这对品牌的塑造非常不利。同时，湖北省非遗在产业化过程中，由于高科技的利用不足，面临着征集、收藏手段很难实现规范、安全、快速的信息交流。在非遗项目的宣传过程中，大多是通过传统渠道进行，对现代科技如互联网等运用不足。

6.非遗产业化的模式老旧

德鲁克说过："今天企业间的竞争已经不是产品的竞争，而是商业模式之间的竞争。"非遗的发展也是如此，要想实现产业化，必须得有自己的适宜又独特的产业化模式，才会更有竞争力。然而，湖北非遗产业化的模式大多比较单一，规模化、市场化程度较低，没有形成系统的非遗相关产业链，对非遗的产业化发展造成了很大的阻碍。

三、少数民族非遗文化的创新路径研究

（一）文化遗产必须在发挥实际作用中得以保护

1.转变思想认识

过去我们总是在"为保护而保护"的语境中谈文化遗产的保护问题，尽管各方面的认识有所加强。但是落实到实践层面，最终需要政府在紧张的财政经费中列支，总会打折扣。要改变这种"会议上重要、行动中次要、忙起来不要"的尴尬状况，需要我们面对现实，转变思维，提升认识。正如马克思所指出的："思想一旦离开利益，就一定会使自己出丑。"原则的价值一定要在实践中才能彰显。文化遗产的价值彰显与保护也应该是这样。事实上，研究文化资源保护开发，特别是历史文化资源的保护与开发的良性互动关系，必须落实到实践层面，这就需要调动或者说顺应各级党委政府及其党政领导干部在这个问题上的积极性，单谈出资保护文化遗产难以调动他们的积极性，也是不全面的，必然要将资源保护与开发特别是文化旅游的产业化开发结合起来，最终要落实到发展"文化旅游"这个平台、载体和手段、途径问题上。为此我们首先有必要明确"文化旅游"的理念及其要求。我们这里所讨论的"文化旅游"就是依托湖北省文化遗产资源而开展的旅游产业开发建设。文化遗产的价值只有在挖掘、整理、开发、利用的社会实践过程中才能谈得上保护、彰显、弘扬。

2. 重在实践建设

一些地方、一些干部，热衷于文化资源的开发，这并没有错。恰恰应该说这种热情和行为是宝贵的。坐而论道，问题仍然摆在那里；起而行动，问题才有可能解决。对待各级各地的文化遗产的保护与开发问题，我们首先应该通过说服相关地方的党委政府特别是主要党政领导干部，算相关文化遗产项目的开发与保护对地方发展的经济利益和社会效益的大账，引起他们的重视，融入地方经济社会发展的大局之中，列入工作议程，做出开发规划，落实到项目实施层面，然后提出相应的负责任的专业的保护原则、意见与措施等建议。现在一些地方的领导怕沾上文化，特别是文物的是非。

3. 探索实现形式

在文化遗产的保护与开发问题上，要破除单一地由政府出资开发与保护的旧的思想观念和实践模式，积极探索多种实现形式、方式和模式。当然，原则底线是尊重科学，不能搞破坏，不能化公为私。对一些遗产的形制的复原和保护，也可以做出体现时代要求和技术水平的改变。如四川都江堰的鱼嘴瓶修缮、浙江杭州的雷峰塔改造、湖北武汉的黄鹤楼重建等，既是历史遗存的佐证，又是时代创造的杰作。

（二）湖北文化遗产资源的创造性转换

1. 盘点湖北文化底蕴

"荆楚文化"作为表达湖北文化纵贯古今的概念已成为共识（当然还有人将"荆楚文化"从时间段定义为"楚文化"，从地域范围上定义为湖北中部荆襄地区的文化，这里暂且不论），但是底盘到底有多大，如何梳理其梗概，精华如何萃取并未达成共识。从资源梳理的角度看，当前亟须提供一个考察框架，也就是要将"荆楚文化"的外延边界和大致分期、特色内容等弄清楚。湖北是中华文明三大发源地之一、楚文化的发祥地、三国文化的重要发生地、首义文化的策源地、红色文化的富集地、现代化建设的重要战场和南北文化的交汇地，在中华民族的璀璨星空中光耀日月。荆楚文化的主要而富有特色的内容报章曾有概括：炎帝神农，原创农耕文明；老庄哲理，明示千秋万代；离骚九歌，世代不绝传颂；三国忠智故事，妇孺皆知；黄梅武当；公安竟陵，文学舒展性灵；武昌首义，开启现代政治；三峡工程，托起中华巨龙腾飞。这一概括提纲挈领、特色彰显。对于我们认识和把握荆楚文化的外延和特色有帮助，但是，最大的问题是对史前的荆楚文明进行了巨大的历史虚无。湖北省政协原主席、现任荆楚文化研究会顾问王生铁同志概括的"荆楚文化十大系列说"指出，荆楚文化以楚文化为主干和特色，包括远古文化、神农文化、三国文化、巴土文化、宗教文化、首义文化、红色文化、山水文化、现代文化、名人文化。受此说启发，我们进一步完善提出"荆楚文化新十大系列说"。荆楚文化应包括：远古遗址文化——湖北史前文化的考古版、炎帝神农文化——湖北史前文化的传说版、楚国历史文化（体现轴心时代的特色与高度）、三国忠智孝道文化、明清性灵文化、清江巴土文化、名山古寺文化、地方戏曲文化、民间艺术文化（非遗）、近现代革命建设文化。

具体内容大致为：

（1）远古遗址文化

从鄂西猿人发展进化脉络看：建始直立人——郧县人——郧县亚种人——郧西人——郧西智人，可推断鄂西是中华文明的发祥地之一，并早于黄河文明。从遗址和成就看，从荆州鸡公山遗址、京山屈家岭文化遗址、天门石家河遗址到宜都城背溪遗址等，从种稻、塑陶、冶铜、治玉、制漆、纺织，到治水、陂灌、筑城，荆楚文明呈现出从鄂西北向江汉平原推进的发展轨迹。

（2）炎帝、神农文化

湖北随州、谷城和神农架是炎帝神农的主要活动区域，有许多民间传说和文化遗址，如"神农十教"（首创耒耜等农具、首创种植业、制作陶器、首创纺织业、发明医药、首创煮盐、首作琴瑟、始有地理观念、创立天文和历法、始作集市）与农耕文明。

（3）楚国历史文化

湖北是楚文化的发祥地，有"楚文化六要素"（青铜铸造、丝织刺绣、髹漆工艺，老庄哲学、屈宋辞赋、乐舞绘画）。楚文化的"精、气、神"可概括为筚路蓝缕的进取精神，抚夷属夏的开放理念。一鸣惊人的创新意识，深固难徙的爱国情怀。

（4）秦汉三国忠智孝道文化

云梦古泽、睡虎地和龙岗秦简、张家山汉简、汉明妃王昭君、汉光武帝刘秀、文学家王逸等都是重要的文化资源。湖北是"四战之地"，有一大批三国文化遗存。关羽的"忠"与诸葛亮的"智"，影响深远。《二十四孝》有五大孝子出于荆楚，孝亲敬老美名扬。当代孝子——孝昌一女养八老地刘青枝。孝感建设"中华孝文化名城"。

（5）明清性灵文化

荆楚性灵文化由来以久，明代性灵文学主要针对"前后七子"，江南、湖广、武昌、黄麻的市民文化，异端之尤李贽的"童心说"、鄂东文明兴盛，性灵文学与公安三袁，"独抒性灵，不拘格套"的文学口号，"竟陵派"以竟陵（天门）锺惺、谭元春为代表。

（6）清江巴土文化

清江流域土家族的婚丧习俗、歌舞曲艺、饮食服饰、建筑交通等，构成了清江巴土文化的鲜明特色。以恩施自治州和宜昌长阳、五峰两个自治县为主的湖北民族地区，是巴土文化的富集之地。清江流域的土家族是古代巴人的后裔。其民风民俗、歌舞曲艺、饮食服饰、建筑风格，构成了清江巴土文化的鲜明特色。以恩旅州和长阳、五峰为主体的湖北民族地区已被列入国家西部大开发范围和湖北省"武陵山区少数民族经济社会发展试验区"战略。

（7）名山古寺文化

武当山古建筑群已列入《世界文化遗产名录》。荆山、大别山、大洪山、齐岳山、九宫山和黄梅五祖寺、当阳玉泉寺、来凤仙佛寺、汉阳归元寺、武昌宝通寺以及荆州天星观、武昌长春观等，都有较高知名度和丰富文化内涵。

（8）地方戏曲文化

汉剧角色齐全，长于抒情；楚剧语言质朴，乡土气息浓厚；黄梅采茶戏唱腔丰富，感染力强；潜江花鼓戏，雅俗共赏。说唱艺术有湖北大鼓、湖北评书、汉滩小曲、汉川善书等。明清时期。湖北地区的艺术以戏曲成就最高，清代汉剧进京为国粹京剧的产生作出了特殊贡献。

（9）民间艺术文化（非物质文化遗产）

宜昌夷陵区的民间版画、安陆的民间漫画、丹江口伍家沟村的民间故事、黄梅的桃花和木版年画、阳新的布贴、通山的木雕等有广泛影响。所在地被命名为"全国民间艺术之乡"。三批省级非物质文化遗产名录共90项，13个县、乡镇为省级文化生态保护实验区。

（10）近现代革命建设文化

辛亥革命武昌首义，北伐，"八七会议"。湖北三大苏区与根据地，抗日武汉保卫战。刘邓大军千里跃进大别山，新五师中原突围，建国后湖北的一（一米七轧机）二（二汽）三（三三零葛洲坝）工程，中部崛起战略，九八抗洪，两型社会试验区建设，一元多层次支点战略实施等。

2. "十三大资源亮点说"也值得重视

有人概括提炼指出湖北省具有全球影响力的十三大资源亮点，即武汉及武汉城市圈、长江三峡及水电基地、中国光谷及光电子产业基地、江汉平原及农业生产基地、楚文化发源地、武当山道教文化圣地、神农架原始森林自然博物景地、恩施中国硒都、武钢及钢铁生产基地、东风汽车及汽车生产基地、南水北调中线源头、武汉大学、黄冈中国杰出人才之乡。此说值得重视，这十三大亮点涵盖了湖北全省地域，且贯穿了自然、经济、文化、教育、科技、环境、交通、旅游等领域，既各自独立又相互关联，构成了较为全面的发展影响力和辐射力，全方位展示了湖北的独特优势，是中华民族和湖北人民千百年来劳动和智慧的积累，也是中部地区先进生产力和先进文化的发展基础。

3. 资源分类和转化应按相关规范要求进行

这些对湖北文化资源的挖掘、罗列、概括等都值得重视，这些内容都是湖北文化资源的亮点，也是文化旅游开发的宝贵资源。需要指出的是，这些文化资源特别是文化遗产资源用于相关遗产保护申报和相关旅游产业开发，都需要进行规范的整理和转化，要么需要按文化遗产保护申报的规范类别整理。要么应按照产业化开发要求进行文化资源向文化资本、专题项目的规范转换。

（三）发展"文化旅游"

1. 调整湖北旅游业发展战略定位

湖北省第十次党代会郑重提出要紧紧抓住"黄金十年"重要战略机遇，坚持主题主线、深化改革开放、突出自主创新、促进社会和谐，全面实施一元多层次战略体系，在新的起点上奋力推进科学发展、跨越式发展，努力建设富强、创新、法治、文明、幸福的新湖北。这是当前和今后一个时期推进湖北跨越式发展的行动指南。湖北文化旅游业发展的战略定位应当据此做出相应调整——服务"五个湖北"建设，促进实现富民强省愿景。

2. 内在联系"五个湖北"建设

一般解读，"五个"湖北，富强是基础，创新是动力，法治是保证，文明是品质，幸福是根本。我们认为，旅游、湖北文化旅游的发展也要体现富强、创新、法治、文明、幸福的要求。作为现代服务业的重要组成部门，文化旅游作为产业门类也是创富工具，是实现富民强省的重要手段。发展文化旅游业需要创新和创新精神，提供观光资源、吸引眼球需要创新，延伸旅游产业链需要创新，景区景点开发建设需要创新、创意，特别是文化旅游发展需要创新。旅游业特别是文化旅游业的发展更需要法治，现在游客与导游斗、与旅行社斗、与景区管理者斗的现象背后，需要法治来管理和规范。旅游特别是文化旅游是重要的文化消费行为，是文化享受，是提升文明素质的重要途径，旅游需要文明服务，也需要文明消费。旅游业是民生幸福的重要载体和表现，文化旅游作为更高一个层次的服务和消费行为，更能体现幸福理念。所以，我们开展文化旅游和发展文化旅游业，应当更加自觉地与"五个湖北"建设相联系，文化旅游业发展要为"五个湖北"建设服务，要体现"富强、创新、法治、文明、幸福"的内在精神要求。

（四）遵循产业链建设规律发展文化旅游业

1. 拉长文化旅游产业链条

构建旅游产业链已经被列为旅游业发展的目标。拉长旅游产业链已被认为是发挥旅游业对相关产业带动效应的有效方式，全国各大旅游企业集团也掀起了产业整合浪潮。旅游产业链正在作为一种新兴组织模式涌现、形成。湖北文化旅游产业发展也要遵循这一普遍规律。构建拉长旅游产业链的途径，一是旅游产业链的区内接通。主要是基于产业链的产业集群建设；二是旅游产业链的区际延伸，主要是基于产业链的区域旅游合作；三是组成纵向性战略联盟。

2. 加强建设核心景区这个旅游产业链始端

有了景点项目这个"引爆剂"，餐饮、旅店、交通、零售、农家乐等关联产业也就有了强大的依托。据世界旅游组织统计，旅游部门每1元的直接收入能够带动相关行业增加4.2元的收入。旅游专家认为，由多景点、多类别、多层次的旅游产品，组成了旅游产业集群是"旅游业发达的重要标志"。

3. 逐步加强和实现景区景点的多元功能建设

从单纯的景点游览向参与、体验、养生、度假、会展、休闲娱乐方向发展。旅游产品日益标准化、个性化、多元化与人本化，已经成为旅游业发展的大趋势。目前，中国旅游业还处于初级阶段即以自然观光和人文体验为主的旅游模式阶段，以增加地理、人文、生态等知识为主要内容。而一种成熟的旅游模式，特别是文化旅游发展模式，应该是包括提供体验式学习、即景式思考、休闲、康复、理财、会议、展览等在内的多元化的度假内容，而不仅仅是开发若干个景点。当前，湖北文化旅游产业发展走构建产业链的路子，亟须在传统旅游产业内进行两者之间的整合和细分。把与传统产业相关的康复、休闲、理财等产业进行细分整合，闭合成群，使之成为以旅游产业为特征的经济发展极。这样才能实现整个旅游经济的发展不是由黄金周拖着走，而是旅游产业自身发展所要求的滚动式地前行，从而形成一种良性的循环发展模式。

（五）协调招商和跨区域合作

1.统一口径宣传，叫响品牌

以"灵秀湖北、壮丽荆楚"为魂。以彰显、品味、体验荆楚文化为湖北文化旅游的特色。统一湖北旅游主题宣传口号、形象标识。目前"灵秀湖北"已经成为湖北的"形象"，要毫不动摇地坚持并予以深化，全力推广。使之成为叫响全国乃至具有国际知名度的品牌。当然，作为中国重要政区的荆楚大地，作为中华文明创造重要贡献者的荆楚儿女，在漫长的历史文明创造活动中，在自然和人文方面还表现出"崇高、大气、壮美"的一面，荆楚也是具有美誉意义的湖北地域性标识，因此，我们在统一宣传"灵秀湖北"的时候，也应补充宣传"壮丽荆楚"，使湖北的"形象"更为丰满、全面、深刻，更具美誉度。

2.建议成立"湖北文化遗产资源认证专家委员会"和"湖北文化旅游项目专家论证会"等机构和机制

湖北文化资源极为丰富，量大质优，具有良好的开发前提，但是。文化资源特别是文化遗产资源的保护与开发需要做极为专业的前期甄别、分类、整理的工作，特别是进行项目开发和产业开发还需要做资源向资本转化的极为专业的规范操作。这些也是极为慎重的事，这就需要专家团队介入，提高其科学性、权威性、专业性和规范操作性。为此建议在全省层面成立"湖北文化遗产资源认证专家委员会"和"湖北文化旅游项目专家论证会"等专业工作机构和协调运作机制，也就是对将纳入省级层面规划开发的项目进行专家团队的认证、论证和审核。市州一级的相关项目也可请省级专业机构帮助论证、认证、审核，提出保护和开发的权威性意见及专业性建议。对文化遗产的保护与开发项目更应建立这样的认证、审核机制，以确保其科学性。这样既能确保文化资源的保护与开发的严肃性、可控性，也能帮助各地更快、更好、更顺利地申报和转化，确保申报和实施的针对性，以提高成功的可靠性。

3.统筹规划，协调安排

全省各主要地方的文化旅游项目部署、开发，做到既各具特色，又整体协调，融为一体。全省各个层面的文化资源特别是文化遗产资源的保护与开发以及文化旅游业的发展都离不开规划和协调安排，具体要落实到项目部署和实施上。这就需要统筹协调。湖北作为一个有特色的相对独立的文化区域，在文化特征上有较为统一的特征和风格。荆楚文化的内在精神相对一致，但是，作为表现这种精神的载体、文化遗存、遗产、项目又分散在各地，也形成了各地的文化特色，如交通工具上的"南船北马"、宗教格局上的"东禅西道"、音乐戏曲上的"西皮二黄"、西部的"神农"、东部的"本草""三国"遗迹等。要遵循历史发展的原貌、流变、特性、风格，又要综合贯通。

4.统筹协调湖北文化旅游项目招商和跨区域合作

在各地文化遗产资源的开发和文化旅游项目的实施过程中，既要发挥各地的积极性，又要发挥省级的主导作用。特别是在项目招商过程中，因与各地利益直接相关，要充分发挥它们的积极性和优势作用，又要发挥全省统一招商的规模效应、权威作用，分进突破与组团统一招商相结合。在一些跨区域的共享文化资源开发问题上，要发挥省级的协调作用，如跨市区域的大洪山文化旅游资源开发，随州、荆门相关地方如何合作，就需要省级协调。再如在不同县域共享的文化资源的开发上，也需要上一级机构统筹协调，形成共同推进的合力，如大别山区的红色文化资源的开发，需要突破县域甚至是市域界限，让资源配置的优势和效益最大化。

5.重点打造"环畅游湖北"文化旅游项目

重点开发湖北十大深度主题游项目。湖北省文化旅游已经亮出"灵秀湖北十大旅游名片"，评出"灵秀湖北十大旅游新秀"，推出了"灵秀湖北十大旅游精品线路"。现在的问题是要把它们做实、做优，特别要打造好并隆重推出"灵秀湖北经典游线路"，根据"逛武汉、探神农、登武当、游三峡、品三国"的主题宣传，集中展示湖北人文与自然资源的精华，把线路打造好、把景区和设施建设好、把服务配套好、把管理工作做细做优。湖北地域广大，精华景区景点很多，如何形成一个旅游出行环线，并尽可能多地串起精华景区景点，一直是制约湖北观光旅游业发展的问题。

随着多年的努力和建设完善，现在有了较好的基础，现在完全有条件将武汉、荆州、宜昌、恩施、神农架、十堰、襄阳、随州、荆门、孝感、黄冈、咸宁、武汉循环串起来，让游客能在一周到十天左右的时间内，饱览湖北旅游资源精华。这就需要各方面加强建设。首先是交通环线要彻底打通，实现快旅要求。目前重点是宜昌到恩施、恩施至神农架、神农架至十堰、荆门或随州至孝感、孝感至黄冈、黄冈至咸宁的交通线路的衔接与通畅建设。其次是各主要地方要围绕这个大环线要求，集中推出自己的精华景区景点。而不是抱着自己的精华等客来。这方面，目前的弱项在孝感和黄州，要在这个大环线上建设推出与省级线路相匹配的景区景点。建设完善这样一个串起13个市州和1个林区的大环线是一个工作抓手、也是一个推手，各方面的主题游的建设、完善、展示也就在其中了。

（六）寻求融合发展新机遇

市场环境瞬息万变，若不能基于系统论视域开展传统工艺美术的发展研究，势必陷于片面。新时期下非遗的跨界融合发展很有必要。

1.与设计、文创产业融合

近年来，随着我国新型工业化、信息化、城镇化和农业现代化进程的加快，文化创意和设计服务已贯穿于经济社会各领域各行业，呈现出多向交互融合态势。文化创意和设计服务具有高知识性、高增值性和低能耗、低污染等特征。未来，文化创意和设计服务的先导产业作用将更加强化，积极推动非遗产品与设计、文创产业融合，提升文化含量，形成拥有自主知识产权的产品，打造具有影响力的品牌，以增加非遗产品和服务的附加值，让文化创意和设计服务在推动非遗产品持续健康发展方面发挥重要作用。

2. 与旅游、农业、体育产业融合

与旅游、农业、体育产业融合，既是政策要求，也是产业发展的自身需要。"以文化提升旅游的内涵质量，以旅游扩大文化的传播消费，推进文化资源向旅游产品转化，支持开发具有地域特色和民族风情的旅游演艺精品和旅游商品""提高农业领域的创意和设计水平，推进农业与文化、科技、生态、旅游的融合，强化休闲农业与乡村旅游经营场所的创意和设计""注重农村文化资源挖掘，不断丰富农业产品、农事景观、环保包装、乡土文化等创意和设计""积极培育体育健身市场，引导大众体育消费，丰富传统节庆活动内容，支持地方根据当地自然人文资源特色举办体育活动，促进体育衍生品创意和设计开发"等政府要求，为推进非遗产品与相关产业融合发展提供了思路。

3. 与现代装饰产业融合

充分利用非遗产品艺术本质属性，将其与现代装饰产业进行互动融合，在提升大众日常生活及人居环境质量上开展创新研发，这对非遗产品的健康、可持续性发展具有积极意义。非遗产品根植于人民群众生活，其形式和内容起到了"成教化，助人伦"善化社会风尚、弘扬传统美德的作用。它是民俗的物化与载体，以视觉的审美意蕴饱含着深层的文化内涵。如"鸳鸯戏水""鱼戏莲""比翼双飞""鲤鱼跳龙门""喜报三元""福""寿""孝"等吉祥寓意的图形，都可以作为优秀的民族民间视觉符号加以利用。

4. 与互联网产业融合

通过与电商平台合作，加速非遗产品产业跨界融合，为相关中小企业打造创新、创业渠道，营造商业模式创新环境。可以在非遗产品在产品网上交易、精品网上拍卖、产品和设计众筹、展商＋电商模式创新、移动支付等多领域进行探索与实践。

四、少数非遗展览馆的新媒体发展体系的构架

（一）非遗展览馆的新媒体展陈体系

1. 新媒体展陈目的要以人为本

（1）以观众的需求为导向

非遗展览馆是面向公众的一种公共文化服务场所，观众和非遗展品，都是构成非遗展览馆的基本要素。观众不仅仅是非遗展览馆服务的受众，同时也是非遗信息传播的载体和非遗展览馆发展壮大的基础。因此，非遗展览馆新媒体展陈体系的构建要从观众的需求出发，"以人为本"，改变传统的"以物导向"的展陈。传统的"以物导向"将非遗实物放

在展陈设计的主体地位，一味地突出"实物"而忽略了观众对非遗相关知识获取的需求，使观众只识展品，不理解展品背后的意义。"以人为本"的展陈体系是将观众的需求放在首位，展陈项目设计以观众的需求为出发点，秉承为观众服务的原则，根据观众的不同需求，同时考虑新媒体设备的实用性和便宜性，将非遗知识以观众喜闻乐见的方式呈现出来。

新媒体展陈要有明确的目的，即服务观众。新媒体的展陈项目结合了视觉、听觉、触觉，甚至嗅觉等多种感官感受，这种新颖的展陈方式能同时给观众多种感官刺激，使观众以一种最直观的方式领略非遗的魅力，给观众留下不一样的感受，这是新媒体在非遗展览馆应用中实现的最完美结果。非遗的新媒体展陈不是将新媒体技术与非遗相关内容的简单组合，而是需要专门的展陈设计师，在对新媒体技术精通和对非遗内容有深刻理解的基础上，将新媒体技术与整个非遗展览馆的展陈理念无缝融合，向观众传递非遗的知识，促使观众积极主动参与到非遗展览项目中来，深入思考非遗的相关知识，提升自身的文化修养，加强对非遗保护传承的理解与把握，从而促进整个社会的和谐发展。

（2）根据观众需求特点进行展陈

不同观众群体需求不同，新媒体展陈设计应考虑不同观众群体的特点。不同观众群体在年龄、知识结构、观展水平、兴趣爱好等方面千差万别，不同观众群体特点的差异性决定了不同观众群体的需求截然不同。在非遗的新媒体展陈设计时，融入不同的非遗元素来吸引和服务不同的观众，满足其需求。例如，就少儿群体而言，由于少儿群体知识结构层次较浅，对较深层次的非遗缺乏理解力，在新媒体展陈设计时加入动漫元素，将非遗的知识内容以少儿能够理解的卡通动漫的形式展现出来；针对行业观众，新媒体展陈设计内容主要以专业、学术的语言来阐释，因为对于行业观众而言，获取到专业的非遗知识是满足其需求的关键；针对普通的观众群体，展陈设计时应更注重知识的普及性，将学术性的语言通俗化、以深入浅出的方式对非遗进行阐述。针对不同观众群体的需求特点进行展陈设计能够营造差异化的展览环境，使不同的展览环境和观众群体之间形成一种实用性的服务关系，在满足观众需求的同时增强观众的获得感。

（3）增强观众的体验感

美国的体验经济学家B·约瑟夫·派恩认为："体验是当一个人达到情绪、体力、智力甚至精神的某一水平时，他意识所产生的美好感觉。没有哪两个人能够得到完全一样的体验经历，任何一种体验都是某个人心智状态与策划事件之间互动作用的结果。"在新媒体高速发展的今天，观众对非遗展览馆有了新的文化需求，人们走进展览馆，不仅是想要获得展品背后所反映的非遗信息，更希望获得独一无二的互动式文化体验。新媒体手段的介入，使非遗的展陈能够调和不同观众群体对于展品信息多样化的需求，注重参观者的参与性。

2. 新媒体展陈内容要突出非遗

（1）重视展示内容的策划，打造精品非遗展陈项目

非遗展览馆作为一种文化传播场所，其核心内容是非遗本身，这是新媒体展陈中信息传播的关键。因此，非遗展陈中新媒体技术运用应服务于非遗本身，突出非遗的文化内涵，切忌本末倒置。

观众的注意力是有限的，如何在非遗与观众之间寻找契合点，吸引观众的注意力是新媒体展陈的主要任务。将观众和展示内容作为非遗新媒体展陈的出发点和落脚点，重视观众的体验和感受，才能够吸引观众的注意力，受到观众喜爱，成为展陈精品。展示内容的设计应从非遗自身的内容和场景出发，紧扣非遗特点和观众兴趣，结合各个展馆自身的主题和新媒体展陈情况，设计合理的非遗新媒体展陈项目，帮助观众深入了解非遗。

首先，内容设计要新颖。新媒体展陈与传统的展陈方式完全不同，这就要求设计者从新的角度进行展陈内容的设计，新媒体有它自身的优势，如何将新媒体技术的自身优势发挥出来是设计者内容设计时应考虑的问题。例如，传统的展陈设计无法展示非遗的传承环境，我们在设计全息投影项目或虚拟现实项目时就可以将非遗的传承环境作为展示的主要内容，既结合了新媒体特点，又满足了观众了解非遗传承环境的需求。然而很多设计者深受传统展陈设计方法的影响，面对新技术、新的展现形式无从下手，照搬传统展陈设计的老思路，造成新媒体技术不能够发挥出自身展示优势的现象。

其次，内容设计与展示形式相协调。目前，非遗展览馆普遍存在展示内容与形式不协调的问题。设计者们为了吸引观众的注意力，过分追求新技术的使用，而忽视展览内容的重要意义。在设计新媒体展陈项目时，一方面要思考展览内容是否适合该项新媒体技术，是否与观众的心理预期相符合，是否适合整个展馆的环境。另一方面针对特殊的非遗内容，要选择合适的展示形式。

最后，在新媒体技术选择时，要因地制宜，考虑适合性、技术要求、维护成本，不能脱离展览馆的实际，盲目选择高技术，要遵循形式服务于内容的原则。观众是非遗展品的受众，只有激发观众兴趣，引发观众的注意，才能够使观众参与到展陈项目中来，实现非遗信息的传播。内容设计上可以使用叙事手法，以"讲故事"的方式来引起观众的注意，为观众提供丰富的非遗内容，增强观众的知识获取性。"讲故事"的方式一方面增强了展示内容的连贯性和趣味性，另一方面，给观众无限的想象空间和新鲜感。例如，2017年中央台推出的大型文博探索节目《国家宝藏》和2018年元旦在中央台纪录频道播出的纪录片《如果国宝会说话》，都是巧妙地运用了叙事方式，将展品信息以故事的方式给观众演绎出来，引发观众的共鸣与遐想，让观众在故事中了解文物知识，感受其博大精深的文化内涵，同时将文化的传承精神传递给观众。非遗的新媒体展陈也可以借鉴叙事性的内容设计，通过讲故事的方式，让非遗活起来，激发观众参观探索非遗的兴趣，达到寓教于乐的效果。

（2）挖掘丰富非遗数字化信息，增强新媒体展示的知识性

非遗信息的挖掘要全面、完整、真实。所谓全面就是要涉及非遗的方方面面，从非遗的萌芽到成熟再到当代的演变过程，从非遗的制作工艺到成品，从传承人到传承环境等。完整就是涉及非遗的每一块知识都是完整的，不是残缺不全的。真实就是非遗信息的真实性，可信性。新媒体技术的发展已经可以实现将非遗的历史情景进行再现，还原文化生态环境等，全面、完整、真实的非遗数字信息与新媒体技术相结合，再现非遗的发展过程，能够使观众形成一个完整的非遗知识体系，感受非遗的博大精深。在互动装置中添加丰富的非遗信息，给观众在互动中更多的自主选择权，增强互动体验的同时增加知识的获取性。新媒体是展示非遗知识的载体，非遗的数字信息是新媒体的展示内容，只有将丰富、全面、有用的非遗信息融入新媒体展示装置中，才能够更好地发挥新媒体的作用。

（3）运用多种新媒体技术，丰富展陈手段

新媒体技术具有丰富的表现形式，能够将非遗信息以多样化的形式展现出来，填补了传统展示方式的信息传递缺口，符合展陈主动式、互动式的信息交流趋势。鉴于湖北省非遗展览馆的整体新媒体设备较少、展陈水平偏低，运用多种新媒体技术，丰富展陈手段是构建非遗新媒体展陈体系的重要工作。

智能导览技术、巨幕投影技术、全息投影技术、VR技术等新媒体技术的应用，能够充分考虑观众的观感体验，提高场景的真实感，让非遗"活"起来，使观众如临其境，给他们打造一场沉浸式体验。受时间空间的限制，很多历史遗留下来的展品没办法在展览馆中长期展示，观众很难欣赏到展品真容。但巨幕投影技术的使用，使展品不受时间空间的束缚展示在观众面前，不仅能展现展品的全貌，还能够将展品的细节放大，让参观者更加精准地感受文化，了解非遗。全息投影技术是一种将虚拟与现实相结合的媒介，它使情景再现、对文物复原，它突破了一般影像的约束，给人以真实感。全息投影技术不仅可以应用在非遗的展陈上，还可以运用到非遗场景的讲解上，对非遗环境再现，场景还原。VR、AR技术能够打造出更具沉浸感的非遗环境，增强人机交互过程中的自然性。

新媒体技术的应用增强了非遗展示的科技性，给观众一种新奇、有趣、充实的体验。但值得注意的是，在运用新媒体技术时不仅要考虑到展览形式的多样性，同时要尊重观众的体验感，提高画面的美观度、操作的便捷性和展示内容的丰富性，让观众既享受到体验非遗的乐趣，又获得丰富的知识。

3.新媒体应用要"用之有度"

新媒体技术的应用使非遗的展示变得更加的生动和具有参与性，使非遗以观众喜闻乐见的方式呈现出来，吸引了更多的观众走进非遗展览馆去参观并了解非遗文化，但新媒体的应用需要把握尺度。

在技术使用上，不能过分要求高技术，合适才是最好。如果我们在设计非遗新媒体展陈项目时过分依赖高新技术的应用，不重视非遗文化资源的内涵和非遗形成的文化生态环

境，很容易陷入一种忽略非遗本身的误区。结果，顺应观众的娱乐需求，符合流行趋势成为了设计理念，造成文化审美标准消失、非遗展览馆千馆一面的情况。新媒体在非遗展陈上的应用，是通过不同新媒体应用之间的相互融合来吸引观众，并与观众互动交流。这种交流方式是双向的，避免了传统展陈方式信息接收的单向性问题，观众在参观非遗展览馆时，视觉、听觉、触觉等都被非遗展陈项目调动起来，既使参观者获得了深刻的文化体验，又能让其在这个体验过程中获得正确有价值的非遗相关知识。新媒体技术的应用是为了让参观者与非遗文化进行直接交流，在参观过程中拉近两者之间的距离，给观众以新的非遗文化体验。所以，新媒体技术的使用应以最适合非遗的文化表达为标准，拒绝以娱乐大众的功利主义为导向的滥用高新技术现象，以非遗文化表达为出发点，选择最适合观众与非遗交流的新媒体技术。

在表达内容上，要有明确的方向，把握分寸。新媒体展品是使参观者通过新媒体技术和其表达内容与非遗建立起一定的关联的物。这种关联就是非遗与观众的互动式交流，在这个交流过程中表达内容起着十分关键的作用，它决定着观众的知识获取程度，因此在数字展品的内容选择上应有一定的方向和标准。过分专业或生涩的表达方式会让观众产生距离感，过分取悦观众会降低非遗自身的文化素质。因此，在展品内容选择上应有明确的方向，在弘扬文化、传播知识的前提下，用新媒体技术搭建非遗与在观众之间的桥梁。

（二）非遗展览馆的新媒体传播体系

随着智能移动终端和社交媒体的快速发展，信息传播的主导权越来越多地向大众回归，信息的传播渠道也发生了翻天覆地的变化。新媒体视域下信息传播方式的改变，非遗展览馆的信息传播渠道和服务功能也发生了巨大变化。新媒体技术为非遗信息的传播提供了多种可能，为受众提供了信息的交流和反馈平台，提高了受众的互动参与度，同时非遗展览馆的一些服务功能在线上得到实现。非遗展览馆的线上观众，被线上的非遗信息吸引，很可能成为非遗展览馆的实体观众。基于此，非遗展览馆的新媒体传播体系主要从网络的普及性传播、移动应用两方面来构建。

1.基于网络的普及性传播

基于网络的普及性传播主要是搭建非遗的资讯传播平台、非遗的互动交流平台、非遗的咨询服务平台等，为公众提供一个非遗信息获取的渠道，传播非遗知识口。

首先，在"非遗大数据平台""非遗网——非遗商城""百度百科"等非遗相关平台上，上传和完善非遗信息。

其次，在各大视频网站播放非遗相关视频等，利用网络进行非遗信息的普及性传播。例如，2018年光明网和斗鱼直播平台联合举办的大型非遗直播活动"致·非遗敬·匠心"，活动通过对30多位非遗传承人进行直播，将珠算、南音、古琴艺术、端午节等30多项非遗在年轻人群中展现出来，使古老文化在人们现代生活中"活"了起来。

最后，重视不同非遗网站之间的相互合作，一个网站的传播空间是有限的。把不同的非遗相关网站都连在一起，在它们之间建立有效的链接，形成一个庞大的非遗信息网络，既可以为非遗网站带来新的访问量，又可以提高非遗网站在搜索引擎中的排名，引起更多人的注意。

2. 基于移动应用社交媒体的主题性传播

（1）传播路径多样化

目前，非遗展览馆的新媒体传播方式多种多样，但各个展览馆使用的传播方式比较单一，以微信、微博为主，甚至有些展馆没有使用新媒体进行展览馆的信息传播。非遗展览馆的新媒体传播方式应多样化，充分发挥各新媒体传播平台的优势，形成全方位的信息传播网络。

以"双微（微博、微信）"为基础信息传播方式，扩大非遗的信息传播范围，以手机移动应用为非遗的展示传播平台，深入传播非遗信息，吸引观众对非遗的了解。以北京故宫博物院为例，故宫博物院有自己的官方微博"故宫博物院"，该微博主要以简短文字配图片的方式发布故宫相关信息，内容表达时而呆萌可爱，时而诗情画意，深受用户喜爱，目前拥有粉丝651万；官方微信公众号"微故宫"以长篇文章的形式介绍故宫资讯、展览信息、活动和讲座信息等；故宫开发的手机APP有"故宫展览""故宫社区""每日故宫""紫禁城祥瑞""清代皇帝服饰""故宫陶瓷馆""皇帝的一天""胤禛美人图"等，用户可以根据自己的兴趣爱好进行下载使用。另外，故宫博物院还有专门宣传故宫文创产品的官方微博"故宫淘宝"、同名微信号，对故宫文创产品进行宣传。

（2）注重传播内容的开发

用户使用微信、微博、手机APP等对展览馆信息进行浏览，目的就是通过手机实现对展馆动态的了解，对展品信息的获取。因此，传播内容的开发是影响非遗新媒体传播效果的重要因素。根据观众对新媒体传播方式使用效果的评价，新媒体传播要注重内容的丰富性、互动的参与性以及信息的及时更新和平台维护。

内容的丰富性。内容的丰富性包括表达方式的多样性和传递知识的丰富性两方面。在新媒体时代，信息的传播方式多种多样，这是新媒体时代信息传播的优势。非遗的新媒体传播要充分利用这种优势，使用图片、文字、音频、视频、动图、3D实景等方式在新媒体平台上进行内容的传播，满足用户的不同信息需求。同时，也要注重整体页面布局和画面的美观度，给观众愉悦的体验。

互动的参与性。新媒体时代信息的传播是双向的，新媒体传播平台要多与公众进行互动，了解他们的需求，有针对性地更新发布信息。可以在微信平台设置更多子菜单，让观众自己选择需要的信息模块，在手机APP上设置专题互动功能区，给用户更多自主选择权，增强用户参与度，提高用户参与感。注重信息的及时更新和平台维护。新媒体平台信息的及时更新，是维护粉丝忠诚度和发展新用户的基础和前提，及时更新用户需要和想要的信息，才能实现信息的高效传播。新媒体信息传播效果的实现是一个长期的过程，加强对平台的维护，保证用户的正常使用，才能发挥平台信息传播的效果。

（3）根据新媒体的特性有针对性地进行内容策划

不管是微信公众号、微博，还是手机APP等，每一种新媒体工具都有自身的传播特点。微博以其传播内容碎片化、传播速度迅捷化的特点，能在短时间内实现快速转发和最广的信息裂变传递。因此在使用微博进行信息传递时，注意内容的简洁性、趣味性和吸引力。相对微博而言，微信则比较私人化，没有微博的传播范围那么宽广。但是，微信的公众号在内容的长度上没有限制，可以进行长篇的文字图片展示，还可附动图、视频增加文章的趣味性，同时，微信公众号可以划分子菜单，添加各种服务功能，实现线上服务和线下服务相结合。微信和微博传播信息有一定的局限性。在手机APP的应用中，注重平台的设计感和创意产品的传播，传递微博、微信无法传递的内容，以趣味和新颖吸引人们的注意，给人耳目一新的感觉，让人主动深入了解非遗的文化内涵。在注重创新创意的时候，也要注重信息量的大小和实用性。因为很多手机应用就是由于信息量小、不实用，被弃置一旁，无人问津，既浪费资源，又耗费时间精力。反而很多小巧方便的APP，画面设计精美，内容丰富实用，在观众的手机中占有一席之地。以"每日故宫"为例，这款故宫APP可以称之为"迷你应用了，"它将文物与日历相结合，每天打开应用都会对应一件藏品欣赏，信息每天都在更新，藏品图片精美细致并配有文字说明，现在应用又添加了专题展览，展品信息十分丰富，真正做到了创意与实用相结合。

第三章　湖北省少数民族非遗的传承现状

第一节　调研设计

一、湖北少数民族非遗文化传承现状问卷调查设计

当地居民是传承与保护非物质文化遗产的基本力量。文化的真正魅力，在于它可以无影无形地直抵每个人的内心深处，在于它可以无声无息地融化在每个人的日常生活之中。中国的许多传统非物质文化遗产之所以陷入了日益边缘、后继乏人的传承困境，其根源正在于它们和多数普通受众的感情与生活日益疏离甚至隔绝。其中，固然有生产背景变迁、生活节奏加快等因素导致观众审美心理位移的原因，同时也在于它们的整个传承过程没有提供能够让普通观众直接参与的通路。通过了解当地群众对非物质文化遗产的认知和态度，侧面了解非物质文化遗产传承和保护现状，找出基础部分存在的漏洞，激发当地群众的兴趣和热情，带动他们将保护非遗项目的意识转化为实际的行动，根据不同地域的实际情况，采取行之有效的措施来保护当地的非遗项目。

（一）基本概念及调研方法

1. 基本概念

非物质文化遗产指各种以非物质形态存在的与群众生活密切相关、世代相承的传统文化表现形式，包括口头传统、传统表演艺术、民俗活动和丰以与节庆、有关自然界和宇宙的民间传统知识和实践、传统手工艺技能等以及与上述传统文化表现形式相关的文化空间。非物质文化遗产是以人为本的活态文化遗产，它强调的是以人为核心的技艺、经验、精神，其特点是活态流变与传承，从概念上就强调了群众参与非遗保护与传承的重要性。

湖北武陵山少数民族经济社会发展试验区（以下简称湖北武陵山试验区）。湖北武陵山试验区于 2011 年 2 月成立，包括恩施土家苗族自治州，宜昌市长阳和五峰两个土家族自治县等共十个县市，面积 2.95 万平方公里。试验区有共同地缘背景和民族文化背景，目的是探索一条适合该地区快速摆脱贫困的可持续发展路径。试验区作为武陵山区的先行区和示范区，没有现成的经验和模式，因此就需要进一步解放思想，更新观念，在摸索中

创新，在创新中发展，为该地区跨越式发展注入新的活力。

2.基于问卷调查的分析

采用问卷调查来获得研究的结果，通过在宜昌市的长阳土家族自治县和恩施土家族苗族自治州的巴东县的农村地区发放问卷并搜集相关的信息。通过与当地居民的面对面沟通，更为清楚地了解当地居民对非物质文化遗产认知和保护态度的状况。

（二）基于问卷调查的分析研究

1.受访者的基本情况

根据问卷调查的结果，参与本次问卷调查的男女性别比例基本相当，其中男性受访者占55%，女性为45%，年龄分布在20~69岁之间，集中分布在40~59岁，这与农村地区居民以中老年为主的特点相符合。学历大都在中专和高中以下，这与我国农村居民的文化程度比例相符合，充分说明了调查的可行性和样本的代表性。

2.受访者对"非物质文化遗产"的认知

从调查的结果来看，70%以上的曾经听说过"非物质文化遗产"这个词语，但是进一步追问发现绝大多数受访者并不知道非遗的含义，说明公众对非物质文化遗产的基本内涵比较模糊。

问卷第3题列出了36项土家族非遗项目名称，如薅草锣鼓、摆手舞、山歌、三彩板、长江峡江号子、撒叶儿嗬、堂戏、干栏吊脚楼工艺、家族民间历法、织锦西兰卡普等，调查发现72%的受访者听说过1~5项非遗项目，19%的受访者听说过6~10项非遗项目，只有9%的受访者听说过11项以上的非遗项目。听说过11项以上的非遗项目的受访者，主要是60岁以上的老人和19岁以下的青少年，前者是依靠丰富的阅历获知非遗项目信息，后者是小学课本中介绍获知非遗项目信息。这些说明当地居民对非遗项目非常不熟悉，也说明非遗项目的保护与传承群众基础非常薄弱。

听说过以上项目的受访者，绝大多数仅仅限于"听说过或看到过"的地步，"自己也会一点"的比例只占听说过的人数的16%，而"自己也比较精通"得更少，只占听说过的人数的5%。

3.受访者了解非遗项目的渠道

从调查来看，电视媒体是受访者了解非物质文化遗产的重要渠道。近80%的受访者是通过电视媒体了解到"非遗"这个词的，纸媒、广播表现出明显的劣势，这跟当今农村大众的媒体接触习惯有关。

日常生活中听亲戚朋友聊天时谈到过非遗某些项目的比例，"听到过"占77%，"没听到"的占23%。说明在农村地区，口碑传播是一种重要的传播渠道。

4.受访者对非物质文化遗产传承和保护的态度

受访者对"年轻人学习传承非物质文化遗产"的态度上呈现出多元性。32%的受访者对年轻人不学感到"痛心"，52%的受访者认为"年轻人一旦了解那些东西就愿意学"，

49%的受访者希望"政府下决心提高年轻人积极性"，但也有20%的受访者认为"他们不愿学就算了"、19%的受访者认为"那些东西过时了，不学正常"，说明当地居民对年轻人是否应该学习非遗的那些传统文化是摇摆不定的，也是态度含糊的。

对非遗项目是否应该进中小学校园，58%的受访者表示"非常赞成"，68%的受访者认为"这对文化保护非常有必要，要坚持下去"。但也有20%的受访者认为"不应强求，不愿意学就算了"，有10%的受访者认为"只是个形式，对保护作用不大"，还有10%的受访者认为"对高考没好处，是吃饱撑的"。

5. 受访者对解决非物质文化遗产保护的意见

对于解决"传统文化遗产项目传承下去的关键因素"，受访者认为重要性依次为"政府重视""提供资金、场所和技术""保护传承人""加强媒体宣传""加强学校教育""显现经济效益"和"其他"。

对于"非物质文化遗产传承遇到的最大困难"，65%的受访者认为是"缺乏学习的场所和资金"，58%的受访者认为是"年轻人缺少兴趣"，55%的受访者认为是"会的人越来越少"，52%的受访者认为是"时代变化太快"，42%的受访者认为"政府不够重视"，还有35%的认为是"媒体宣传不够"，另有35%的认为"项目不能产生经济效益"。

6. 非物质文化遗产能否产生经济效益

对于"非物质文化遗产能否产生经济效益"，79%的受访者认为"能"，12%的受访者认为"不能"，9%的受访者"说不清"。

对于把非遗项目应用到旅游或者工艺生产的态度，83%的受访者表示"值得推广"，11%的受访者认为"是对非遗的破坏"，6%的受访者表示"说不清"。

（三）调查研究的结论

湖北武陵山试验区的当地居民对非物质文化遗产的认知有极大的局限性，许多非遗项目正在被遗忘，非遗保护与传承工作任务艰巨。

湖北武陵山试验区的当地居民对非物质文化遗产传承的态度非常含糊且自相矛盾，一些人对年轻人不学非遗痛心疾首，另一些人则认为无所谓；一些人认为非遗进校园非常必要，而也有人认为此举纯粹是"吃饱了撑的"。这种态度的背后说明当地群众对非遗的了解不够，政府对非遗的宣传不够，还没有形成"文化自觉"的局面。

对于解决非遗传承不力的办法，湖北武陵山试验区的当地居民大多寄托在政府身上，认为政府重视了，就能解决场地、资金、技术问题，也就解决了非遗传承问题。这种看法一方面说明地方政府确实没有充分履行自己的职责，也从另一方面揭示了当地居民缺乏主动性和参与性，或者说缺乏主人翁精神。

二、湖北少数民族非遗文化传承现状访谈设计

在经济全球化和现代化进程的大背景下，文化生态环境在我国产生了巨大变化，非物

质文化遗产传承人的生存也随之发生变迁。随着人们交际方式的多样化和普通话的推广，民间说唱艺术形式慢慢失去了其独特的方言。固态的文本形式的传承并不能体现原有艺术鲜活的个性。来源于田间地头的民族艺术充满了泥土气息，但这些充满泥土芬芳的非物质文化遗产，在年轻人眼中是"土气"文化，他们不愿意主动学习和传承。以湖北省恩施州宣恩县为调查点，对宣恩薅草锣鼓、绣花鞋垫传承人进行个案分析，通过访谈了解传承的生活生产现状。

（一）传承人总体活动

宣恩县文体局文化馆组织的"非遗进校园""非遗进课堂"等活动充分利用了社会这个巨大的资源来推动非物质文化遗产的传承。笔者认为学生利用有限的活动时间能学到的传统歌舞、传统技艺是非常有限的，但是这些活动更重要的意义在于陶冶了学生的情操，培养了他们对于民族文化的欣赏能力，对非物质文化遗产日后的发展提供了较好的群众基础。

教材中的民歌大多选用耳熟能详的旋律，并且对歌曲中大量的情歌内容加以改编取舍，使其能够适合中小学教学体系。教材的编纂、印刷等费用全部都是由县财政专项拨款，教材分发到每一个学生手中后，由教委统一定时间、做计划，结合国家统备音乐教材科学使用。一方面利用已有的两支队伍进行培训教育工作，使学生对民歌的演唱、滚龙连厢及音乐演奏等艺术形式的学习方式逐渐形成体系；另一方面，大力创造适合非物质文化遗产进入课堂教学实践的氛围。

学校充分利用校园广播在课前、课间播放当地民歌。并认真做好学校教学成果的验收工作：一方面组织专家、歌手在每学期对学校的民歌课堂教学活动进行考核，并在学生中进行不定期的抽查考评，将抽查的结果作为学生音乐成绩的一部分；另一方面，在节日期间学校积极举办班级竞赛活动，如歌咏、民间舞蹈、民乐等比赛，对成绩突出的学生进行奖励，并将他们作为重点培养对象。

（二）传承人活动案例剖析

1.薅草锣鼓传承人冷老师传艺分析

薅草锣鼓产生于西南少数民族地区，独特的地理位置和人文环境成就了宣恩薅草锣鼓独特风格，从内容到形式都显现出鲜明的民族地方特色，蕴含着音乐、文学、民俗等多种学问，是研究土家文化的宝库。乐风古朴优雅、体裁形式多彩多样，丰富了世界艺术的宝库。土家人的各种生活经历和情感愿望孕育了丰富的民歌内容，宣恩自然环境和人文环境决定他们的生活习俗和生产方式，从而产生相应的民歌形式。广阔生动鲜活的题材来自山区人民生产生活的方方面面。不仅作为人们交流思想、抒发情怀的工具，记录广大劳动人民的心声，还以现实主义的表现手法为人们描绘了一幅幅绚丽的生活情景和波澜壮阔的历史画卷。

（1）传承人的生活经历

冷老师，出生于 1944 年 10 月湖北省恩施州宣恩县晓关侗族乡宋家沟，现迁至黄河村 13 组，初中文化。1960—1976 年，冷老师在晓关中学毕业后回到宋家沟农村的家中务农。1978 年 1 月—1984 年 5 月，担任宋家沟大队农业技术大队长。1984 年至今，在家务农同时从事一些小本经营。

对于出生在 20 世纪 40 年代的人来说，初中毕业的冷老师已经是村里的知识分子了，较高的文化水平为其学习薅草锣鼓奠定了基础。薅草锣鼓本就是田间地头的艺术，常年与黄土地打交道，让冷老师与薅草锣鼓结下了不解之缘。

（2）传承人学艺过程

冷老师对薅草锣鼓的认识和迷恋与他的爷爷冷应杰有着深厚的渊源。在冷老师幼小的心灵中，他的爷爷一直是个爱唱爱跳的老人。冷老师中学毕业后，就开始参加农业生产。在五六月薅头道包谷和二道包谷草时，总要请一些歌师打薅草锣鼓，而每次都是他爷爷掌鼓并充当领班。说唱师傅脱口而出的歌词和轻快活泼的韵律，让在酷暑中劳作的人们哈哈大笑，忘记了劳作的艰辛。从此，冷老师便对薅草锣鼓产生了浓厚的兴趣，一有空便向爷爷询问。自然而然冷老师就成为了爷爷的关门弟子，开始了对薅草锣鼓的学习。

1962 年，大队要派部分人员去搞农田水利基本建设，冷老师也是其中一员。作为村里的知识分子，入选大队的文艺宣传队，配合农田基本建设，编排一些薅草锣鼓的文艺节目在田间地头表演，鼓舞士气。两年的田间表演，让他的说唱水平得到迅速提高，名气也越来越大，后来经常被其他大队和邻近的村请去打薅草锣鼓。多年的实践锻炼和爷爷早期的基本知识技能的传授，让他的技艺日渐成熟。

（3）传艺情况

1978 年，冷老师担任当地的农业技术大队长，为了配合农业生产，自己编排了一些新的薅草锣鼓节目，并利用这个平台来宣传推广农业科技知识。在这期间，他招收了一些有音乐才艺爱好和特长的徒弟，在生产中表演。进入 21 世纪后，随着农村体制改革和产业调整，集体经济的消失使得沿袭了数百年的薅草锣鼓也从其衍生的天然舞台——田间地头中退出。但是冷老师依然积极收徒传艺，在春节、元宵、端午等这些传统节日中打薅草锣鼓。经历了一个比较平淡的发展时期之后，随着非物质文化遗产保护的浪潮袭来，薅草锣鼓的春天再次来临。

冷老师虽然自从自己学会打薅草锣鼓之后也开始教身边爱好这个活动的人，但是毕竟很少有人愿意花费很多时间和精力来学习研究这样一门不能当饭菜吃不能当被子盖的技艺。这也是像薅草锣鼓这样的民间传统文化日渐消亡的一个重要因素——传承人锐减。2007 年第一批收徒传艺失败。刚开始教授简单地敲锣时学生兴趣还较高，到后来教学生打鼓还有学唱腔背唱词的时候学生就失去了兴趣，一哄而散。第一批教学实验就这样夭折了。

访谈一：

笔者：冷大爷，您好，你是什么时候开始教薅草锣鼓的？

冷老师：从 2006 年起，为了配合县里文化部门开展非物质文化遗产项目申报工作，我就开始准备收学徒啦。

笔者：第一批学徒是什么时候收的，教学效果怎么样呢？

冷老师：从 2007 年到 2012 年已先后开办了 4 期，培训了中小学生近 30 名。每年学校放寒暑假，我就把小娃们邀到家里来，挑选一批学生开办薅草锣鼓培训班。

笔者：那开班教学都是您一个人吗？钱从哪里来呀？

冷老师：都是我一个人，还有我老伴帮忙料理。我教小娃敲锣打鼓，写词唱歌，我老伴就给我们准备生活（准备生活就是做饭）。县里支持我开设民俗文化传习所，还在家门口挂了个牌牌，每年给一些补助。但是县里也困难啊，不能什么事都找县里开口要钱啊，有些就自己贴了。

笔者：您的钱都贴在哪些方面呢？

冷老师：我光写歌词每年都要用好多材料纸，娃儿们来这学还要给他们准备桌子板凳。他们来上课的时候，我还供一顿饭，家里的水费电费都要多用好多，还好我儿子媳妇蛮支持我的工作，没有说什么。不光是这些，我老伴还经常准备花生瓜子，冰棒汽水的给这些娃儿们吃。

笔者：您不仅要教学生还要供饭吗？既然都是来学习的，怎么还要准备那么多零食？

冷老师娃儿们都是寒假暑假来上课，不是热天就是冷天，家长都不愿意小娃们中午来回跑，我只有供饭家长们才同意让娃儿们来学啊。那些小娃刚开始还蛮高的热情，时间长了就坚持不下去了，买些零食放在家里，休息的时候给他们吃点，他们才想着来啊。

笔者：您以前学艺，您师傅会不会给您一些奖励来要您学啊？

冷老师：呵呵，那时候饭都吃不饱，哪还有什么零食吃啊。再说那时候是我自己想学，跟着师傅到处跑，哪里有打薅草锣鼓的就去哪。以前也没有电视电影的，自己也喜欢唱，都是自己求着师傅教我们啊。

笔者：既然小孩子自觉性不强，怎么不收大一点的徒弟呢？

冷老师：大的啊，大的就更不想学了。二三十岁的都出去打工赚钱了，学这个没得钱赚，怎么娶老婆养一家老小啊。我是没有办法啊，这也是我这辈子的兴趣爱好，我平时也下地干活，做点小生意，闲的时候抽空找几个伴一起唱唱。

笔者：一般都是几个人唱薅草锣鼓？

冷老师：这个都可以，我一个人的时候也哼几句，两人三人也行，最多四个人。四个人围绕着一个主题，轮流来唱，一人唱四句。这旁边还有几个老头子跟我一样，都还喜欢唱哈。

笔者：唱的听的都是您这个年纪的吗？

冷老师：是啊，年轻人都不爱听这个，这个跟不上潮流，我也不勉强，我孙女就不爱听，这些都随他们自己。现在国家重视这个地方艺术，选我们做传承人，要我们多教些小娃，我们也不能勉强别人，只有尽量想办法找些愿意学的人来。

从对冷老师的访谈中可以得出薅草锣鼓教学比较困难的原因有以下几点：一是学徒的来源。学徒都是冷老师主动找来的，很多都是当地小学的学生，这些孩子们刚开始也是觉得新鲜好玩才过来学习，毕竟没有人想要掌握这门技艺的精髓而学。对于很多其他较为流行的、趣味性强的音乐美术等的学习都不可能要求学生有这么高的自觉性和积极性，更何况是对于这样一个与小学生的生活相去甚远的非物质文化。二是实用价值的局限。也正是因为在当今社会薅草锣鼓失去了其所赖以发展的舞台，失去了实用价值，也就意味着没有二三十岁的年轻人来愿意花时间和精力来学习。三是艺术价值。不可否认薅草锣鼓在音乐和艺术上有很高的价值，这也是非物质文化遗产抢救保护工作的初衷。但是懂得欣赏和愿意去欣赏这一艺术的人少了，人们更乐意选择那些简单的流行的娱乐方式。

没有亲耳听过薅草锣鼓，非常希望能见识一下宣恩县晓关乡的民间艺术。我请求冷老师能否找几个人表演一段，老先生爽快地答应了。趁着冷老师出门邀人的时候，我和冷老师的爱人陆奶奶聊了起来，可以说冷老师能够一直坚持打薅草锣鼓，陆老师有一半的功劳。

访谈二：

笔者：陆奶奶，您气色不错，今年高寿啊？

陆奶奶：我老啦，呵呵，都快七十啦，勉强还能照顾我跟老伴的生活。

笔者：您跟老伴自己单独开火吗，还是跟儿子媳妇们一块啊？

陆奶奶：我们自己弄自己的，人老了，牙不好，也吃不惯他们的伙食，我们老两口还能照顾自己。年纪大了不服老不行了，前年老头子去县里演出的时候坐车摔了一下，躺了好长时间，还好没落下什么毛病。

笔者：参加什么演出啊？

陆奶奶：具体什么演出也不清楚，就是县里领导派人来接的。现在国家重视我们这乡里的文化，县里也开始做工作，有时候给点钱，有时候又来慰问我们，还让我们办个讲习所。

笔者：听冷老先生说您二老还要自己贴一些钱来办这个讲习所，您要给他们做饭烧茶的，要您自己掏钱，您觉得政府是不是应该多拿点钱呢？

陆奶奶：政府还是蛮支持我们的，给了不少钱了，以前国家没有这个政策的时候老头子还不是自己想办法教些年轻娃，现在多少还是给了点，以后啊只要这个薅草锣鼓能一代代地传下去就好啊。我天天给小娃儿们烧火都可以啊，呵呵。

笔者：您也喜欢听是吧，您会唱薅草锣鼓吗？

陆奶奶：我爱听，都听了大半辈子了哦，我不会唱，老头子唱得好。都是男的唱，现在来学的也都是男娃，家长都不让女娃学，我孙女就不想跟她爷爷学，就只有一个孙子叫冷攀跟着他爷爷在学。

笔者：冷攀是什么时候开始学的呢？

陆奶奶：冷攀小的时候就跟着他爷爷敲敲打打，正式学是从 2009 年 11 月开始的，冷攀身体不好，在家休学，就跟着他爷爷学，现在已经打得蛮好了。

笔者：冷攀是一直在学薅草锣鼓对吧，那其他孩子呢？

陆奶奶：其他的啊都是学一个寒假加一个暑假就不错了。那些读初中的都要上各种培训班，要学英语学数学，没得时间来搞这个了。还有的放假的时候去外地看自己的爸爸妈妈，好多都是学了一点就没来了。

尽管如此，冷老师依然坚持在招收学生。2008 年之后在县政府和当地文体局的帮助和关怀下，冷老师在家中办起了培训学堂。第二批学员同样是在附近的小学招来的学生。可是有了政府的支持之后部分家长也比较支持自己的孩子学习一下薅草锣鼓。不过前来学习的只有男孩子，家长都觉得女孩子学习这个敲敲打打、唱唱跳跳的没什么好处。县文体局给予的帮助仍然是非常有限的，每年会给三千元左右的补助。更多的时候冷老师都得自己补贴一些用在培训学徒上。冷老师的爱人对此给了很大的鼓励和帮助。老奶奶会给孩子准备午饭，甚至准备冰棒、瓜子、糖果等来留住孩子学习薅草锣鼓。

冷老师很快从附近叫来了两位老人，一位是张大爷，一位是田大爷。两位老人都近六十，平时都帮家里做些农活，闲暇的时候跟着冷老师一起去唱"夜歌"（在葬礼仪式中表演，祭奠离去的人）。冷老师打鼓，张大爷敲大锣，田大爷敲小锣，由冷老师起头，三人一人四句，即兴编歌词。歌词中心就是说中南民族大学的研究生来到这里来采访，薅草锣鼓受到广泛关注。尽管笔者不通音律，不懂三位老师所唱的每句歌词，但是能够感受到薅草锣鼓音乐的热情。看完表演，笔者对三位老师进行了采访。

访谈三：

笔者：张大爷，您手中拿的是什么啊？

张大爷：这是《恩施日报》，上面有我们薅草锣鼓的报道。好多期的都有，你上我们恩施的网站上也能看到。

田大爷：呵呵，电视上都放过，还有新闻里面。我们晓关乡还出了个老名人啊！

笔者：冷大爷，这报纸上表演的除了您还有哪些人啊？

冷老师：这是我，这是冷攀，这是刘小祥，这些都是晓关乡的学生。县里要宣传我们的薅草锣鼓，我就把教过的学生娃儿叫过来表演。你看这张在田里的照片，还专门叫了几个人来薅草。

笔者：现在种田薅草的人还多不多啊？

张大爷：现在好多都是打农药，薅草的人少。那天县里来人是请的几个人来薅草，我都去了，一人五十块钱。

冷老师：是啊，现在都不兴薅草了，就算是有的薅草也都是自家薅自己的那几分田，哪里还像以前那样一个村几十人一起薅草啊，我们这薅草锣鼓也就没地方唱了。

笔者：那从我们国家土地政策改革之后这几十年您还有没有唱薅草锣鼓呢？

冷老师：薅草锣鼓是没唱了，不过我们几个老家伙凑在一起给别人唱夜歌。

笔者：唱夜歌是怎么回事呢，跟薅草锣鼓有什么关系？

田大爷：有人过世了就请我们过去唱，纪念走了的人。有钱的就叫人多唱几天，尽哈孝心，热闹一哈。跟薅草锣鼓一样都是用那几样锣鼓，就是唱的内容不同。我们一般都在这附近村唱，请我们去的人也都认识，就唱一些老人生前的好事，唱老人在天保佑他的子孙后代。

笔者：除了有人过世会去唱，其他结婚之类的仪式有没有人来请去唱呢？

冷老师：其他的没得，那些都是请唱流行歌曲的，我们搞得这些年轻人都不喜欢听了。我年轻的时候就是在家里种田，在附近贩卖猪仔，别人家来请去唱夜歌，我就叫上几个人一起去，唱一场可以拿几百块钱。现在年纪大了，唱夜歌熬夜，都撑不住啊。

笔者：您现在作为薅草锣鼓的传承人，您出去唱夜歌，会不会让人误以为您唱的就是薅草锣鼓，对以后薅草锣鼓的发展会不会有不良影响？

冷老师：这个现在不会，大家都晓得我们是唱的夜歌，但是时间长了估计也难说，影响肯定是有的，这也没得办法啊。出去唱夜歌还能继续唱哈，要不然都没得机会唱。我要是天天不下地干活，又不出去找钱，这一大家子饭都没得吃啊。没有一个完善的保护机制，没有专项资金来帮助传承人来做好传承工作，仅仅依靠传承人自身的力量是无法使用这些没有丰厚经济回报的技艺得以传承的。

冷老师的家人还是比较支持老师工作的，但是这些都要在不影响生计的情况下才可以理解接受。否则传承人连自己的生活都难以应对，还去苛求他们投入到文化的保护传承中只能是痴人说梦。像冷老师这样作为国家级非物质文化遗产项目的传承人的际遇都如此，更别说那些同样具有重要价值却还没有被发现和认可没有得到保护的文化遗产了。在晓关乡一个打印店里的一段经历也让笔者有些担心这些项目传承人与邻里的关系。

访谈四：

笔者：张老板，复印多少钱一张啊？帮我复印几页资料。

张老板：五毛钱一张，我看看。哦，这是冷老师的啊，那个薅草锣鼓的传承人哈。

笔者：是的，您认识哈。

张老板：这肯定认得啦，就在一条街上，他什么时候评上传承人了啊？我们这里打薅草锣鼓的人不止他一个，还有比他打得好的。

笔者：那个会打薅草锣鼓的老人住在哪呢？

张老板：具体住哪也不清楚，可能是看冷老师住在街上，文化馆的人就评他了。

打印店的老板也没说出会打薅草锣鼓的另一位老人住在哪，但是强调说比冷老师打得好，可能是因为住在乡下，太偏僻了才评冷老师为传承人。再加上那位老人年纪也大了。笔者在附近问了几个人，也有像打印店老板这样说的，但是都没有很明确地告诉笔者还有哪位老人会打薅草锣鼓，笔者也无从考证。但是冷老师家附近的人对于这个传承人似乎不是非常的认可。这一方面是当地人看到别人突然多了一项荣誉会心理不平衡，但另一方面可以看出我们国家非物质文化遗产传承人的选拔方式还不够透明，这也给传承人带来了一定的困扰。

2. 鞋垫传承人周老师传艺分析

宣恩县开展非物质文化遗产保护工作以来，周老师将绣花鞋垫这一传统手工艺的发展与保护和传承非物质文化遗产项目相结合，使原有企业得到了新的发展。2012年7月23日下午三点左右来到酉情绣坊（位于宣恩县风雨桥旁），准备采访绣花鞋垫传承人周老师，进一步了解绣花鞋垫传承人的现状。

访谈五：

笔者：您好，请问您是周老师吗？

周大姐：我不是，她不在，我是她姐姐。

笔者：平时都是您在看店吗，您妹妹呢？

周大姐：她都是上午来，到吃午饭的时间我就来换她了。你不是本地人吧，找她什么事啊？

笔者：我是某某大学的学生，这是我的学生证。我到这边是来做调查，了解咱们宣恩县的非物质文化遗产传承人的情况。

周大姐：哦，是这样哈，好多人都来采访过，有电视台，还有报纸上都报道过。我们厂做的鞋垫、鞋底都是手工的，你看风雨桥那就有好多人在纳鞋底、在绣花。

笔者：那这附近的好多人不出门就可以做点活赚钱，还可以照顾家里。可是我在这坐了半天也没看到有人来买鞋啊，周老师除了开店还做其他生意吗，怎么每天下午都不来。

周大姐：呵呵，我们现在都很少有零售，主要都是一些公司下单，我们做好鞋子统一发货，这里开个店也是方便客户过来谈生意。其他一些买货送货的事情也都是安排在上午。你明天上午来吧！

店中只有周老师的姐姐在帮忙看店，打听一下才知道，周老师每天上午亲自来店中照料，下午便在家中料理家务等，而偌大一个公司的取货送货发货都早已形成了一套清晰的工作模式，不必每天都忙忙碌碌，而且效率很高，井井有条。酉情绣纺就在风雨桥边上，离开酉情绣纺已经是下午三点多了，这时候风雨桥上已经有很多人来乘凉，有下象棋的，也有打纸牌的。其中比较引人注目的是几个提着篮子拿着针线的，这些就是给酉情绣纺做零活的。

访谈六：

笔者：娘娘，你在做鞋啊，这鞋底是帮酉情绣纺做的吗？

路人1：是啊，小娃放暑假了，我有时间就拿几双鞋底够给小娃买两件衣裳。

笔者：您这一双鞋底要纳多久呢？

路人1：我刚开始做，做得慢，要个把星期，他们几个做得快的两天就能弄好一双。

笔者：我看您这个篮子里都是鞋垫，没得鞋底啊？

路人2：我以前纳鞋底，现在学绣花，绣花轻松些，钱多点。

笔者：您绣得这么好，怎么不到周老板厂里去做专职的绣娘咧？

路人2：专门去做就没得时间管家里了，我丫头马上要上高三了，我在种地，干点零活，伺候一大家人。在家里给周老板做点零活，补贴点家用，又能照顾家里还是好些。像他们有的年轻的到厂里去还是可以的。

笔者：您知道你们做的绣花鞋垫被州里评为了非物质文化遗产啊？

路人2：晓得啊，电视里看到了，县文化馆门口做的展板摆了好长时间，都看得到，周老板就是传承人啦。她从小就会做，又蛮有生意头脑，现在做好了，赚到钱了，也带着我们弄点小钱。这附近很多妇女开始从周老师厂里接一些零活，大家可以在照顾家庭的同时再赚些零钱还是比较好的。都是从周老师厂里拿现成的材料加工，也不需要自己掏本钱，也不用愁销路，所以工钱虽然不多，也还是有不少人愿意做。第二天一大早来到西情绣坊看到周老师在店里拿着很多梭子线。

访谈七：

笔者：周老师，您好，昨天来拜访您，您不在。

周老师：哦，我听我妹妹说了，你有什么事啊？

笔者：我写关于宣恩县非遗传承人的论文，县文化馆的李培芝老师说您是非遗传承人里很成功的一个典范，让我过来向您学习一下。

周老师：李老师介绍的哈，有什么问题就问吧。之前有好多人来过，有记者也有学生，你在网上都可以看到。

笔者：想了解一下您公司的发展情况？

周老师：这些网上都有，你去看看就晓得了。

笔者：那您就跟我说说您目前的工作状况吧，像您为什么只是上午来店里，您厂里都是怎么管理的？

周老师：我们现在基本上就做几个大客户的订单，零售的很少，这里摆的也都是样品，我就没得必要一天到晚在店里看着。我们工厂有七八十个固定工人，忙的时候也把活分给附近村的人做，规定个时间他们来取材料跟送货，他们也不用天天跑。我有时候下午就去厂里看看，在彭家寨那边我也还有个门面。

笔者：您现在还做鞋吗？您姐姐在帮您看店，她会吗？

周老师：我自己都没得时间做了，我设计好图，像这些福娃鞋垫就是我自己做的，图案复杂的一双需要3~7天，再让手艺好的绣娘多做几个样板，拿去发给厂里的工人照着绣。

我姐姐会绣，不过他们都只晓得做一部分工序，我母亲七八十岁了还纳鞋底，年纪大了眼睛不好，还是闲不住。

笔者：您有想过和大公司大厂家合作吗？

周老师：想啊，怎么不想，只靠我自己想扩大规模既缺钱又要承担更多的风险，跟大老板合作还不愁销路，不过给别的商家包装之后就没得办法保障这个绣花鞋垫还是我们原汁原味的土家绣花鞋垫了。目前也只有先用这种家庭作坊的经营方式了。

笔者：您厂里的工人都是流水线作业，都不会一整套工序，您打算把这门手艺传给您孩子吗？

周老师：我儿子都二十几岁了，重庆邮电大学学软件工程，都毕业了，他有自己的想法，暂时也不会接受家里的事，更不得来学做鞋了。要是以后找个媳妇想学我就教，他们要是不想学这些也不勉强，传给其他人也行。当然还是希望他们能够学会我这手艺啊。

周老师向笔者介绍，当地共有200余名妇女定向为该厂绣制鞋垫，按统一工艺要求，织好鞋垫交厂里统一包装。"绣女"大多是下岗女工和农家妇女，在做完家务、忙完农活后，绣鞋店成为她们坐在家中就能挣钱的新门路。该年绣鞋垫5000余双，产值40余万元。

周老师的发展模式算是比较成功的。她紧紧地将文化融入了经济发展和旅游当中，并且积极吸收时尚流行的元素到自己的产品中。消费者看中的是手工活的价值，同时像"奥运福娃"这样深受喜爱的元素也是周老师发展步步高升的原因。

第二节　少数民族非遗传承现状与困境

一、非遗传承路径单一

通过了解到的材料中可以看到宣恩县薅草锣鼓、绣花鞋垫等的传承人谱系中显示的都是父子、婆媳或爷孙等之间的传承。家庭成员之间的传承占了非常重要的比例。虽然非物质文化遗产传承人有将其技艺发扬光大的义务和权利，并且对前来拜师学艺的人都是知无不言、言无不尽，但是这些传承人都希望自己的后代，特别是孙辈的人能够继承自己的衣钵，主要是在手工艺、中医等这样一些专业性、技艺性比较强的行业当中，在有着血缘关系的人群之间进行传承和传习，一般不会传给外人，有的技艺甚至传男不传女的规定。

薅草锣鼓的传承人冷浩然老人就希望自己的孙子孙女都能够学习薅草锣鼓。现在已经有一个孙子，冷攀跟随爷爷学习薅草锣鼓多年，每当有文化馆或新闻媒体来采访或要求表演的时候冷浩然老人都会让自己的孙子冷攀参加。要要的传承人董兴林老师同样将要要的全套技艺传授给了孙女董慧，并非常自豪地说董慧是自己最出色的弟子之一。像三棒鼓的传承人朱锦泉老师现在有年龄三十来岁至六十多岁的徒弟三十多人。但是有些徒弟学成之后便开始从事文艺表演，以这门技艺作为一个副业；还有一部分纯粹是对于这一文化的热爱，作为一种娱乐。绣花鞋垫的传承人周老师现在成立了西情绣坊这样一间手工作坊，有80个左右的全职工人和200人左右的兼职工人。但是该绣坊现在采取的是流水式的作业方式，根据绣花鞋的不同工序打壳子、下壳子、包边、绣花、做面子、上鞋等来安排每个程序的工人工作。周老师在开始创立绣坊之时便都是跟自家人一起做鞋，后来作为非物质文化遗产传承人有义务将这一技艺发扬，加上规模扩大了也需要更多的人手。但是规模化企业化的运作模式使得绣坊的工人不可能学会每个程序的技艺。周老师也谈到如果将来自己的儿媳妇愿意会将整套技艺传授给她。也就是说，传承人更愿意将所有技艺毫无保留地传授给自己的亲属。

传承人选锐减、后继乏人是非物质文化遗产发展目前最大也是最根本的问题。通过田野调查发现，这些民间艺人目前最大的担忧在于找谁来继承自己的传统技艺，和这门技艺是否会有人亡艺绝的危险。伴随城市化进程的步伐加快，大都市里丰富的文化生活和充满诱惑的物质生活都吸引着年轻人的目光，越来越多的年轻人崇尚都市文化，他们不再像祖辈那样生活在乡村，不再对民族传统文学和艺术有浓厚的兴趣，更不会将时间和精力放在学习和继承这些传统技艺上。但是忧虑的同时我们也从另一层面看到与以物为载体的物质文化遗产相比较，以人为载体的非物质文化遗产有着巨大的发展空间。以物为载体则有"不可替代性"和"惟一性"，但是传承人却能够通过教育的方式培养出大量的优秀传承者，这也正是非物质文化遗产保护能够绝处逢生的机会所在。

二、非遗艺术重视程度低

在传承人保护环节中，轻传承人保护。当前，我国的非物质文化遗产采用政府主导、社会参与的原则。这样的保护制度，使非物质文化遗产保护工作成为政府的一项具体工作，非物质文化遗产保护工作也进入政府的政绩考核中。非物质文化遗产传承人保护工作分两步走：

第一步，推荐认定代表性传承人。

第二步，保护代表性传承人。而这两个环节中，前者资金投入小，但是见效快适合宣传。而后一步工作的具体展开依赖于大量资金的投入，而且短时间内也不容易见成绩。这两个截然不同的特征，导致在以政府为主导的非物质文化遗产保护工作中，前一步的工作更受青睐，而后一步的具体工作自然地遭受淡化。

在传统文化发展环节中，轻传统文化发展非物质文化遗产保护的目的在于促进传统文化发展，保证民族文化的多样性。但是，很多地方着力于非物质民族文化遗产传承人的保护，但是对地方传统文化的发展却显得不足。这主要表现在传承人的保护工作中，对传承人本身的物质经济补偿以及个人名誉的提高都做足了工夫，但是对非物质文化遗产传承所需要的传统文化背景关注度远远不足。传承人的生活条件得到了保障，但是传承人要进行传承所需要的场所、文化空间以及后继人员却很难得到保障。因而在调研的时候，经常听到一些传承人感慨后继乏人。对于传统文化产业的发展没有确切的规划，即便是资金大量投入，也不能使非物质文化遗产迈入良性的发展轨道，也不会带来传统文化的延续。

在文化空间保护环节中，轻文化空间保护非物质文化遗产具有明显的地域性，其内涵依赖于其长期以来的生态地理环境。而当前，在以经济为中心的社会意识下，许多地方加大非物质文化遗产保护工作，只是因为看到了非物质文化遗产的经济效益。在实际工作中，更多考虑的是怎样实现经济利益最大化。为了获得经济效益，许多地方的传承人被当作宣传地方的一个工具，他们被限定在固定的表演格式与套路里，周而复始地工作。为了达到宣传的目的，没有了原有的自由的文化活动。因此，他们的传承活动从文化整体中被剥离出来，甚至被肢解，只保留对宣传有用意的部分。这种急功近利的做法，并不符合传统文化的精神内涵，非物质文化遗产的商业化包装往往带来更大程度的破坏甚至造成文化空间的严重破坏。

三、非遗传承后继无人

传承人作为非物质文化遗产的重要承载者和传递者，他们既是非物质文化遗产的活的宝库，又是非物质文化遗产代代相传的"接力赛"中处在当代起跑点上的"执棒者"和代表人物。但在非物质文化遗产的大部分领域，这些掌握杰出民间文化技能的传承人在当代社会中却普遍存在生活质量问题。

（一）传承人生活状态欠佳

从长阳县命名表彰的41名代表性传承人的总体情况看，他们大多散落乡村且年事已高，同时受自身文化程度和所从事文化事项的局限，生活状况较为贫困。这一方面严重影响了传承活动的开展；另一方面也打击了年轻人学习传统文化的积极性，使长阳县非物质文化遗产传承陷入断档的危机。例如，在"南曲之乡"资丘镇，如今能自弹自唱的南曲艺人只有50多人，年龄都在60岁以上，且普遍生活条件不好（统计资料见表3-1）。

表3-1 资丘镇南曲艺人分布情况表

村名	年龄					合计人数
	30~40岁	40~50岁	50~60岁	60~70岁	70岁以上	
杨家桥	1	8	7	5	2	24
柿贝	—	1	5	3	6	15
资丘	3	7	6	6	4	26
淋湘溪	1	2	2	7	—	12
凉水寺	—	—	—	—	—	5
水连	—	—	—	—	—	5
五房岭	—	—	—	—	—	10
天河坪	1	1	2	3	1	8
泉水湾	1	—	1	4	1	7
黄柏山	—	—	—	1	1	2

村名	年龄					
	30~40 岁	40~50 岁	50~60 岁	60~70 岁	70 岁以上	合计人数
总计（人）	7	25	26	33	23	114

根据普查数据显示（见表 3-1），资丘 40 岁以下的南曲艺人只有 7 人，基本都是"半边把式"只能唱不会弹三弦；能自弹自唱且技艺较高的艺人，年龄基本上都在 60 岁以上，共 56 人。但随着这些老艺人日渐年迈、身体状况越来越差，几乎每年都有几位老艺人辞世，南曲艺术的传承已是岌岌可危了。

经调查发现，在许多少数民族地区，非物质文化遗产传承人的总体生存状态存在两种走向：一方面是某些熟练掌握传统工艺技能的传承人，因为民族民间工艺的开发而形成了新的产业，实现了传承民族民间文化与实现经济效益的双赢；另一方面是大部分从事民间文学、民间表演艺术等项目的传承人，因为文化形式的特殊性和局限性，难以凭借其传统文化技能维持基本生存条件，同时又无力投身其他行业，因而使个人和家庭质量受到影响。

（二）青年人参与度不高

通过对长阳资丘和都镇湾两个文化生态保护区的文化保护状况做了问卷调查。共发放个人问卷 230 份，回收有效问卷 202 份，回收率为 87.8%。参与问卷调查的男性占 57.4%，女性占 42.6%；民族以土家族为主，占 95%，见表 3-2。

表 3-2　调查样本介绍

项目	类别	人数	比例（%）
性别（N = 202）	男	116	57.4
	女	86	42.6
民族（N = 202）	土家族	192	95
	其他民族	10	5
年龄（N = 202）	16 岁上	3	1.5
	16~25 岁	33	16.3
	26~35 岁	57	28.2
	36~55 岁	79	39.1
	56 岁以上	30	14.9

在问卷中设计了两个关于社区群众对传统文化态度的问题，请被调查者分别对按照"熟悉程度"和"参与程度"的高低，对长阳的传统文化项目进行排序，调查结果如下（见表 3-3 和表 3-4）。

从总体上来看，撒叶儿嗬与其他文化项目相比更为人们所熟知，群众的参与度也是最高的。吹打乐和长阳山歌虽然在熟悉程度的排名上分别位居第二和第三，但受个人嗓音条件和技艺水平的限制，参与的人并不多。而薅草锣鼓则随着农业生产方式的改变而彻底消失在人们的日常生产活动中。

表 3-3　年龄段＊最熟悉的传统文化项目

年龄	最熟悉的传统文化项目							总数
	南曲	山歌	撒尔嗬	薅草锣鼓	吹打乐	花鼓子	都镇湾故事	
16 岁以下	1	0	1	0	1	0	0	3
16~25 岁	7	2	10	0	6	0	6	31
26~35 岁	6	16	17	0	11	2	3	55
36~55 岁	6	9	32	0	20	1	6	74
56 岁以上	2	6	8	1	5	1	7	30
总数	22	33	68	1	43	4	22	193

（缺失值：9 人，占 4.5%）

表 3-4　年龄段＊参与度最高的传统文化项目

年龄	最熟悉的传统文化项目						总数
	南曲	山歌	撒尔嗬	吹打乐	花鼓子	都镇湾故事	
16 岁以下	1	1	0	0	0	0	2
16~25 岁	3	3	7	2	0	3	18
26~35 岁	6	7	7	3	1	5	29
36~55 岁	8	4	27	6	1	7	52
56 岁以上	2	1	8	1	0	8	20
总数	20	16	49	12	1	23	121

（缺失值：9 人，占 4.5%）

从缺失值来看，对"按参与程度高低对传统文化排序"这一问题，有 81 人未作回答，表明他们从未参与过其中任何一项传统文化活动，缺失值占到总人数的 40.1%，可见当地群众对传统文化的参与程度并不高。从年龄结构分析：16 岁以下的 3 名被调查者，都是当地的中学生。由于近年来民族民间文化进校园活动的开展，他们对传统文化的了解和参与程度较好；但在 16~35 岁的 90 名被调查者中，参加过传统文化项目的只有 47 人，参与率仅为 52.2%。从文化项目来看，除薅草锣鼓外，花鼓子和吹打乐在青年人中的传承现状也岌岌可危。长阳县的非物质文化遗产虽然大都属于群众性文化，但由于每个具体文化项目在传承方式和文化形式上的差异，其所面临的传承困境也有不同之处。在问卷中，分别就南曲和都镇湾故事这两个传统文化项目，对青年群体不愿参与的原因进行了调查，结果见表 3-5 和表 3-6。

表 3-5　青年人不愿学南曲的原因（可多选）

青年人不愿学南曲的原因	人数	占比
忙于学习或打工，在家时间少	125	62.2%
南曲是一种丝弦音乐，比较难学会	60	29.9%
向往现代文化，不愿学南曲	28	13.9%
唱南曲的场景减少	43	21.4%

续表

青年人不愿学南曲的原因	人数	占比
其他	3	1.5%
总数	259	128.9%

表 3-6　青年人不愿听故事讲故事的原因（可多选）

青年人不愿听故事讲故事的原因	人数	占比
忙于学习或打工，在家时间少	118	58.7%
讲故事的场景减少	60	29.9%
讲故事的人少了	41	20.4%
向往现代文化，不愿听这些故事	39	19.4%
其他	5	2.5%
总计	263	130.8%

结果显示，"忙于学习或打工，在家时间少"是影响青年人参与学南曲和听故事、讲故事活动的最主要原因，选择该项的人数分别占总人数的 62.2% 和 58.7%；而文化项目的传承途径也在一定程度上影响了青年人的学习兴趣。南曲作为一种曲艺文化，是通过师徒方式传承的，它不仅包括唱腔、唱段的学习，还包括乐器的使用（弹三弦等）。即使拜了师傅，也要经过长达数年的练习才能学会，这也增加了南曲在民众中传承的难度。因此有近 30% 的被调查者选择"南曲比较难学会"作为青年人不愿学南曲的原因。对于都镇湾故事这类口耳相传的民间文学，因其保护的核心是发生于特定情境中的故事演述活动，而非停留于书面的故事文本，所以对故事演述场景的保护显得尤为重要。但随着人们生产生活方式的改变，传统的故事演述场景正逐渐消失，这也成为青年人不愿听故事、讲故事的第二位原因。

此外，"向往现代文化"这个影响因素，并没有像通常认为的那样成为首选，反而选择率很低，分别只占总人数的 13.9% 和 19.4%，这也从侧面反映出青年人对土家文化的认同度还是比较高的。因此，地方政府应采取更为有效的措施，吸引这部分群体参与到非物质文化遗产的传承活动中来。

四、少数民族非遗文化影响力弱

人们生产生活方式的改变，使得传统技艺的实用性日渐消失，原先用来谋生的各种手艺绝活也就失去了传承的价值。在以前对于人个人来讲，之所以选择去学艺是因为可以作为谋生技能。生存才是硬道理，只有在解决了生活难题的基础上才能考虑个人的爱好等因素。无论在什么时期人们的生活都是跟文化的传承息息相关，同样非物质文化遗产的传承和发展也离不开人们生活的根基。

随着文化生态的改变，那些来源于生产生活的非物质文化遗产便失去了其赖以生存和发展的土壤，这样部分传统文化被列入了非物质文化遗产得到了一定的保护，但更多地没有被挖掘出来和发现的传统文化的处境就更加恶劣。虽然我们要加强对优秀文化的保护和传承，但不得不承认有一些非物质文化的确无法适应时代的发展，如果强行地要求人们去接受那些被淘汰了的文化也无法使优秀的传统文化真正得到弘扬。因而，在新的社会经济发展的环境下，保护和发展传统文化也要遵循自然规律，不能只顾完成保护非物质文化遗产的工作，而忽视了保护传统文化的初衷。

五、少数民族非遗传承针对性不强

很多传统技艺都是在几年甚至几十年的时间内才能融会贯通。但在现在这样快节奏追求高效率的时代，要人们静心来花多年时间钻研一门技艺已经非常不现实了。传统民歌的学习和传统器乐相比要稍微简单一些。民歌入门的条件稍微低一些，平时商业演出的机会也多，因而跟当地其他的传统技艺相比愿意学习的人也较多。而像锣鼓类这样依靠群体传承的传统技艺，如当地一些红白喜事中也有传统的锣鼓乐队。但是很多演奏的不是传统的乐曲，人们请那些锣鼓乐队也仅仅追求的是热闹喜庆的氛围，多是一些简单单调的曲目，因而表面繁荣的锣鼓市场也缺乏文化内涵。

宣恩县民间舞蹈的许多项目，也存在这样的一个情况。舞蹈表演难度大，许多翻身、下叉、踢腿的武术动作，都要求演员有扎实的基本功底。这些基本功都是从儿时开始学，并且要求长期拳不离手曲不离口地练习才能保证舞蹈完美的演出。如今老艺人急剧减少，中青年艺人少有喜爱传统艺术，愿意投身传统艺术的青年更是屈指可数。传统舞蹈的一招一式都源于民俗活动中特定的文化，要学习传统艺术就必须了解传统舞蹈所蕴含其中深刻的文化内涵，离开了文化内涵的传统舞蹈，就成为了简单和没有意义的机械动作。如果只是在舞台上简单地模仿和再现传统舞蹈的动作，那么就失去了传承的意义。如今传统舞蹈的发展也面临着如何在当代多种文化冲击的困境中寻求出路。

六、武陵山片区非遗民歌保护现状

以湖北省宜昌市五峰土家族自治县为例，从主要传承人与传承方式、现存的种类与数量两个方面对这一区域的非遗民歌进行研究分析，根据分析结果提出自己的保护建议，以便对于武陵山片区非遗民歌保护有所启示。

（一）武陵山片区非遗民歌概述

武陵山片区包括湖北、湖南、贵州、重庆四省市相交地带的 71 个县（市、区），包括武陵山区大部分地带，也包括巫山南部及湖南省雪峰山区等地区。由于山高林密，土家族、苗族、瑶族、白族等 9 个少数民族在此生活，繁衍生息，呈现出"大杂居，小聚居"的特点，而其中的每个民族都有许多丰富的民族音乐，被列为非物质文化遗产。如其中苗族现存的民歌有 1000 余首，包括游方歌（情歌）、酒歌、苦歌等形式，其中最为著名的是飞歌，代表作有《家训歌》《教子歌》等。而瑶族民歌贯穿于社会生活的各个领域，瑶族民歌一种为念歌，另一种为喊歌，现存有 800 多首。在白族民间，既流传着大量的小调和山歌，也有各种体裁、形式的叙事歌曲。歌词大都有较严格的句式、格律，尤以"山花诗体"歌词占有较为突出的地位。再如，其中"土家族民歌"于 2014 年被收录到当年第四批"国家级非物质文化遗产代表性项目名录"，项目序号为 1250，项目编号为 Ⅱ-156，由湖南省湘西土家族苗族自治州非物质文化遗产保护中心上报。而其中最为重要的传承人为向汉光，同样被收录至名录当中。

总之，武陵山片区这一区域山高水险，自古以来交通不便，形成了相对封闭的文化环境，为文化艺术的保存与流传提供了条件，而众多的民族文化有了自己的生存空间，丰富多样的艺术种类在此形成，其民族文化得以在此较好地保存与流传，使武陵山这片土地成为民族文化的宝库，等待着人们去挖掘和探索它独特的魅力。

（二）五峰土家族非遗民歌现状

1. 五峰土家族非遗民歌现状

湖北省宜昌市五峰县是一个土家族自治县，这里有着十分丰富的土家族民歌，被誉为"山歌之乡"，五峰土家族地区民歌的传承方式主要为口传心授，代代相传。由于土家族语言没有文字记载，所以，土家族民歌通常采用土家族语言和西南官话两种语言进行演唱，将生活中的语言经过提炼和夸张变形就形成了土家族民歌特色的旋律和咬字行腔方式。在流传过程中由于没有文字记载，其中许多都已经失传。

以"南腔北调"为例，南腔北调其实是南曲里面的两大腔系，南曲是湖北地方小曲中音乐个性较强的一种说唱艺术，流传到五峰已有三百年的历史，五峰的艺人又把当地流行的音乐元素融入曲中，例如用当地的方言，依字行腔，其特点就是字少腔多，即词不多，但韵腔非常长。且南曲是一种非常高雅的曲种，为何说它高雅呢？一是在过去都是文人雅士，如行医郎中、教书先生等有文化的人才能够演唱；二是它的文辞华丽严谨，韵腔也十分讲究。在古时，南曲是不可轻易听到的，它要求夜不静时不唱，有风不唱，白手不唱。南曲中一种称作南腔，亦可称为南曲，现在人们所说的南曲也大多指的是它，大概有70~80 种曲牌。且有两种板式，一种为一字板，还有一种为四眼板，即一板三眼，但在演奏时会空一眼。另一种称为北调，北调非常少见，流传到现在仅存一曲，名为《寄生调》。

在当地有一首南腔曲目为《关公辞曹》，是南曲中的经典曲目，由于年代太久远，30多年来几乎无人能完整演唱，而如今由五峰非遗保护中心整理后复排演出。另一首曲目是北调曲牌《寄生调》中的《悲秋》，此曲表现出漂泊在外的游子对家乡的思念，心中的哀婉幽怨之情在曲声中丝丝渗透，百转千回，绕梁三日不绝。

再如当地的非遗器乐合奏"打溜子"。打溜子在湘西那边的土家族称为"打卜七"，在五峰地区叫作"打家业"。而打溜子这个名称是在非物质文化遗产申报时，专家学者根据它的音韵和艺术特色定下的。它的主要乐器是钹、土锣，所以也称溜子钹、溜子锣。溜子的曲牌都是以动物的习性来命名的，例如八哥洗澡、河马打嘴、凤凰展翅等。主要是模拟大自然的声音，比如用锣模仿牛的叫声，用钹模仿水滴声、风声等。打溜子在五峰生活中非常常见，与土家族人民的生活息息相关，比如新年传灯、送葬、小孩抓周、婚丧嫁娶等都有打溜子的身影。

在五峰土家族非遗民歌的传承过程中，每个年代都有传承人在发挥着重要作用。20世纪较为著名的五峰土家族民歌传承人万戍姐，还有杨南甫是五峰民间少见的资深秀才歌手，以擅长演唱丧鼓歌、五句子歌，善讲民间故事著名，曾引领白鹿庄及周边歌手，民间故事家刘德培即深受其影响，刘德培传承的很多歌谣、故事都是从杨南甫处学得，再经过其自身的加工重新组合改编而成。进入21世纪之后，涌现了一批新的传承人，如祝凤池、王静、黄平等都是较为出名的五峰土家族歌手，正是因为有一代代音乐人的传承与努力才使五峰的土家族非遗民歌能够代代相传。

2. 现存的种类与数量

五峰地区的土家族非遗民歌的种类和数量都十分丰富，贯穿到当地土家人生活中的各个方面，也反映出当地生活的民风民俗。现存有民歌1300余首，其中150首被收入《中国民间歌曲集成》（湖北卷）。另外，学者胡德生2004年整理的《五峰土家族自治县文艺丛书·民间歌谣》已由湖北人民出版社出版。

五峰地区的土家族非遗民歌主要有时政歌、劳动歌、情歌、红事（婚嫁）歌、白事（丧葬）歌、历史传说歌、长篇叙事歌、生活风情歌、儿歌童谣等。时政歌主要跟历史相关，现存的主要为近代抗战题材，包括《红军威名震五峰》《穷哥翻身头一回》等，劳动歌主要跟土家族人民日常劳动生活息息相关，而歌名也十分通俗易懂，如《打猪草》《抬丧号子》和《有的种田真好玩》。而情歌则是现存的五峰土家族民歌中数量最多的一种，这也充分反映了爱情在当地土家族人心中的地位。而婚嫁歌也是内容十分丰富的一种，音乐贯穿了婚嫁整个仪式的全过程，包括过礼开盒、陪十姊妹歌、升号匾词、哭嫁歌、酒令词等。丧鼓歌分为跳丧鼓和坐丧鼓两种。儿歌童谣也十分有趣，包括《胡椒花椒》《三岁大的伢会唱歌》等作品。这些作品都被完整地收录于相关的书籍中，得以文献的方式流传。

从中可以看出五峰地区的土家族非遗民歌的种类和数量都是十分丰富的，但随着时代的发展，许多优秀民歌消失在了历史长河中，因此，对其进行保护势在必行。

（三）武陵山片区非遗民歌保护与改进

1. 有关部门的政策扶持

武陵山片区有着丰富的非遗民歌资源，保护好这片区域的非遗民歌离不开有关部门的政策扶持，而在保护武陵山片区非遗民歌的过程中，各级文化部门发挥了举足轻重的作用，国家有关部门拨款的专项资金对于保护非遗民歌也十分重要。财政部、文化部2012年印发了《国家非物质文化遗产保护专项资金管理办法》，给予了各级非物质文化遗产专门的资金，大力支持保护工作，2018年，中央财政非遗保护地方转移支付经费达7.2598亿元，用于收集整理非遗、支付传承人的文化活动等开支。对于目前丰富的非物质文化遗产仅靠国家和各级有关部门所提供的资金还远远不够，因此，必须要寻找另外的途径补充资金的不足，而作为非物质文化遗产，能够发挥经济价值和社会价值，才是长久发展之道。非物质文化遗产的弘扬需要政府部门的提倡，比如提倡在当地的婚丧嫁娶中使用当地的传统礼仪和民歌，保留地域特色，把濒临消失的珍贵民歌以文本的形式记录下来，以保存和传播。

2. 相关文化产业刺激发展

非遗民歌的健康发展和流传，面对的冲击是时代发展的必然，而面对外来文化的冲击既是机遇也是挑战，一味抛弃传统文化，接受外来文化将会造成不可估量的损失。非遗民歌在文化产业中进行发展，能够使非遗民歌产生经济价值，从而真正做到自力更生，吸引更多优秀人才参与到非遗民歌的发展中，发展非遗民歌相关文化产业，包括旅游业和演艺行业等。武陵山片区有着丰富的旅游资源，这是一块引人入胜的神奇沃土，这里有沈从文笔下神秘的边城——凤凰古城，有鬼斧神工的张家界，有神秘莫测的神农架，有充满民族风情的土司城遗址，每年吸引着中外游客一览它的风采，来到这里的游客希望能看到独特的民族风情。而这一地区也是贫困地区，因此，这一片区以旅游业带动经济的发展，既是传统文化的需求，也是经济发展的需求。非遗民歌作为当地的文化特色，可以在旅游中作为特色项目进行开发，以吸引游客前来游玩。如恩施市旅游文化行业中较为出名的大型山水实景剧《龙船调》，便将土家族的风情和文化进行改编，在实景剧中进行展现，剧中有丰富的非遗民歌，而非遗民歌也在其中充分发挥了其经济文化价值。让非遗民歌融入一定的文化环境中，不仅让游客能够欣赏到非遗民歌的美，更能看懂非遗民歌是在多种场合下的不同表现。这也为武陵山片区的非遗民歌传承人提供了工作岗位，为当地带来了经济收入，赋予了艺术生命力。旅游业的兴起为非遗民歌带来了新的发展契机，也为实现非遗民歌的经济文化价值创造了商机。

第三节　少数民族非遗传承需求与价值

一、建立湖北少数民族非遗品牌形象

（一）发掘荆楚文化资源

翻看湖北地图，可以将湖北省的文化旅游资源分为两大部分：第一部分是以武汉为中心的"1+8"武汉城市圈；第二部分是鄂西生态文化旅游圈。

"九省通衢"的武汉地处两江交汇之地，早在商周时期就是南方连接中原的战略据点，以商代盘龙城为标志，有3500多年的建城史。其间积淀了底蕴丰厚的文化资源。武汉是"白云黄鹤"之乡、明清"四大名镇"之一、中国近代工业的发祥地之一和辛亥首义之都，享有"知音江城"美誉。武汉三镇各自拥有不同的文化资源。

"晴川历历汉阳树，芳草萋萋鹦鹉洲"，汉阳历史悠久，在武汉三镇城邑建制中名为最早，自汉末以来就是历代风景胜地。三国时刘表部将黄祖在龟山北麓筑了却月城，后来被孙权击破。于是刘表之子刘琦又在龟山南麓建了鲁山城。到隋文帝开皇九年（589年），在沔州下置汉津县。公元605年，隋炀帝把汉津县改为汉阳县，汉阳一名由此开始出现并沿用至今。

汉阳区内有武汉四大佛教丛林之首的归元禅寺，有依江而建的楚天名楼晴川阁，有高山流水遇知音、伯牙绝弦为子期的古琴台、汉阳古树、石榴花塔等。这里是中国近代工业的发祥地之一。沿龟山一带分布着近代工业先驱张之洞创办的汉阳铁厂、湖北枪炮厂、钢药厂等大型工厂。

汉阳有众多的故事传说，《汉阳府志》中述道："（汉阳在）三国时为无用武之地。"由于地处三国古战场的中心位置，目前汉阳留存有大量的三国遗迹和三国典故传说。在龟山东麓有洗马口、洗马洞，铁门关一带有称洗马长街。龟山上有相传关羽屯兵藏马磨刀的藏马洞和磨刀石。龟山东麓有鲁肃之子鲁淑为其父建的衣冠冢鲁肃墓和祢衡墓。

"黄鹤一去不复返，白云千载空悠悠"。武昌秀美，依山傍水，文化历史厚重，全市70%的风景名胜和革命胜迹集中于此，武汉被国家授予的6个4A级景区有5个在武昌。这里距今1700余年的享誉"天下江山第一楼"、江南三大名楼之一的黄鹤楼；这里有始建于南朝的皇家寺院；有关公卓刀为泉的卓刀泉寺；有2500年历史的道教著名十方丛林之一的长春观；有全国最大的城中湖、国家级重点风景名胜区——东湖风景区；有收藏名扬天下、誉为世界第八大奇迹的曾侯乙编钟的湖北省博物馆；有在大革命时期由国共两党合作创办、由毛泽东同志实际主持工作的中央农民运动讲习所旧址和中共五大会议旧址；有辛亥革命留下的辛亥起义鄂军总督府、起义门、工程营、楚望台军械库、黄兴拜将台、伏虎山辛亥革命烈士墓群、黎元洪墓等一大批首义遗址和胜迹。

汉口是武汉市的一个重要组成部分，为武汉的商业中心。今天的汉口其实只有500余年历史，始于明代成化年间的汉水改道。汉水原来从龟山南边注入长江，成化年间其主流则从龟山北的集家嘴注入长江。汉水改道后的低洼荒洲地带，至清嘉庆年间发展成为与河南朱仙、江西景德、广东佛山并称四大名镇之盛誉的汉口。

汉口自鸦片战争后开埠通商，在武汉市汉口沿江大道中段建有全国数量第二、面积第三的外国租界区。这片区域在汉路以北、麻阳街太古下码头以南、中山大道东南的滨江地段，英国、俄国、法国、德国、日本5国在此修建有哥特式、洛可可式、巴洛克式的等欧式建筑，其影响力位列内地各外国租界之首。

汉口有中国十大商业步行街之一的武汉著名百年商业老街江汉路。这里有仿照缅甸阿难陀寺建造的具有浓郁异域建筑风格的、装饰精美华丽而功能完善、环境优美的古德寺，有中国最大的江滩——武汉江滩等，还有众多的老建筑分布于汉口各区域。

武汉是中部地区最大的城市，是带动区域发展的战略制高点。以武汉市为中心，在周边 100 公里半径范围内有黄石、鄂州、黄冈、孝感、咸宁、仙桃、天门、潜江 8 个城市。黄石以矿冶文化为代表，区域内有铜绿山古矿冶遗址、东方山风景区、西塞山风景区、黄石国家矿山公园等旅游景点。鄂州以三国文化为代表，有吴王城遗址和众多三国文化遗址。黄冈以名人文化和红色文化为代表，有东坡赤壁、李四光故居、闻一多纪念馆、李时珍纪念馆、五祖寺等旅游景点。孝感以孝文化和自然文化为代表，有董永公园、睡虎地秦墓群、白兆山风景区、双峰山国家森林公园等旅游景点。天门以石家河文化遗址为代表，还有陆羽故里等，潜江以楚文化和曹禺文化为代表，有龙湾章华台遗址和曹禺纪念馆等旅游景点。可将咸宁与洪湖一并划归此区域。以温泉旅游资源为主的咸宁，包括有隐水洞地质公园、陆水湖风景名胜区，九宫山风景名胜区和以李自成逃难的闯王陵等旅游景点。

洪湖以革命老区为主要旅游资源，包括水上革命根据地和洪湖蓝田生态旅游区等旅游景点。湖北文化旅游的西部重要区域是鄂西生态旅游圈，包括位于湖北西部的襄阳、荆州、宜昌、十堰、荆门、随州、恩施、神农架 8 个市州（林区）。鄂西地区拥有 2 个世界文化遗产、1 个世界非物质文化遗产、9 个国家自然保护区、35 个国家非物质文化遗产、4 个国家级风景名胜区及 3 个国家级地质公园，集中了楚文化、三国文化、巴土文化和宗教文化等湖北 5 大文化体系中的 4 大文化，拥有举世闻名的三峡工程和南水北调中线工程水源地。以土苗少数民族风情和武当山地区民间故事为代表的民俗文化襄阳以三国文化为主，包括有古隆中、襄阳古城、孟浩然纪念馆、楚皇城遗址、水境庄等旅游景点。荆州市以楚文化、三袁文化、张居正文化资源为主，区域内有三袁故里、张居正墓、荆州博物馆、纪南故城、熊家冢楚墓等旅游景点。宜昌市以三峡文化、三国文化、自然风光为主，包括有三峡大坝、神农溪、屈原故里、夷陵之战遗址等旅游景点。十堰以原始人类文化和武当文化为主，包括有郧县人遗址、青龙山恐龙蛋化石群、辽瓦店子遗址、世界自然文化遗产武当山等旅游景点。荆门有屈家岭文化遗址、明显陵、长坂坡、关陵等旅游景点。随州以楚文化和炎帝文化为代表，有炎帝神农故里、编钟古乐之乡。恩施有唐崖土司皇城、容美土司遗址、腾龙洞等。神农架有昭君故里、神农架林区等旅游景点。

（二）构筑"灵秀湖北"强势旅游品牌

湖北省旅游局依据湖北现有旅游资源，根据灵秀湖北的宣传口号列出了灵秀湖北十大旅游名片和十大旅游新秀。十大旅游名片分别是长江三峡、武当山、黄鹤楼公园—辛亥首义、神农架、随州炎帝神农故里、武汉东湖—省博物馆、大别山红色旅游、三国文化、咸宁温泉、恩施大峡谷—利川腾龙洞和灵秀；十大旅游新秀分别为大洪山—明显陵、黄梅禅宗文化、洪湖旅游区、麻城杜鹃花、秭归屈原故里、长阳清江画廊、武昌户部巷、宜昌柴埠溪峡谷、通山九宫山—隐水洞、梁子湖生态旅游区。

旅游名片和旅游新秀的归纳整理对于理清湖北现有文化资源十分有好处，湖北不缺乏好的旅游文化资源，缺乏的是打造湖北文化旅游品牌。

1. 领导高度重视

作为第三产业的支柱产业，旅游业有环保、可持续发展的优势，这也与发展资源节约型、环境友好型的两型社会理念契合。湖北省委、省政府高度重视湖北的旅游产业，大力支持发展旅游产业，不仅先后出台制定了武汉城市圈的发展规划和鄂西生态文化旅游圈的规划，还努力将这两个战备规划努力上升到国家高度，这将有利于武汉城市圈和鄂西生态文化旅游圈的发展，从国家的角度来合理配置资源，也可以避免走先污染后治理的老路，直接打造新型环保、可持续的发展方式。

2. 体制机制改革

打造湖北旅游品牌，关键在于制度上的有力推动和切实保障，关键在于文化体制机制改革创新。建立以政府为主导，以市场化运作为主的新型旅游模式，努力构建充满活力、富有效率、更加开放、有利于旅游文化发展的体制机制。

3. 树立品牌意识

发展湖北旅游要树立品牌意识，始终围绕"灵秀湖北"做文章，制定统一规范的旅游品牌标准，各景点抱成合力，资源共享，利用交通等优势，充分高效地展示湖北旅游品牌的优势，通过微信、微博等新型媒体，共同打造湖北旅游品牌。

4. 创新旅游产品

（1）旅游产品的创新

从旅游者的角度出发，为其量身定做各种类型的旅游产品，如红色旅游线路、近代工业旅游线路、休闲旅游线路、度假旅游线路等。武广高铁通车后，武汉的旅游从业者没有想到武汉大学赏樱花会成为一条热门线路。这就需要加大对旅游产品策划人员的培养，从发展中嗅出商机，但每年三月为期两周的赏樱对武汉大学和武汉的旅游公司都是一个考验。如何合理规划，提高接待能力都应该是旅游公司要思考的问题。

（2）旅游纪念品的创新

湖北省的旅游纪念品存在品种少，价格贵的特点，且与其他地区同质化严重。因此在旅游纪念品开发上要创新。湖北省博物馆曾开展旅游纪念品征集的活动，从民间发掘智慧，涌现如元代青花图瓶的U盘、越王勾践剑扇子等优秀旅游产品，下一步则是要产业化，形成旅游生产线。开发旅游纪念品要从地域特色、实用、性价比高等几个关键因素突破。在创新旅游纪念品时可把握品种全、体积小、易携带等几个特点。比如最常见的明信片，就可以开发出各种套系，有以自然风光为主，有以人文特色为主，有以艺术收藏为主。可选择不同的材质，如纸质、布艺、木板凳，结合各地方特色从形式上变化，如横式、竖式、立体等。旅游纪念品太大会因携带和交流运输易损耗等原因最终放弃购买。因此，小的实用物品是最佳的旅游纪念品，如开发青花图梅瓶的直尺、鼠标垫、钥匙扣等，产品虽普通，但因具有湖北特色，物美价廉而再次购买。

（3）旅游商店的创新

可借推广灵秀湖北的机遇，统一规范、设计灵秀湖北商店标识和形象门店，着力打造湖北旅游品牌旅游商店。同时邀请专业人员对商店进行分类分区售卖，从食品到服装，从装饰品到实用器物，销售具有湖北特色的土特产品。将湖北旅游商店的品牌形象店设置于各大景区和诸如中百仓储、武商量贩、中商百货等超市，对提升湖北旅游品牌形象将起到积极作用。

二、扩大湖北少数民族非遗文化影响力

（一）营造适宜的非遗产业化宏观环境

1.增强非遗产业化的观念认识

发展文化产业是市场经济条件下繁荣社会主义文化、满足人民群众精神需求的重要途径。要发展非遗产业化，必须增强非遗产业化意识，从政府要员、属下各厅委相关负责人、民间团体到非遗传承人、普通群众，都要将以前片面强调文化产品的意识形态属性转变成不但要讲意识形态属性，而且要讲产业属性：将"文化只是文化"的"小文化"观念转变为"文化也是经济"的"大文化"意识。

2.完善非遗产业化运行机制

非遗的产业化运行机制，有其科学的规律性，只有遵循科学机制，才能更好地实现产业化。市场经济学原理的精髓，就是市场对资源配置起基础性的作用，最大可能地减少行政干预手段。加快非遗的物质化转变，加快非遗相关事业单位或个人的企业化改造进程。

3.促进非遗生产性保护与产业化发展机制耦合

保护与产业化协同发展。非遗是一个需要在特定文化空间生存的具有地域性、特殊性、濒危性的活态文化因子，合理、规模化的保护开发必须经历市场化，需要政府、传承人、企事业单位等社会各个层面的协调配合。相关产业资源的配套发展，包括公共服务体系（平面、电视、网络媒体，普及基础教育国际交流，产品评估咨询，项目研究基地和培训基地）、技术介入（提炼、制造核心文化符号的不同形态，营销经营）、实体产品（旅游景区、影视和演艺作品、博物馆或文化馆、纪念品、主题文化活动）等层面。每个层面的不同点都可以根据具体非遗项目的特点对接实现规模化、标准化、专业化和可持续化进程。传承非遗项目核心文化内涵和技艺，开发具有地方、民族特色和市场潜力的文化产品和文化服务。与此同时，注重市场的消费需求。例如，传统的鼻烟壶是完全没有市场的，为了适应新的消费需求，冀派内画传承人在工具、题材和材料等方面都进行了创新，开发了肖像鼻烟壶，以及盛香水的鼻烟壶，使这些产品在国外的销量很高。

4.发挥全社会对非遗项目宣传展示

利用各级媒体多管齐下进行非遗项目的宣传推广。开展形式多样的非遗项目展演、赛事和研讨活动。从普通群众到村文化室、乡文化站、县文化馆、市省群艺馆，形成从下到上的一个完整的非遗宣传阶梯。文化事业单位可以通过举办演讲、歌曲、文学作品、宣传橱窗、馆办报刊活动等形式进行宣传，也可以通过举办民间艺术节、民间艺术展览、组织比赛、开展系列活动，深入百姓生活，还可以组织志愿者队伍，扩大宣传面。

（二）加大非遗产业化的政策支持

非遗产业化的发展需要政府政策因地制宜，因项目制宜，大力引导、支持。

1.引导非遗资源的有效保护与合理开发

非遗资源是产业化发展的根基和源泉，离开了资源，产业便成为无源之水、无本之木。政府对历史资源加以有效保护，保证其不会在开放利用中受到损坏、歪曲和流失，是推动产业化发展的重要前提和保障。这项工作单纯依靠企业运作和市场调节，是难以实现的，而必须依靠政府的政策来提出明确的要求和严格的规范，才能使非遗资源得到有效地保护与合理的开发，同时也才能使公共文化资源不被垄断、实现共享。

2.规范非遗产业市场秩序

由于市场在配置资源的过程中具有一定的自发性和盲目性，一些非遗企业在追逐利益时往往会不守规则、不择手段，从而导致恶性竞争和无序发展。因此，政府就要通过制定相应的政策法规来规范企业的行为和市场的秩序，防止出现为追逐短期的利益而放弃社会责任的假冒伪劣和侵权盗版等不法行为。特别是出台版权和知识产权保护方面的法规政策，对于非遗产业具有更为重要的特殊意义。

3.优化非遗产业发展环境

非遗产业在发展的初期和市场体系不完善的情况下，难以完全依靠市场有效地配置资源，同时，在信息不对称、权力不对等的情况下，所进行的"优胜劣汰"也往往缺乏公正性与合理性。因此，必须由政府制定政策，来进行必要的修正、引导和调节，尤其是对新兴业态和中小企业给予必要的扶持，为其营造有利发展、公平竞争的环境。

4.完善融资政策和财税政策

结合湖北实际，尽快出台鼓励和扶持非遗特色产业政策措施，建立非遗产业发展专项基金，加大非遗产业政策支持力度，全面拓宽非遗产业化融资及筹资渠道，建立多渠道、多形式的资金来源体系。积极发展各类民间协会、非遗理事会等，鼓励社会赞助和吸纳民间资本。同时。对中小非遗企业给予减免税。非遗特色产业企业每年新增税收部分留给企业或建立非遗产业发展基金。用于非遗特色产业生产企业和拟生产企业保护、传承和产业发展，其涉及的税收、土地和产权界定等政策性问题和历史遗留问题给予政策上的扶持，以更加充分地调动非遗生产企业的主观能动性，积极争取国内外和社会各界的广泛参与，提升企业竞争力。

三、促进优秀少数民族非遗文化的传承

（一）给予精神关怀和人文关怀

以人为本的原则要求我们关注和尊重传承人的需求，不能以妨碍传承人的生产生活为前提来保护非物质文化遗产。非物质文化遗产保护的工作是希望项目传承人在教授自己挚爱的技艺的同时也能够获得精神上的满足。在保护传承人的工作中树立一个正确的科学的理念非常重要。尊重并遵从非物质文化遗产发展内在自然规律，不要人为地做出刻意的努力去改变这种内在演变的过程。这需要社会各界共同努力，去帮助人们对传承人和他们所传承的非物质文化遗产的重要价值有一个更清晰的认识，从而让更多的群众自发地把非物质文化融入生活生产中去，奠定好非物质文化遗产保护的群众基础，创造一个适合非物质文化遗产传承发展的环境。

（二）维护传承人的社会地位

传承人作为整个非物质文化遗产传承环节上的一个关键因素，他们的社会地位却日趋边缘化这是我们现在面临的一项重大挑战。只有政府部门和社会团体从宏观的角度来规划非物质文化遗产传承系统，才能看到濒危的传统文化所具有的历史文化价值，才能进行有效的系统抢救和保护。宏观的展望一方面可以避免重复无效的保护，减少不必要的开支，另一方面也能够更加科学地把握传统文化发展的前景。政府部门可以给在非物质文化遗产保护工作中做出突出贡献的传承人，应定期和长期地给予表彰和肯定，这样才能进一步提升他们的声望，增强非物质文化遗产传承主体的影响力。只有尊重传承人才能调动和发挥传承人的积极性，帮助他们形成发展民族文化的自觉性，从而发挥代表性传承人的影响力，唤起全社会对非物质文化遗产保护的意识。这是做好保护工作的基础，同时也是形成和谐社会氛围的重要途径。非物质文化遗产的保护不能忽视对技能、技艺中所蕴含着的民族文化价值、思维方式与文化意识等信息的传承。

（三）加强建设传统文化的价值

传统文化蕴含着一个民族发展壮大的点点滴滴，经过历代的洗礼，文化遗产被传承下来是最精华的部分，这是各民族发展历史上物质财富和精神财富的综合。加强非物质文化遗产的文化产业发展，在推动文化发展的同时挖掘其中的经济价值。文化有物质和非物质两种形态，传统文化我们可以对其进行重构和变革、创新和发展，但对文化遗产不能随意更改只有维持其原有状态才能保证文化遗产不会消失。在传承传统文化之时加入新的文化元素可以使其多样化，但是文化遗产一旦消失就无法重新构建。在保护非物质文化遗产的工作当中无法回避这一难题。传承人作为非物质文化遗产演绎与传承的载体，他们不仅需要得天独厚天资来习得那些博大精深的非物质文化，更需要持之以恒的努力来传承精湛的技艺。

四、增强民族文化认同与民族凝聚力

（一）与历史文化名镇建设相结合

长阳县有不少历史名村、名镇。如资丘镇就是该县土家族聚居的历史镇，该镇还保留了许多古村落。在保护和开发中，要尽量保留土家族传统文化：一是要尽量恢复古街区、古建筑和名胜；二是要注入鲜活的民族民间文化内容，使古村、古镇从形式到内涵都表现出自身的特色。可在古镇中建民间文化街、风味小吃街、民族工艺品街，并通过政策把身怀绝艺、绝技的民间艺人分期分批引入，让其在这里传承民族文化、开发民间工艺品，不仅使这里成为民艺的传习中心，也成为展示民族风情的景点，提升历史文化名镇的品位。

（二）与旅游资源开发相结合

长阳县自然旅游资源和人文旅游资源都十分丰富，自然旅游资源和人文旅游资源的巧妙融合是当今旅游业打造旅游品牌的发展方向和普遍的做法。长阳县在开发旅游资源和打造旅游品牌时应重视自然与人文的融合，这种融合不仅丰富了景点的内容，使旅游景点锦上添花，还是保护和传承民族传统文化的极好途径。

（三）与生态环境保护相结合

民族传统文化保护必须同时保护好民族文化赖以生存的生态环境。任何民族的文化都有其生态背景。民族的生产方式、生活方式、民居建筑、民族性格、思维特征、审美情趣等等，都与地理生态环境有密切联系。因此，在开展长阳县土家族非物质文化遗产保护的同时应抓住国家西部开发和新农村建设的机遇，狠抓生态建设，重新协调人与自然的关系，挖掘土家族民间生态文化智慧，通过生态重建来保持土家族传统文化的延续。

（四）与精神文明建设相结合

当地为挖掘民族传统文化资源，近年来该县 11 个乡镇都举办了"女儿会""四月八""六月六""牛王节"等文化艺术节，既丰富了人民群众的文化生活，也促进了这些地区的精神文明建设。

（五）与少数民族教育相结合

该县教育行政部门可以加大土家族民族民间文化在小学、初中、高中的教学内容，乃至扩展到该县干部培训的教学内容之中。当前有一种怪现象，即外国传入的节日受到学生的普遍认同，而对自己民族的传统节日和文化却一无所知。其中的原因很多，但一个重要的原因是学校教育与民族民间文化传承出现了断层。因此，把民族民间文化纳入各级各类学校的教学中既是传承民族民间文化的需要，也是对学生、干部进行素质教育，培养少数民族群体爱国主义精神和民族自尊心的需要。

五、带动少数民族乡村文化振兴

（一）政府保障

非物质文化遗产保护是一项长期而艰巨的系统工程。作为民族区域自治地方政府，不仅掌握着行政资源，还拥有政策的制定权和执行权，而且文化保护所需要的经费，大部分也需要依靠政府拨款。因此，在非物质文化遗产保护工作中，政府发挥了重要的保障作用，主要体现在：统筹规划和执行、政策和立法保障、资金保障等方面。

1. 文化生态保护区规划

根据长阳县传统文化资源的分布现状，绝大部分非物质文化遗产资源集中在资丘、榔坪、渔峡口、都镇湾和贺家坪这五个乡镇。近年来，长阳县政府对建立长阳土家族文化生态保护区的原则、目标、内容、步骤作出明确规定，使长阳土家族传统文化濒危品种和主要特色品种得到有效保护，初步建立起比较完善的传统文化保护制度和保护体系，在全社会形成自觉保护传统文化的意识，实现传统文化生态保护工作的科学化、规范化、网络化、法制化。

2. 实施非物质文化传承计划

根据长阳县非物质文化遗产资源的濒危情况制订传承计划，具体措施有：

一是建立民间文化资源库，在全面普查的基础上展开了对传统文化资源的进一步挖掘整理工作，运用文字、录音、录像、数字化多媒体等现代化手段，对珍贵、濒危并具有历史价值的非物质文化遗产进行真实、系统和全面的记录，建立长阳县民间文化档案和数据库。

二是设立传统民间艺术薪传奖，扶持和奖励为民间艺术传承作出突出贡献的传受者和承袭者，分别授予"民间文化传承人"和"民间文化薪传奖"等称号，并给予适当的物质奖励。

三是建立民间文化传承教育基地。长阳县的非物质文化遗产传承基地，不仅在当地非物质文化遗产的传习、创新和研究工作中发挥了重要作用，同时也作为非物质文化遗产项目的宣传和展示中心，促进了长阳优秀传统文化的对外交流。

四是开展民间艺术展示活动，定期举办乡镇文化节和民间艺术大赛，以促进非物质文化的传承。资丘镇通过举办土家族撒叶儿嗬大赛，将撒叶儿嗬这一土家民间祭祀歌舞正式搬上群众文化的舞台，有来自湖北长阳、五峰、巴东及四川、重庆等地共18支代表队热烈响应。在资丘举办的全县长阳南曲、长阳山歌师徒大赛中，有来自全县170多名山歌、南曲艺人参加了比赛，其中年龄最大的88岁，最小的10岁。通过比赛，有20多名师徒分别获得了"带徒传艺奖"和"学艺有成奖"。

五是在全县中小学开展民间文化进校园活动，逐步将体现民族精神和民族特色的优秀非物质文化编入地方教材或地方课程，并聘请优秀文化传承人为兼职教师，开展教学活动。

3.制定地方性法规和实施细则

（1）制定民族民间文化校园传承管理办法

根据《长阳土家族自治县民族民间传统文化保护条例》第二十二条关于"教育行政主管部门和各级各类学校，应逐步将优秀的、体现民族精神和民间特色的传统文化内容编入地方教材，聘请民族民间文化传承人为兼职教师，开展教学活动"的规定，长阳县民族民间传统文化保护委员会制定了《民间文化校园传承管理办法》。该《办法》对编入校本课程的民族民间文化范围、民族民间传统文化传承资格的取得以及校园传承活动的监督等方面作出明确规定。

（2）制定民族民间文化传承人认定与管理办法

为有效保护和传承民族民间传统文化，鼓励和支持传承人开展传习活动，长阳县民族民间传统文化保护委员会出台了《长阳土家族自治县民族民间文化传承人认定与管理暂行办法》，对传承人的申请和认定条件、评议程序以及传承人应履行的义务作出具体规定。同时，该《办法》还明确规定由县人民政府设立专项经费，"男性年满65周岁、女性年满60周岁以上的非物质文化遗产项目代表性传承人，可申报高龄民间艺人生活困难补贴"的制度，将发放生活补助的范围从原来的国家级传承人扩展到国家、省、市、县四级项目代表性传承人。

（二）民众参与

广大民众是非物质文化遗产的创造者、享用者和传承发展者，也是实现民族传统文化传承与发展的真正主体。民众的范围包括三个方面：一是非物质文化遗产的传承人；二是由当地文化人组成的民间社团组织；三是社区群众。

1.传承人

传承人是传承和保护非物质文化遗产的重要主体，同时也是非物质文化遗产的重点保护对象。非物质文化遗产作为一种活态的文化，需要依附特定的区域或空间而存在，并通过个人或群体的活动表现出来。也正基于此，作为通晓民族传统、熟练掌握民间技艺的传承人，才被赋予"民族民间文化资源的活宝库"的地位，担当非物质文化遗产的重要承载者和传递者的重任。但随着社会的发展、经济环境的变迁，非物质文化遗产所依存的文化环境正逐渐消失，传承人的社会地位也日渐萎缩。

目前，大多数非物质文化遗产项目的传承人都面临年事已高、生活困窘的困境。从长阳县命名表彰的41名非物质文化遗产项目传承人的情况来看，大部分传承人的文化程度不高，小学及以下文化程度的传承人占总数的70.7%。

这一方面可以使他们较少受外来文化的影响而更多地掌握本民族的传统文化技艺，但另一方面也让他们在现代社会中失去其他的发展机会，逐渐处于弱势地位，生活状况陷入窘境。从年龄结构看，55岁以下的传承人仅有5人，占传承人总数的12.2%，而65岁以上的传承人有20人，占传承人总数的48.7%，传承人面临青黄不接的断档危机。在这种条件下，仅仅依靠传承人的个人力量，发挥其在传承非物质文化遗产中的主体作用是不现实的，还必须借助其他社会力量，如政府、社会团体等的支持和保障才能共同实现。

目前，传承人的参与作用主要从静态和动态两个方面来实现：

静态方面主要是利用数字技术、文本记录、录音和录像等方式将传承人所掌握的传统技艺、口述文学、表演艺术等非物质文化遗产项目以数据库、资料库、博物馆的方式永久性保存。如长阳县民族民间传统文化保护中心对各种当地民间文化艺术形式采用录音录像的方式进行分类搜集，制作成资料片进行推介和保存。现已录制完成了《土家族女民间故事家孙家香》《长阳山歌》《长阳南曲》《土家吹打乐》《十五溪故事》《土家族撒叶儿嗬》《长阳花鼓子》《长阳情歌》及《土家风情》等民间艺术的电视专题片。

动态方面主要为培养传承人。据长阳县民族民间传统文化保护中心统计，全县接受撒叶儿嗬、花鼓子培训的老师、学生达 1400 多人，会弹唱一首至两首长阳南曲的老师、学生近 80 人，会唱一首或几首长阳山歌的老师、学生达 1200 多人。

2. 民间社团组织

长阳地区的民间社团较为发达，除文联各协会外，还先后建立了"民间老艺人协会""长阳民族文化研究会""县奇石协会""县老年书画研究会"等群众文化组织。其中影响较大的是"长阳民族文化研究会"，它也是湖北省境内最早的县级民族文化研究社团，其成员主要为一些热爱民族文化的本土学者。

一方面，他们和非物质文化遗产的传承人一样生于斯长于斯，都熟悉本地的历史沿革、风俗习惯、方言俚语等传统，因此，他们可以作为政府和传承人之间的纽带和桥梁，有效地防范为片面追求经济效益而滥用文化资源情况。

另一方面，文化传承人通常是因为兴趣嗜好而从事并熟练掌握某种或数种民族民间传统文化事项的，他们受自身文化程度的限制，并不一定能清楚地意识到所传承文化的价值以及传承文化的社会意义；而由本土学者组成的民间社团组织，因为工作职责、知识水平的不同，更能站在文化自觉的高度来看待本民族文化的传承和发展问题。他们不仅在民族文化的挖掘、搜集、整理工作中发挥了重要作用，还能自觉对本土的文化遗产资料进行深入研究。建国以来，长阳本土学者出版研究著作 30 多部，研究论文和调研报告 100 余篇，这在少数民族自治县是少有的创举。

在长阳县政府的支持下，这些社团组织还广泛整合社会资源，经常举行文艺表演活动、经验和学术交流活动，不仅丰富了当地群众的文化生活，也为非物质文化遗产的保护、传承、开发和利用等问题提出了许多有益的意见和建议。长阳县的一些传统艺术表演团体，如"长阳民俗艺术团"，是当地传统舞蹈、传统音乐、曲艺等表演艺术形式的传承及展示的重要场所之一，他们对非物质文化遗产的传承和保护也起到积极的促进作用。

3. 社区群众

基层社区是长阳县各民族和各地方社会生活方式的主要基础，是各种民间文化艺术得以产生、传承和发展的土壤。非物质文化遗产的保护离不开群社区群众的自觉自愿参与，否则，就失去了活态传承和保护的应有之义。在促进群众参与方面，长阳县的做法主要是通过举办乡镇文化节、文艺会演等形式，实现民族民间传统文化艺术的交流、传承和展示。

案例：2018 年 10 月 18 日，以非遗节目展演结合精准扶贫、文旅发展及特色文化产品推介为主题的资丘镇第 43 届民族文化节如期举行，聆听土家儿女激昂奔放的高歌，见证民间艺人下里巴人的情怀。自 1976 年启动民族文化节，43 年的坚持，资丘传统文化从农村走进社区，从村寨走进课堂。43 年的传承，资丘人的生命力，已融入传统文化的血脉。原汁原味的民族文化成为土家儿女的精神食粮，热情奔放的乡村特色呈现资丘人民的文化魅力。

20 个村（居）和政府机关、镇直单位共 30 支代表队近 300 演出人员参与表演节目 42 个，市、县相关部门也组队前往现场演出助兴，多家媒体采访报道同步并网上直播了这一民族文化盛事，当日点击量达 30 万次。通过这些群众文化活动，不仅丰富了广大人民的文化生活和精神需求，而且也为他们参与民族传统文化活动提供了良好的氛围和途径。

（三）企业合作

非物质文化遗产保护工程需要投入大量资金，单纯依靠县财政的拨款不能完全满足保护工作的需求，一旦经费得不到落实，就会导致相关保护进度的贻误。因此，长阳县选择走文化产业化的发展道路，与企业合作，将优秀的传统文化作为旅游资源进行开发，用文化提升旅游的品位，以旅游促进文化的保护发展。在旅游发展中，长阳县把全域旅游作为主攻方向，将文化旅游融入城乡发展特别是乡村振兴、脱贫攻坚之中。第二届"土家女儿会·清江早茶香"早茶开园暨 2019 长阳乡村旅游启动活动，"相约木瓜花海聚力精准扶贫"第十三届榔坪木瓜花文化旅游节，第三届磨市山胡椒采摘文化节等一系列文化旅游活动，不断提升长阳知名度，让更多的人了解长阳爱上长阳，带动休闲农业和乡村旅游发展，目前旅游直接从业人员近 2 万人，带动就业 10 万人。

文化旅游业是典型的形象经济、品牌经济。近年来，长阳县旅游积极主动向高质量一体化发展，瞄准游客差异化体验需求，组织县内 3A 以上景区及部分星级酒店参加在荆州、荆门举办的 2019 "爱上宜昌春暖花开"大型推介活动，参与省文旅厅 2019 "花点时间惠游湖北"全域旅游惠民等活动，精准开展形式多样的宣传营销，力争让游客没来的想来、来了不想走、走了还想来。在做大做精"景美"的同时，长阳县还着力推动"人美"。此次文化和旅游机构改革中，长阳县按照"有文化、懂旅游、会管理"的原则，选优配强行业管理、综合执法和企业相关经营管理人员，唱好长阳好声音、讲好长阳好故事，努力让每一个人成为文明旅游的践行者。通过一系列新举措完善文旅融合发展体制机制，努力构建文化热、旅游火、百姓富的新格局。在经济利益的刺激下，许多快被遗忘的民间传统文化得到恢复和发展，供游客参观、学习，从而使土家族传统民间文化的传承和发展重现生机。

（四）教育培育

在非物质文化遗产的保护与传承过程中，教育扮演了非常重要的角色。随着现代化进程的不断推进，传统的自然传承方式正不断受到挑战。因此，必须积极寻求新的教育培育方式，才能为现实条件下非物质文化遗产传承的困境找到出路。

1. 家庭传承

家庭是个人社会化的重要场所。家庭中父辈的知识信仰、价值观念、兴趣爱好等都会对子女产生潜移默化的影响。家庭教育是维系民族传统文化自然传承状态的主要方式之一，对民族文化的延续和发展起到重要的作用。许多非物质文化遗产的传承人，之所以选择从事民族文化活动，除了个人的兴趣爱好之外，都或多或少地受到父辈们的熏陶和影响。有些传统手工艺、医药技术等专业性的较强的行业，至今仍只在有血缘关系的人们中进行传习，有的甚至传男不传女。

"我学跳丧主要和我爸爸的影响有关系，他是我们这个村子里面能叫鼓的几个歌师之一，以前还到县上参加过表演的。跳丧不像一种别的艺，不是师徒传承的，平时学人家也有蛮多机会，不是随便教人的，都是在丧鼓场上跟到混出来的。过去邻近有人死后，肯定要打丧鼓，都是通宵达旦的，我们就在旁边看，看得多了，不免脚痒，当跳到下半夜时，会跳的人都跳得筋疲力尽，我们就去换他们一下，过一下瘾。有时我爸爸会教我，这样混的次数多了，也就自然会了。叫鼓是最不好学的，主要靠悟性，再要胆大、敢混，没有诀窍，就是鼓点歌声跟着人们的情绪走。但是技巧那些方面，我爸爸还是比我掌握得多一些。虽然我喜欢跳舞，但是如果没有他的影响我不见得有机会学习'跳丧'。"

据某老师介绍，目前比兹卡民俗文化村表演队伍里面有大部分的人是老民间艺人的后代。

"他们从小受祖辈、父辈的熏陶，对民族文化有很深的感情，所以在我这里工资待遇不高，还能坚持十多年，这在别的很多地方都是不可能做到的。""每年过年放假的时候，我都给他们布置了任务的，要他们有条件的就向家里的长辈那里学些山民歌带回来。加上我之前搜集的山歌，今年还准备搞个一百首民歌工程。"

但如今，随着社会的变迁，传统家庭的教育功能也逐渐弱化了。在长阳许多乡镇，近些年外出打工的人逐年增多，他们无力照管和教育子女，只得将教育的责任托付给学校。目前，许多乡镇的中小学，孩子们都是住校的。因此，民族地区的学校教育就成为民族传统文化的新的传承途径。

2. 师传培养

有些传统文化项目对技艺要求较高，必须通过拜师的方式才能学会。例如长阳南曲作为一种坐唱艺术形式，它本身并不具备很强的表演性，主要依靠娴熟的演奏技巧和声情并茂的唱腔来吸引观众。传统的南曲老艺人大多从十三岁左右，就跟着师傅学习弹拨了。弹唱南曲都是口传心记的方式，而唱段一般从《渔家乐》开始学起。如今，长阳在几个文化资源集中的乡镇设立了文化生态保护区，并在保护区内建立传承基地、还制定了一系列带徒传艺的奖励政策。除了传统上就以师传方式流传的南曲、吹打乐外，其他一些因村落环境改变而失去传承场的民族传统文化也通过传承人带徒传艺的活动，培养了一批传习者。如资丘镇创建了"中国土家撒叶儿嗬传习基地"和"土家南曲传习宫"，经过近几年传承活动的开展，保护区内南曲艺人由原来50余人上升为120多人，撒叶儿嗬民间艺人由原来400多人上升到1800多人，其他山歌、吹打乐的民间艺人人数也有上升。

3.学校教育

当传统文化的自然传承方式在市场经济条件下遇到巨大挑战时，学校教育取代传统家庭教育的某些功能，成为传承和弘扬民族民间传统文化的新渠道。在许多民族地区，都有将优秀的民族传统文化纳入中小学教育体系的做法。

为推动学校民族文化教育的传承发展，发展少数民族优秀传统文化，两安瑶族乡沙坪小学经常开展民族文化进校园活动。活动中，老师耐心地给学生们传授"门唻歌"的曲调和唱法。学生们认真听，虚心学，跟着唱，一会儿工夫就掌握了"门唻歌"的唱法。在老师的殷切指导下，学生们将"门唻歌"唱得悦耳动听。通过这次活动，学校师生进一步感受到少数民族传统文化的魅力与价值，增强了师生保护和传承非物质文化遗产的责任感。

据悉，瑶族"门唻歌"，主要流行于长阳县两安瑶族乡思勤江沿岸的村寨，以沙坪村具代表性流传久远，至今已有四百多年的历史。凡节日会期、礼仪交往、劳动之余、朋友聚会等场合，都可以唱"门唻歌"，它以大二度和声出现为特点，要二人以上才能演唱，有人"飘"（即高音部），有人"和"（即衬托声部），高音拖腔特别长，风格明快活泼，给人一种意境悠远、热情而富有朝气的感觉，极富钟山瑶族特色。由于"门唻歌"结构严谨，曲调优美，体现了瑶族民间多声部音乐艺术水平，是瑶族文化多元性的象征，体现了多层次的文化遗存。

（五）学者指导

近年来，长阳县加大了与高校联合研究民族民间文化的力度，先后与华中师范大学、中南民族大学、武汉音乐学院、长江大学艺术学院、三峡大学等高校联合建立民族民间传统文化教学实践基地或民族文化科研基地。这些机构不仅对长阳地方非物质文化资源开展了体统的挖掘和记录，同时也对长阳地方的文化生态保护与社会经济发展提出许多有益的建议。

六、实践案例

恩施傩面具是傩戏表演时的必要道具，在恩施傩文化中有着"戴上面具是神，摘下面具是人"的说法，是沟通人与神的重要媒介。恩施傩面具集艺术价值、文化价值于一体，不但具有悠久的历史，而且在造型用色上有很强的民族与地域特征，在经济价值、旅游价值上也有充足的挖掘空间。

（一）恩施傩面具概述

1. 傩面具的基本概况

傩面具制作技艺已经纳入恩施州级非物质文化保护名录，现已进行一系列相关产品的开发，对恩施傩面具文化的宣传起到重要作用。恩施傩面具是恩施傩戏文化重要的物质载体，要想对恩施傩面具进行影像实践探索，并探究恩施傩面文化传承、推广的实践，需要从"傩"开始说起。"傩"是一种祈求安康的娱神舞蹈。傩戏表演者在进行表演时通过戴上面具变成鬼神，然后进行各种仪式和戏剧活动。早期的傩文化主要在中原地区流行，后来逐渐向边远地区转移并在那里得到保存和传承，边远地区的少数民族聚集地通常具有相对封闭的地理环境与文化氛围，所以傩文化反而保留着较为纯正的文化原貌。

2. 傩面具制作技艺

傩面具制作往往就地取材，适宜雕刻的白杨木和不易生蛀虫的香樟木是雕刻傩面具的主要原材料。傩面具在用色上也有讲究，用色极具民族特征和地域特征，上色多采用当地的植物和矿物颜料，还将恩施土家族尚红尚黑忌白的色彩观念融入傩面具色彩创作中，表现出强烈的本土化特色，并且具有较高的审美价值。在配色上对比强烈，具有较强视觉冲击力的同时又颇具设计感，创作者在傩面具色彩配置上，遵循冷、暖色结合的方法，使面具色彩形成鲜明反差。

恩施傩面具的造型丰富，有英雄、神将、丑角（图3-1）等多种脸谱。有单面傩面具、两面傩、三面傩、多面傩。

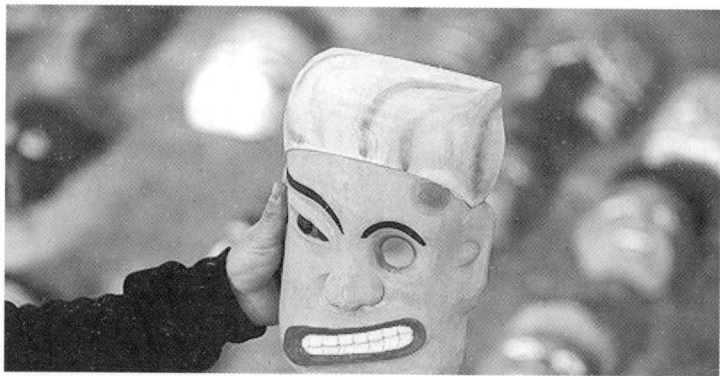

图 3-1　恩施傩面具

（二）恩施傩戏面具的影像记录实践

在数字影像技术飞速发展以及优秀短视频如雨后春笋纷纷冒出的当下，人们的审美水平也在不断提高，在产出优质视频影像的情况下，利用互联网短视频平台推广，产生的经济效益和宣传效果是极其可观的。相对传统的宣传推广方式，影像记录也具有多种优势。

1. 基本理念

纪录片拍摄以傩面具为主角，展示一块木头的蜕变，本着追求真实的拍摄原则，在拍摄前做了大量的音视频采访，了解傩面具的制作流程以及选材和工艺。

传统恩施傩面具是纯手工制作的傩戏表演道具，在原料选用上，主要是恩施本地产的白杨木和香樟木这两种常见的木材。白杨木是一种速生丰产树种，它具有适应性广、年生长期长、生产速度快等优点，加之白杨木木质疏松、木性坚韧，力学强度较高，耐腐蚀性强，硬度与强度适中，适合手工雕琢。而香樟木木材纹理细腻、切面光滑，木质重且硬，不易变形，带有强烈的樟脑香味不易生蛀虫，处理好的傩面具能保存很久。

传统的恩施傩面具制作步骤较多，并且极具仪式感，表达了人类对自然的敬畏之情，仪式上有敬土地神、敬树神与傩面具敕封等，在制作过程上主要有寻找木材、粗坯砍形、勾画轮廓、粗雕、细刻、打磨、上色、上光油等步骤。恩施傩面具分为傩戏表演用和装饰用，如果是表演用的傩面具，还需要对傩戏艺人进行授予面具的敕封仪式。傩面具制作工艺复杂，制作者常常需要进行数千张傩面的练习，才能使技艺达到炉火纯青的境界。傩面具的颜色，正面用传统颜料进行了绘制，还雕刻出了立体且夸张的五官，面部大于佩戴者的脸，背面则根据正面的五官位置形状进行挖空处理，在眼部钻出视线孔，耳旁钻孔系绳。表演用傩面具的厚度通常在一厘米以下，用以减轻重量，方便表演者佩戴。

2. 傩面具的影像记录基本路径与方法

随着城市化和现代化步伐的加快，恩施本地居民的文化生活也越来越丰富，傩戏的演出方式由传统的家庭还原仪式性表演逐步向在重大节日和仪式上进行表演，即使是本地人，想要见到传统的傩戏表演也并非易事。对于年轻人来说，老一辈人对傩戏更加熟悉。然而一个非物质文化遗产要传承下去，需要不断地有新鲜血液的涌入，需要让更多的年轻人感受到傩文化的魅力，让他们主动地加入傩文化的传承保护中。在互联网短视频兴起的今天，应该有效地利用各种互联网平台，以广大年轻人为目标用户，进行傩文化宣传与科普。因此，首先需要解决两个问题，第一是让年轻人知道傩文化，需要傩文化在当下让更多人看到。利用传统报纸、电视、书籍等载体进行宣传具有一定优势，但是在互联网飞速发展的今天，利用新媒体视频平台来宣传傩文化，成本和门槛都要更低，速度也更快，而且便于打造相关文化社群和圈子，在文化圈子的加持之下，也会有更多的人主动加入一个文化的普及中。第二是让年轻人喜欢傩文化。傩文化可以是一场傩戏、一张面具、一个故事，它也可以是电影、插画、游戏，或者成为一个潮流元素，传统的部分我们不能丢，但是亦不能放弃尝试新的方法，不能让陈旧的思想阻止我们展望未来。

恩施傩面具样式众多，近百张恩施傩面具造型各异，在角色配置上，大体可以分为正反、男女、老少等相对应的"二元"类型，并且每个面具所承载的故事、包含的寓意也不同，为了更容易被年轻人接受，拍摄中选取了阴阳台造型"魁星"面具，对于学生群体来说有金榜题名的寓意，以纪录片的拍摄方式，对傩面具的制作过程进行记录。

影像记录具有多种优势。首先，影像记录的方式相较于传统绘画具记录方式更具真实性。传统绘画的记录方式是基于视觉图像呈现在创作者眼中，然后创作者结合自身主观想法的再创造，不同于摄像机通过光学元件直接将图像数据直接刻录在储存卡中，只要保证摄像机的正常曝光和成像清晰，图像记录就几乎不会出现偏差，能够将被摄物体和场景做到最完整的还原。其次，采用影像记录能更加完整地呈现傩面具的制作流程，从选材到成品的一整套流程的每一个细节都能呈现给观众，傩面具的制作是一个较长的过程，每到关键步骤都会采用多角度的特写镜头展现其细节，本次拍摄以记录傩面具制作为主，粗坯砍形、勾画轮廓、粗雕等步骤选择在汪师傅工作室拍摄，并对过程中所用的工具进行了影像和文字记录，后期细刻、打磨、上色、上光油等步骤选择在恩施女儿城体验馆拍摄，并对参观人员进行了采访和影像记录。后期根据需要利用这些素材，在剪辑纪录片的基础上制作宣传用的短视频，发布于短视频平台进行推广。

近年来互联网短视频平台兴起，利用短视频平台发布短视频来推广、宣传、科普傩文化符合当下潮流趋势，更容易被受众接受。以抖音为例，其日均活跃用户量达到了 6 亿人次，视频日搜索量超过 4 亿，能够在产出优质的视频内容的前提下，产生一定的推广效果。为了产出优质内容，需要相对专业的拍摄器材和灯光布景，但是最重要的还是创意和文案，需要对短视频平台上的类似视频进行分析和学习，并且长期反复地对视频风格进行微调，以及找到适合本内容的互联网运营思路。抖音是一款音乐创意短视频社交软件，用户可以通过该款软件选择歌曲并拍摄 15 秒的音乐短视频来制作形成作品，而传统的傩面具制作步骤较多且用时较长，所以需要在剪辑上进行取舍，并融入一些表情包和音效，丰富视频的内容，能够为受众提供更好的视听感受。

（三）傩面具保护、传承、创新与新媒体融合的启示

在当下互联网飞速发展的视域下，短视频形式受到众多互联网用户的喜爱。基于恩施傩面具文化，依托互联网短视频平台，发布短视频，来传承、科普傩文化是有一定可行性的。传统师徒教学式传承傩面具制作技艺的方法具有一定优势，这种方式产生了优质的传承人，也保证了傩面具的质量，但是传播范围极小，仅依靠传统的技艺传承方式和传播媒介，了解傩面具制作技艺以及傩文化的人越来越少，因此需要更多主动去了解傩文化的人，并且加入对傩文化的传承和推广中，利用互联网短视频进行"量"的提升是一个重要的方向。

1. 保持傩面具文化的本真性

利用互联网短视频平台宣传傩文化具有一定的可行性，并且符合当下互联网短视频平台兴起的现实状况。互联网短视频平台为傩面具文化的传承传播铺垫了一条不同于以往的新路，在这条路上面临着无数的机遇，也面临着种种困难，包括缺乏相关的短视频平台运营经验，以及软硬件设施的搭建，同时数字媒介传播中如何保持原有文化的本真性是值得深思的。因此，如何让傩面具文化在适应互联网文化的情况下保持其本真性，是需要解决的重要问题，在利用互联网的同时，需要对傩文化的精神内核进行提炼，发掘积极的、正能量的精神内核服务于傩文化传承。傩戏是傩文化的戏剧表现形式，在利用互联网短视频平台进行推广时，需要将最真实且传统的部分进行展示，如面具的用色、造型和故事，在

展示时也需要有所保留，保证它的不可复制性。在傩面具制作上，要保证制作的原料、工艺的传统性，也需要结合时代特点进行创新，与现代化生活与审美相结合，优化制作过程，提升面具品质和制作效率。

2.融合时代需求的创新性

在新媒体短视频平台兴起，短视频艺术形式受到广大人民群众喜爱的今天，越来越多的普通人从观众变成了创造者，尽管内容产出的质量参差不齐，但是依旧产生了大量的优秀视频以及作者，他们积极发挥主观能动性，结合互联网和传统文化进行创新，如火遍国内外的李子柒，在结合中国古典审美的汉服文化和中国传统美食文化后，她成功地走向了世界。李子柒的方法是具有一定借鉴意义的，尽管有人质疑她的衣服不符合历史、她的食物不够传统，但是在传播中华文化这件事情上，她作出贡献的事实不会改变。

傩文化在借助互联网进行宣传时，也应该从受众出发，研究他们所喜闻乐见的内容，与优秀傩文化相结合并加以艺术加工，加强与受众的互动，以积极正能量的内容取得广大受众的认可，严格把控文创产品的质量，然后为地方经济发展产生积极影响。视频播放量是基础，决定着视频是否被大众接受和喜欢，恩施傩面具利用互联网平台宣传还有很长的路要走，内容被受众接受和喜欢也不是一蹴而就的，随着互联网文化不断发展，传统的东西远没有互联网那么有吸引力，但是互联网也给了我们机遇，使利用互联网短视频平台科普和传承傩文化成为可能。

通过全程记录傩面具的制作案例了解其选材用料、造型上色等制作流程，并挖掘其艺术价值、人文价值、商业价值。恩施傩面具独特的造型和色彩属性对于影像艺术有重要的取材价值，同时所蕴含丰富的文化内涵和故事传说，对数字影像艺术创作也具有一定的参考与借鉴价值。恩施傩面文化的未来一定是美好的，在互联网短视频兴起的背景下，这将是恩施傩面文化传承、保护与创新发展的契机。

第四章 湖北少数民族非遗的高校教育传承模式的原则

第一节 校本性原则

校本课程也称为"学校本位课程"或"学校自编课程"。校本课程具有悠久的历史渊源。但是，作为一种明确的教育课程理论，校本课程是在 1973 年由菲吕马克等人在爱尔兰的一次"校本课程开发"国际性课程会议上提出的，校本课程概念也就由此产生。

一、课程目标的设定

课程的编制依据课程目标而执行，课程目标的制定式课程开发的首要任务。基于地域文化的校本课程目标的出发点与落脚点在于地域文化的传承及其育人价值的实现，不能止步于实体技能的单纯的获得，课程目标应该更加多元化。

1. 知识与技能目标

基于恩施州地域文化的特点，在知识与技能层面的目标设定要扎根于本地文化的认识与文化育人价值功能的发挥，其主要可以从知识目标和技能目标两个方面进行设定。目标设置要基于恩施州地域文化内容的特色与差异来进行设置。

2. 过程与方法目标

过程与方法的习得是教学中极为重要的课程目标。基于恩施州地域文化的校本课程的开发并非单纯只是对恩施州地域文化有一个概念上的认识，更多的是通过学生生活中的知识的学习养成思维与素养。以学生为主体，注重学生能力的形成，在课程目标的设置中不要仅限于"了解""知道""懂得"层面的设定，要注重学生过程与方法的习得，加强"比较""分析""归纳"等目标行为词的呈现。如在认识恩施州地域文化内容的过程中，比较恩施州与其他地区以及恩施州各区域之间地域文化的差异，联系恩施州的自然与人文环境因素，分析形成这种差异的原因；在"民族与人口"的学习过程中，通过民族地域分布以及恩施州聚落的分布特点，归纳影响人口分布与聚落形成的因素；从恩施州的民居建筑、饮食风格、日常生活习惯等中发现生活中的常识，加强对比学习法在学习过程中的运用；

通过恩施州新农村建设、民族旅游的发展的信息搜集与整理，分析恩施州农村建设与旅游业发展的现状与问题，运用可持续发展观，提出可行性解决办法；通过恩施州不同社会问题的讨论与交流，分析人类活动对恩施州自然环境的影响，在此基础上形成表达、写作等基本方法与能力。

总之，对于课程目标的设置，要从学生发展的角度进行创设。要以促进学生的全面发展为本，考虑学生的具体需要，关注本校学生的兴趣和特长，把学生个性的发展作为校本课程的目标之一。

3.情感态度价值观目标

情感态度价值观目标的实现难以以特定的教学内容进行衡量，更多的是在潜移默化中得到强化。基于恩施州地域文化校本课程情感态度价值观的养成也是如此，通过地域文化价值的认知而增强学生的文化观、环境观与发展观。从某种意义上来说，校本课程的开设就是情感态度价值观实现的一种途径。在进行校本课程目标的确定时，我们需要从通过不同文化内容的学习以及不同的视角来实现学生情感态度价值观的养成。如让学生参与到校本课程的开发中，在自主参与以及共同学习的氛围中激发学生探究问题的兴趣与动机，养成求真、求实的科学态度；通过对民族歌舞、民族工艺品以及民居建筑的赏析，提高鉴赏美、欣赏美的能力，形成审美观；通过对家乡地域文化的了解，增强对家乡文化的好奇心，学会发现与认识生活中的常识，发现学科的价值；在对比学习的过程中发现本地区、本民族文化的差异性及其形成的因素，促进对多元文化的接纳态度的养成，尊重本民族文化与他民族文化，形成多元文化认同与国际理解态度；通过认识本地区长期发展过程中所形成的环境观或出现的环境问题，形成尊重自然环境与文化环境的意识，保护自然、爱护环境、与自然和谐相处的责任感；通过对恩施民族旅游业等新兴产业的了解与发展现状的认识，形成经济发展与环境相协调的发展意识，形成可持续发展的观念；通过校本课程的创设与参与，学会关心学校文化，爱护学校自然与人文环境。

二、课程内容的选择

恩施州是一个少数民族聚居的地区，地域文化差异明显，各具特色。在课程内容的选择上，除了独具特色的自然风光，以土家族苗族为主的少数民族文化与以巴楚文化为代表的历史文化因素都为课程内容的选择提供了大量的素材。

（一）以吊脚楼为例的民族建筑内容的校本课程开发

中国的民居建筑在建筑风格上有着极大的地域文化差异，民居建筑的存异为中国建筑文化添上了浓墨重彩的一笔。民族众多、幅员辽阔是形成民族风格迥异、南北地区差异化的民居建筑风格的主因。蒙古包、苗洞、四合院、马头墙、江南园林、骑楼等不同民居景观都是不同文化的象征。要真正地认识与了解不同地区、不同民族的文化，首先要学会欣赏他们所创造的显性符号文化——民族建筑。作为土家族、苗族的代表建筑吊脚楼，蕴含着土家族、苗族先民们的建筑思想与文化内涵，有着深厚的育人价值。

从建筑布局与风格来看，吊脚楼一头立上，一头吊在砍下的布局与两面坡式的建筑风格，不仅凝聚着恩施州先民的智慧，还揭示着自然环境对地方文化的影响，包含着自然环境与人们生活环境的紧密联系。恩施州人民世代居住在武陵山区，以山地为主的环境使得土家人、苗人不得不坐山靠山，住山吃山。这也是造就恩施州吊脚楼文化形成与发展的自然条件。从建筑布局上来看，悬吊在平规与地坎间的吊脚楼自成两层楼房，上层住人，下层设有牲畜栏圈的空间布局，与山地的高低完美融合。顺应了山高坡陆、地势不平的恶劣自然环境，是人们选择适应自然条件的结果。从建筑风格方面来看，两面坡式的建筑风格相较于平顶的建筑样式更适合山地气候，不仅有助于楼顶的排水，还有助于房屋的通风，减少房屋木头的腐烂概率，可以说潮湿多雨的气候造就了吊脚楼风格的形成，也可以说是自然环境影响人类生活环境的一种表现。总之，以吊脚楼为代表的民族建筑是恩施先民尊重自然、与自然和谐相处的表现，背后所蕴含的教学学思想有助于学生更好地理解人地关系，养成人的和谐发展观。

从建筑格局与建筑材料的选择来看，吊脚楼不仅是人们顺应自然环境的结果，更凝聚着恩施先民的生活智慧与因地制宜的思想。从建筑格局方面来看，吊脚楼上下两层并非全为人们所用，第一层主要用于圈养牲畜，这种上下两层各自不同功用的划分并不仅是为了增加房屋的利用率，更是人们为了有效避免山地湿气困扰的一个明智之举，不仅如此，人畜上下而居的格局还有助于抵御野兽等的外来风险。从建筑材料的选择方面来看，吊脚楼的材料全部来自围绕在其左右的森林，木料是其唯一建造材料，导致吊脚楼呈现出一种纯木质结构主要是由于山区交通条件的落后限制了材料输入而就地取材的结果，在充分利用自然资源的基础上，规避了材料运输的困难。从以上两个方面不难看出，吊脚楼的存在不仅是自然环境对民族建筑影响的结果，还是人们智慧的结晶，包含了人们在解决问题过程中因地制宜思想在人类活动中的体现。有助于学生问题解决能力的反思以及因地制宜意识的形成。

从审美与发展的角度看，吊脚楼是一种美的象征，还是一种精湛技艺的代表，可以从生态美，艺术美、建筑学等不同角度去审视它的美与发现它的价值，反思如何在时代发展的过程中留存与发扬这种美与艺术。从审美角度来看，相比钢筋混凝土的现代建筑，吊脚楼与恩施州的自然生态环境更加地相得益彰，与恩施州的文化氛围与气息相互融合、相互渗透，纯木质的房屋外观与建筑风格与这座山城更加完美地契合，是一种生态美。吊脚楼还是中国建筑艺术的一种代表，不管是房屋的总体风格，还是细节上的处理都极其用心，尤其是恩施州吊脚楼的窗户的雕花与镂空设计更是锦上添花，对吊脚楼的认识，不仅能加强学生对吊脚楼与自然环境关系的认识，还能陶冶学生发现美、审视美的能力。从发展的角度，随着相对封闭状态的打破，经济条件的不断改善，吊脚楼群在恩施州的踪影已经越来越少，一座座水泥楼房逐渐代替原本与那些群山相依的木质楼房，吊脚楼的建造工艺也在随之失传，人们在后知后觉中逐渐意识到吊脚楼的存在的意义及其在建筑学上的价值，引导学生在对恩施州吊脚楼发展现状的基础上进行问题陈述与提出解决相关问题的设想，不仅能形成问题解决的能力，还能养成保护生活环境的意识。

（二）以饮食文化为例的民俗风情内容的校本课程开发

俗话说"民以食为天"，足可见饮食与人们的生活息息相关。饮食作为日常生活所必须得到满足的温饱条件，随着人类的产生而产生，并形成了源远流长的饮食文化。随着时间上的流变与空间上的差异，各国、各地区的饮食在地域上也表现出极大的差异，如我国一直就有"南米北面"的说法，口味上又有"南甜北咸，东辣西酸"之分。晋朝张华在《博物志》中说："东南之人食水产，西北之人食陆畜。"这一切都道出了我国饮食文化因环境的影响产生差异的现象。将饮食文化作为恩施州民俗风情类资源的代表来进行校本课程的架构，主要是因为饮食文化与环境有着千丝万缕的联系。

饮食与人民生活与生存密切相关，由于自然环境、气候条件、民族习俗等的地域差异，各地区和各民族在饮食结构和饮食习惯上各具特色，这也导致我国饮食文化呈现出复杂的地域差异。恩施州的饮食则形成了独具特色的土家饮食特色，材料主要以大米辅以薯类以及野生物种为主，口味则为"酸辣、咸腊"为特色，这与当地的自然环境有着密切的关系。

从饮食结构来看，自然环境的差异与饮食文化差异是成正相关关系而存在的。恩施人民"靠山吃山"，择食多就地取材。山多地少、地势起伏大的自然条件导致恩施州可用耕地面积十分有限，地势落差大使机械化生产成为了不可能，粮食产量极低。然而，长期的山区生活促使当地人民很好地适应到大自然，为了填补可用农地少、人均产量低的不足，勤奋的恩施州人民充分利用山地资源，种植适宜山地生长的土豆、红薯、玉米等粮食产品，以满足自身日常生活的需要。于此，土豆等粗粮成为了恩施人民的主食，在恩施人民的菜单中，土豆不仅可以作为五花八门的菜品存在，也可做成风格各异的主食，在恩施人民的生活中，没有离开土豆的菜单。长期生活在恩施的学生也许不会对这种常见得不能再常见的生活习惯产生疑问，不会意识到这些微小的饮食类别的后面隐藏的知识。将类似的"土豆为何成为了恩施州人们的主食？"作为探究话题进行深度分析与讨论，从中发现自然环境对饮食类别产生的影响。这对于学生运用知识解决生活中的问题都有较大价值。将学生日常生活中这些未被他们察觉的生活常态穿插进课堂，让学习回归到学生的生活将别有一番景象。

从饮食习惯来看，恩施人食俗的另一特点是口味上讲究酸、辣。因为恩施人人居住在丛岩幽谷、泉水冷冽、潮湿多雾的大山里，辛辣之物能温胃健脾，而酸性食物则能调和脾胃，有益粗粮的消化。秋后，家家户户，门口屋檐、楼柱上都挂满了一串串的红辣椒。同时，人们会挑选肉质肥厚的辣椒放进自家的泡菜坛内，待到半月左右，辣椒就算熟了，从坛中捞出随口即吃或者就菜炒着吃，类似酸辣子这种酸辣菜品也就成了恩施人民饭桌上的家常菜。就如恩施俗语所说："三日不吃酸和辣，心里就像猫儿抓，走路脚软眼也花。"

除了酸辣的饮食风味，恩施人还喜欢熏制食物。熏肉是恩施农家的特色食物，恩施农村家家户户养猪以自给自足，每逢隆冬腊月，家家户户开始杀年猪，所宰杀的年猪除了供过年时享用，大部分还需留下以供来年一家人的日常食用，为了方便长久保存，将新鲜猪肉用盐腌制之后直接悬挂于当地人们冬天取暖的火炕上进行熏制，久而久之，腊味也就成为当地人们的一道特色菜肴。引起恩施州此种饮食风格差异的因素是多方面的，自然环境、气候条件是导致恩施州人民以粗粮为主的饮食类别以及以"酸辣、咸腊"为主的饮食习惯的主要因素，饮食文化背后蕴含的是恩施州自然环境的特点及其与人类生活的联系。在日常生活中，对于这些特定的生活习惯，学生很难从学科的视角去思考这背后的科学依据，这些生活中的知识也总是被教师忽视，在校本课程的开发中，将这些生活中的习惯进行理性认识与剖析，对于学生科学思维的养成以及对地域文化差异的认识都有极大意义。

第二节　可持续发展原则

一、教学的主体

大学之大在于大师，一定意义上，评价一所大学办学水平重要指标之一就是教师的素质。然而对于非物质文化遗产保护教育来说，由于以前教育领域对非物质文化遗产缺乏重视，没有相关的专业培养专门人才，因此高校懂得非物质文化遗产保护与传承的人才不多。这样，要实施非物质文化遗产教育，从教学的主体看，就必须要加强师资建设。

首先，对涉及非物质文化遗产的相关专业教师进行整合，以此为基础建构非物质文化遗产学科，然后通过科学化与系统化的训练培养人才，一方面为社会输送高层次的管理与科研人才，另一方面解决高校内部非物质文化遗产方面人才不足的问题。

其次，非物质文化遗产虽然"无形"，但它说到底存在于非物质文化遗产传承人这个活态传承载体的记忆和记忆里，传承人的口传心授是非物质文化遗产传承的最重要的渠道。因此，可将各类非物质文化遗产传承人请进学校进行现场传授，让其培训在岗教师，使教师在学习实践中获得一些非物质文化遗产的传承技能。

再次，鼓励其他专业教师学习本地区相关非物质文化遗产的知识与技能，利用不同方式主动将本地非物质文化遗产融入教学课程、教学材料、教学方法、考查考试等，力争让教师在教与学的过程中提高自身素质。

最后，通过科研活动来提升教师的教学水平、保护意识和传承能力。争取在科研与教学相互促进中锻炼教师：一方面培养他们从非物质文化遗产教学中存在的问题凝练科研选题的能力；另一方面培养他们把相关非物质文化遗产的科研成果转化为教学资源的能力。

二、课程的结构

有了非物质文化遗产教师，如果没有作为教学平台的课程保障，也不能保证非物质文化遗产教学的顺利进行。要让非物质文化遗产融入高校的教学，就必须凭借和依托一批非物质文化遗产课程。因此，从课程的结构看，要尽量把非物质文化遗产作为一门单独的学科来开发课程体系。比如，要学习那些成熟的学科，开发相应的专业基础课、专业选修课、专业实践课等，力争通过课程建设来培养非物质文化遗产方面的人才，进而推进非物质文化遗产的传承与保护。此外，要尽量通过各种方式把非物质文化遗产资源作为一种优质教学资源渗透进其他专业课程的教学，一方面丰富原有课程的内容，另一方面推进非物质文化遗产的教学。

可采用穿插式课程，即在不改变现有主流课程的基本结构、目的和明显特征的前提下，在教学中穿插介绍一些相关的非物质文化遗产知识。

可采用附加式课程，即在不改变现有主流课程基本结构、目的和明显特征的情况下，把相关非物质文化遗产知识以补充课程的形式进行教学。

可采用渗透式课程，即利用环境氛围的感染力，调动一切相关要素，营造一个良好的保护与传承非物质文化遗产的氛围，通过启迪、暗示和激励等方式，将与非物质文化遗产相关的内容融入学校、家庭和社会教育当中，使学生感同身受、潜移默化。

三、课本的编写

建构教材体系有了好的课程设计，如果不能通过具体的教材体现出来，那课程就如同空中楼阁、镜花水月，发挥不了丝毫作用。因此，要把非物质文化遗产融入高校教学，就必须精心挑选、有效组织相关专家，收集、整理、研究各地的非物质文化遗产，编写具有民族特色的非物质文化遗产教材，构建非物质文化遗产的教材体系，从而为把非物质文化遗产融入具体的教学之中提供保障。对此，《国务院关于加强文化遗产保护的通知》第5条第4款明确提出了要求："教育部门要将优秀文化遗产内容和文化遗产保护知识纳入教学计划，编入教材。"就教材内容来看：

（一）要编写具有普遍特性的非物质文化遗产教材

湖北省是一个多民族的省份。有汉、土家、苗、回、侗、满、壮、蒙古等50个民族，每个民族在一定程度上都有着本民族特有的非物质文化资源，这些资源在本民族流传并可能影响其他民族的文化，从中可以提炼一些共同性的问题与特质。

（二）要编写具有地方特色的非物质文化遗产教材

因为不同的地域，其文化、历史、风俗等也会有差异，会形成自己独具特色的非物质文化遗产。就教材形式来看，既可以采用文字形式的教材，也可以采用录音或录像形式的教材。

总之，各高校要充分利用本地非物质文化遗产资源优势，建构自己的教材体系。

四、学习的视角

采用交互方法教学活动作为知识传授和接受的过程，最后的落脚点在于学生。一切知识，只有作为接受主体的学生学会了，才能获得传承，非物质文化遗产的保护与传承学习也不例外。因此，关于非物质文化遗产的教学，就应把教与学作为一个有机整体来认识，它不仅关涉教师，而且也关涉学生。作为双方交流沟通平台和媒介的知识并不是固定的、僵死的知识，而是融入人的活动性和特征，从而是具有创造、活力和生气的知识。这样，就必须采用交流互动的方法，充分调动学生的能动性，让学生愿意学，容易学。

对此，可以从以下方面着手：

第一，利用新媒介技术，将文字、声音、图像等要素有机结合，把各种形式的信息资源及时有效地转化为生动的教学资源，增添学习的趣味性。

第二，利用互联网资源丰富、迅捷灵活、方便易用的特点，按教学要求选择、组织、整合相关非物质文化遗产资源，使其成为一个能让师生交流互动的资源平台，让学生在交互中更加有效地学习。比如，可通过建立非物质文化遗产教育网站、民间艺术绝活浏览库、设计民间艺人主页、中国非物质文化遗产在线图书馆等网络资源，为学生提供自由广阔的知识空间。

五、资源的整合

建立特色馆藏所有的教学活动都需要借助图书馆这一平台开展，因此整合资源建立特色馆藏，可以有效地促进非物质文化遗产融入高校教学。非物质文化遗产具有明显的地域性与民族性，把各地各民族鲜活多样的非物质文化遗产纳入高校图书馆的特色馆藏建设，将有利于丰富馆藏资源，促进学校的非物质文化遗产教学。在高校图书馆把特色馆藏建设作为立馆之本的过程中，非物质文化遗产以其表现形式的形象性、灵活性、实践性具有吸引读者的独特魅力，是形成馆藏特色的极好资源。

非物质文化遗产往往积淀了该地区的文化精神与民间技艺，是具有地方特色的文化资源。将蕴含着生动活泼的民间文化元素、表现形式鲜活多样的非物质文化遗产纳入图书馆的馆藏建设，有利于促进馆藏资源特色化。

同时，在对非物质文化遗产进行鉴别、收集、整理和研究的工作中，通常都会形成大量的文献资料，而这些文献资料是其他地方无法提供和替代的，非物质文化遗产这种独具特色的资源将有力地促进高校的教学。

六、典型教学案例

湖北地区作为有着丰富金属冶铸历史的楚文化腹地，在历史的发展中曾有着举足轻重的地位，然而随着时代的变迁，这种优势地位逐渐落寞，淡出了老百姓的视野。但随着国家近些年对非遗保护的大量投入，湖北地区涌现了不少与金属工艺非遗项目，给我们艺术院校内的金属工艺发展提供了一个新的发展方向。

（一）湖北地区传统金属工艺非遗的现状

随着近些年国家对非物质文化遗产保护力度的加强以及对传统手工艺的振兴计划的推出，全国各地都积极响应，涌现了一大批国家级和省级的非遗项目与传承人。作为省级行政单位的湖北，拥有国家级项目 127 项，省级项目 445 项，在全国范围内虽说不上是名列前茅，但也可以说是遍地开花。其中，与金属工艺相关的项目，基本都集中在传统美术与传统技艺两个大类之中。

根据统计，湖北地区与金属工艺相关的项目共有 7 项，其中，国家级非遗 1 项，为荆州地区的铅锡刻镂技艺，其非遗传承人为敖朝宗。省级非遗 6 项，分别为：

1. 高洪泰铜锣制作技艺，传承人高永铨
2. 青铜器制作技艺（青铜镜修复，复制技艺，青铜编钟制作技艺），传承人项绍清
3. 锡雕（锡器制作）
4. 银饰锻制技艺（熊银匠手工银器制作技艺）
5. 传统锻造技艺（孙氏冷兵器锻造技艺）
6. 青铜器制作技艺（传统青铜打击乐器铸制）

在这几项非遗技艺中，属于青铜器制作范畴的就有 3 项除了两项标明是青铜器制作技艺的项目之外，国家级非遗的铅锡刻镂技艺，也是属于青铜器制作中的前期制模技艺的一种。另外几项非遗技艺中，除铜锣制作与兵器锻造属于偏应用类的技艺，锡器雕刻与银饰锻制技艺较偏向于工艺美术的范畴，都是容易被艺术类院校加以推广与传承的项目。在当今全国各大高校的首饰艺术以及金工艺术都在蓬勃发展的当下，针对湖北地区这类工艺却未曾有过相关的推广与传习，在这一片领域还算是一个相对空白的一个状态。如何利用高校的学科优势，对湖北地区相关的非遗特色项目加以开发，也成为文章探讨的主要议题。

（二）非遗传承是技术还是文化

要在众多的非遗技艺中寻找传承之路，我们不仅要搞清楚非遗的项目有哪些，我们更应该去厘清在一个非遗项目中，我们传承的究竟是什么。

一项国家级的非物质文化遗产，在遗产名录的官方网站上被分成了八大类别，民间文学，传统音乐，传统美术，传统技艺等，但是从"文化"这个词本身的角度出发，它必然是多维度，多元化的。一项传统的技艺的形成，往往综合了这个地区的地理、历史、经济、民族、信仰等各个方面的特色，这众多的方面，构成了非遗的"文化"本体。

值得注意的是，联合国教科文组织的世界非物质文化遗产的分类方式，就与我国有着一些区别，根据世界非物质文化遗产官方网站上的介绍，我们不难发现，联合国教科文组织只是将这些非遗项目根据审批年份和申报的国别（其中有部分非遗项目还是同属于多国家多民族的）进行了列表，并未按照非遗项目主体的形式进行区分，取而代之的是好几幅多彩的关系图谱，将每项非遗所涉及的地理，人文，材料，工艺等，做了一个综合的链接。这种不以单纯的形式来区分非遗项目的属性的方法，从某种程度上也印证了联合国教

科文组织对待非遗的一种看法，即文化的多元性，任何一项非物质文化遗产，我们都不可能单一地将它归类在一种形式之内，它可能既属于一种地方的节庆，亦存在相关的文学与歌舞，还可能同时涵盖了服饰，美食，器物制作等多方面的因素。但就目前我国的分类方式来看，一定程度上局限或打散了这种文化的多元性，使得在传承的方向上，存在片面的形式化的传承的困境。

就金属工艺这个小的方向而言，与它相关的非遗项目也是多元的，它可以是一种特殊的材料或者是一种特殊的制作工艺，也可以是某些特定的造型方式和图案，也可以是针对某些特定活动的特殊物品的制作工艺。就青铜器的制作而言，它除了要拥有传统的造型纹样以及传统的制作工艺之外，它还是楚国礼乐文化的一种载体，其中就包含了音律音色，演奏的方式等。高洪泰的铜锣，除了其用料配方和锻制，定音的技艺，也是随着京剧文化发展的历史应运而生，从而名扬海内外。

那么，就传统技艺的传承而言，我们可以狭义地认为，只有依葫芦画瓢，传承了该项目中的所有材料工艺，制作手法，以及形式纹样等的所有特征，才能够称为地道和正宗，然而非遗项目的"文化性"究竟在哪里？部分非遗项目自身都定义模糊，所用之材料技法，也不一定属于一家独有，或者说对于相关的造型图案，也不一定有着一个明确的文化范围，导致传承的方向不够明确，继而缺少了相关的动力。

（三）湖北地区金属工艺类非遗传承在教学中所面临的问题

1. 金属工艺技术门槛高

自古以来，人类对金属工艺技术的掌握程度向来都是作为该时代最先进的科技和生产力的代表，随着时代的发展，传统的金工技艺虽说早已被先进的加工方式所替代，今天的我们要想拾起这些技艺，无异于在同古代最先进的科技工作者或者工程师在进行对话。

金属工艺较于其他门类的传统手工艺，其技术门槛无疑是最高的，无论是铸造还是锻造，或者雕刻还是镶嵌，都需要建立在一定的金工基础知识的基础之上再加以学习，且工期较长，制作过程也多半带有一定的危险系数。若是在师父的家里当学徒，没个三五年都不能讲入门，部分金属材料由于成本高昂，没有一定的经验的积累，也可能根本都没法获得上手去尝试的资格。

所以，在传统金属工艺的传承和教学中，教学对象往往就只能集中在相关专业的学生，或者是学习过金工基础课程的学生之中，首先这些对基本的工具，工序都有一定的认知，学习非遗的传统金属工艺，往往有着更好的领悟力和操作能力，也更能够在合理范围内触类旁通，汲取非遗技艺的特点的同时，创作出自己的原创作品。

相比之下，此类工艺在技术层面上适宜的推广范围就明显低于诸如剪纸，刺绣，陶瓷等类型的传统技艺，所以对初学者往往显得不够友善，需要得到更多的专业人士的拥护和支持。

2. 部分非遗存在缺乏知识产权的法律保护

非遗传承人作为官方认定的传承者，自然是该项非遗项目最正统的守护者，但在进行交流的过程之中，由于金属工艺特殊的高技术性，其间不乏涉及诸多神秘的配方或者相关的技法等，这些或者是非遗传承人祖传的手艺，或者是其毕生的实践所得之经验，也是其谋生的独门绝技，不肯轻易言于他人，也是情理之中的事情。

然而由于缺乏交流，这些技术的屏障并不十分明确。有时有些基础方面的知识，也在交流中变得神神秘秘，难以直言；有时聊到兴头又容易将核心的技术拱手献给了同行。有说"教会徒弟，饿死师傅"，传统工艺的师徒模式已经很难再适应今天的发展。但是，一定程度上的开放和交流，又是项目得以扩大和发展的前提。在没有一个明确的框架，让大家知晓哪些技术是公开的，哪些技术是受到保护的前提之下，老的传承人们走得也是步履艰难，一边哀叹老手艺找不到人继承要失传，一边无法敞开大门，与外界进行沟通，慢慢地变成了独门独户的一家之技。这也是与金属工艺相关的传统技法在某种程度上难以扩大和发展的原因之一。

3. 产业各自独立，能够提供给创作者发挥的空间较少

纵观湖北地区的这些传统的金工技艺，基本上都属于一店一厂，无非规模有大有小，但很难形成成片的产业生态，在这样的条件下，往往也只能顺着传承人或者老板的意志单独地前行。

相较之下，云南的鹤庆县新华村，是我国有名的银器小镇，国家级非遗项目的保护地；河南的烟涧村也号称我国的青铜之乡，属于河南省的省级非遗项目。新华村的银器，早年间以制作藏族地区的宗教和生活用的器皿为主，由于西藏地区的宗教事业发达，有着稳定的需求，这才将老手艺延续到了今天，现如今随着国人的生活水平的提高，中原汉族地区对银器，尤其是银制的茶具的需求与日俱增，今天的新华村又有了新的市场需求，发展的势头一片大好。烟涧村的青铜器的发家史可能没有那么光明磊落，早年间以制作假的青铜器古董，卖给古董贩子为业，而后官方出面打假，于是烟涧村又以出品仿古青铜器为新的卖点，满足了人们美化宅院和送礼的需求，也借此保住了自己青铜之乡的称号。这些地方的特色在于其产业链的完整和开放，在保持小家族生产的基础之上，金属工艺品的复杂流程使得一家一户很难做到从头至尾的每一个环节都大包大揽。不单单是设计和制作，从前期的工具制作到原材料的获取，再到初期的机械辅助加工，再到后期的哪怕是一个包装盒的配备，在这些地方我们都能找到完整的相关的产业链。

因此，除了本地的从事该项产业的居民之外，这些地方往往更能够吸引诸多的创作者前往学习和交流，与当地的匠人展开充分的合作，创作出更多现代的，符合新一代市场需求的产品。一边推广和保留了传统手工艺，一边向新的时代成功转型，从而形成一个良性的发展。

（四）可能的解决方案

1.加强对湖北地区金工文化的探寻

曾侯乙墓里的编钟、越王勾践的宝剑、梁王墓出土的金饰、蜚声海内外的汉锣等，都是湖北地区拿的出手的金工作品，它们中一些技艺和文化或许已经随着历史尘封，仍有一些沿袭到了现在，仍有一些依旧在世界的舞台上回响。从历史与文化的层面看，湖北地区的金属工艺文化无疑是丰厚的，因此，使学生对这些有一个基本的认识，是开启金属工艺文化传承的第一步也是最重要的一步。针对非物质文化遗产的传承个人认为还是应当落脚到"文化"这个核心的词汇上，虽然我们经常将其简化为"非遗"二字，但不论是技术材料，还是图案样式，非遗项目都是综合的，是一个地域、一段文化的载体，是心手相传的一段故事。所以，多从文化的层面去挖掘和宣传，无疑是做好传承和发展的第一步。

2.明确核心技术的范畴，做好非遗传承人知识产权的保护

技术壁垒导致的交流障碍需要找到一个好的解决方案，而现有的非遗项目保护为主导的体系显然不能帮助我们明确其技术保护的范畴，在这一层面，还需得相关的专业手工艺行业的协会来承担起此类的工作，加强同行间的交流，以科学的态度给需要保护的技术以合理的保护，才能敞开该敞开的部分，才能进行充分的合作。比如说有人有制成某种材料的配方，如果对其配方加以保护，就不妨碍他作为这种材料的供应商将其配制好之后进行出售，这样使用这种材料的人和该材料制成的作品也会相应地增多，从而使该项非遗获得的影响力也会更大。这是再简单不过的商业道理，但在非遗的传承上却因为传承目标的模糊而变得艰难。

3.将复杂的工艺进行拆解，与非遗传承人展开充分的合作，并结合现代的工艺进行创作

拆解复杂的工艺链条，是使更多的创作者加入进来的一个条件，是使得非遗项目变得更加开放和多元的前提，是形成完整的产业生态的前提。只有这样，我们才能摆脱一直在复制古人，复制自己的路子，靠完整的产业，靠不同类型的创作者和经营者的加入，与非遗传承人进行充分的合作，做到各展所长，形成新的血液流通，满足不同层次的市场和消费者，才能使该项非遗文化获得更好地发扬和保护。

4.结合当代艺术与设计对传统文化的拥抱多元的创作路径

当然，这一方案可能属于老生常谈，但这正是我们艺术类的高校，非遗项目的保护单位，艺术家，设计师和非遗传承人一起，需要脚踏实地一步步去做到的事情。不论是文化借鉴，图案与造型借鉴还是工艺的借鉴，只有实现了创造与再创造，才可以将非遗文化一代又一代地传承下去，范承宗的竹编景观装置和日用品设计，曾熙凯的青铜家居用品设计，刘骁的当代首饰设计，施斌的船木发声计划，都包含了对非遗文化的解读与创造，让人眼前一亮。他们不仅做到了技术与材料的承袭，更加注重的是其背后的文化意涵的再解读与输出。诚然，这里面有的作品可能已经脱离了传统工艺作品应有的样子，有一部分学者也会质疑，正如新冠肺炎疫情防控期间我们听到的谭盾先生在安特卫普的舞台上执棒上演的当代交响乐《武汉十二锣》一样。然而，我们要做的，不仅仅是将制锣的技艺加以保存，我们更应该通过多元的艺术创作，让世界听到武汉铜锣的声音。

第三节　文化生态化原则

生态文明主张人与人、人与自然、人与社会的和谐可持续发展。而湖北省少数民族地域文化先天地具有与生态文明内在的耦合性，其导向、凝聚、教育等功能，对于大学生文化生态教育具有智力支持和精神保障作用。依托地域文化，进行大学生文化生态教育，可以取得良好的效果。

一、大学生文化生态教育的现状

近年来，一些高校开始对大学生进行生态文明教育，开设环保课程，组织大学生积极参加生态环境保护活动，大部分学生的生态文明意识、环境保护和责任意识有了较大的提高。但强调更多的仍是人文素质和政治素质，德育的内容也比较浅显，流于形式，没有深入的剖析。学生们只是简单看一些数据罗列的现状，而缺乏实际感受。

同时在传统文化传承教育，尤其是地域文化方面的教育也过于简单和随意。正是由于目前的大学普遍对生态文明教育不够重视，致使有的学生生态文明意识淡薄，生态文明知识肤浅，没有系统地建立一个完整的生态意识，不能积极养成良好的文化生态，对环保等认识也不够深刻，浪费自然资源、破坏生态环境的现象和行为时有发生。如用水用电上的浪费，吃穿上的铺张浪费，不爱惜公共财产，破坏损毁公共设施，对环境的污染感知程度低等。对传统文化表现出不屑或轻视，以"恶搞"的方式贬低甚至践踏传统文化尤其是地域文化。

二、湖北省少数民族文化对大学生文化生态教育的积极作用

人类的生存与发展离不开良好的生态环境，环境提供了生产、生活的场所，也提供了生产、生活的资料。自然环境解决了"用什么生存和发展"的问题，而生态文明则解决"如何生产和持续发展"的问题。当下我们亟须建设的生态文明，从本质上来说，是在全球陷入环境危机的情况下，人类开始理性地审视人与自然的关系，而探讨人类如何才能继续生存以及更好地生存这一问题时，所做出的一个选择，它要求我们进行生态化的生产、生态化的生活、生态化的思考。因此，中国共产党第十八次全国代表大会从新的历史起点出发，作出"大力推进生态文明建设"的战略决策，形成了中国特色社会主义事业五位一体总体布局并写入党章。文化生态观正是生态文明在道德层面的具体要求，为自然环境与社会经

济的可持续发展提供伦理动因和道德支持。

湖北省少数民族文化则是以特定地理环境为基础，经过长期历史沉淀形成的生存方式，对于人们尤其是某一特定地区的如何生存与发展提供了重要的参考和依据。地域文化与生态文明之间有着紧密的联系。无论在其物质层面、制度层面，还是精神层面，地域文化都能反映出人如何与自然和谐相处这一理念，聚焦于人类如何才能生存与发展下去这一根本性问题。而地域文化的最终落脚点也在于协调人、自然与社会三者之间的关系，确保人的自由而全面地发展。尤其是地域文化中传承下来的人与天地、自然和谐相融的生态观，生动地体现了古代先贤哲人的智慧，这种和谐生态观对于我们今天建设生态文明具有积极意义。

大学生承担着建设中国特色社会主义的历史使命，也是促进全社会生态文明建设的重要力量。大学生的文化生态素质高低，决定了他们能否成为生态文明建设的引领者，能否以点带面对社会产生积极影响。因此，高校必须站在时代发展和社会进步的历史高度来推动和引领生态文明建设，大学生德育重点在于引导大学生形成良好的文化生态观念和行为。

高校作为知识文化积累和传播的主要场所，在为地方培养人才、提供智力支持、为地方服务等的过程中，不可避免地受到地域文化氛围的影响，自然地带有所在地域文化的特性。而高校在地域文化的保护和传承中具有不可替代的作用。因此，大学生文化生态教育必须结合地域文化传统，学以致用、研以致教，补充大学生的人文素养和保护传统意识。同时立足于独特的地理位置、特色环境及各种文化差异所形成的特色地域文化，谋求发展特色教育及创新教育品牌，挖掘传承地域文化发展的优势。

三、加强大学生文化生态教育的途径

（一）传承湖北少数民族文化提高文化生态认识

在高等院校的素质教育中，应该进一步强化文化生态理论教育。湖北省少数民族朴素的生态文明理论，强调尊重自然，效法自然，与自然和谐共存，"天人合一"，以天地为榜样，"自强不息，厚德载物"，把人与自然的和谐作为至上要义。古代朴素的生态文明思想是我国生态文明建设的理论来源之一，也是高校生态文明教育的宝贵资源。地域文化不仅是一种历史沉淀，也是一种历史绵延，富有鲜明的时代特征和民族特征，具有强大的惯性。因此要研究地域文化，挖掘其独特的思想内涵，为大学生文化生态建设服务。

（二）利用地域文化资源培养文化生态意识

如果局限于常规的教学实践活动，难以真正发挥校园文化对生态文明教育的作用。要不断探索新的载体，结合教学，探文化之本，溯文化之源，树立学生的人文关怀意识。通过各种载体搭建平台把地域文化"引进来"，在大学生生态文明道德培养教育方面加大力度，把地域文化渗透于日常教学活动、课程开设等方面。高校生态文明建设离不开相应的载体，不但要加强大学生课堂载体建设，还要加强校园文化载体创新建设研究，比如环境载体、标识载体、社团载体等，使高校文化生态教育通过不同的载体"走出去"，在丰富校园文化内容的同时，提升大学生的文化生态意识。

（三）丰富教学方式强化文化生态情感

生态文明教育与常规教育不同，具有社会性和实践性的要求。若知识偏重研究性教学，就会产生"纸上谈兵"的效果，教师在教学的过程中还应加入生态环保的实践活动。

一是教师在授课时注重对学生生态问题的识别和分析，让学生参与决策和分析，对实际中的生态问题提出自己的见解和看法。

二是让学生通过实际的活动或调研、观察等活动体验我国生态环境的严峻性，增强学生的忧患意识。

三是结合地域文化，组织学生搜集记录地域文化，整理相关历史文献，采集本地区有价值的民俗与乡风，适时举办图片资料展，让学生对地域文化有更感性的认识。

四是广泛开展生态环保宣传活动，如利用每年的世界环保日，通过展览、讲座等方式提高学生的理性认识。

五是开展建设生态校园，让学生参与植树，测量不同地区大气污染，去各个水域测量水的污染，了解工厂的排污等实践性活动，使学生的生态文明意识得到提升，使学生明白环境对于人生存的重要性。

六是引导学生大胆创新，积极引导学生发挥自身的智慧和科技创新的潜力，研究有利于生产生活中低投入、高产出的发明创造，让学生实实在在地感受到低资源或能源消耗可以带来高产出的良好回报，从而认识到建立节约型社会的重要性。

第四节　系统化原则

一、在认知层面上加强学生民间文化艺术修养

结合专业特点有针对性地增设相关的湖北本土文化民间艺术的课程，丰富学生的文化底蕴，在艺术设计的教学内容与课题设计中融入地方民间艺术元素内容，如某校就开设了湖北雕花剪纸的艺术选修课程，并开设湖北民间艺术元素专题讲座等，培养学生对民间艺术的兴趣。同时最大限度地利用各种资源，民俗活动、手工作坊、博物馆等以各种媒介渠道拓宽学生的视野，使高校的艺术设计教育课程体系向更广方向拓展，从整体上丰富艺术设计教育的培养模式。

另外还可以采用课内外结合的教学方法，有效地利用特有的民族文化资源，来实现艺

术设计教育多元化艺术人才的培养。而教育模式的改进首先应打破课堂界限，将艺术设计传统工艺考察与实践的课程做实做细，让学生进入民间，通过采风，切实地感受湖北民间艺术的魅力。深入土家族、苗族等少数民族地区考察，系统、全面地收集整理少数民族民间艺术，并从民间工艺、服饰图案、建筑等诸多方面提取民间艺术元素的精髓，培养其独具的艺术魅力和审美情趣，实现艺术与自然的融合。另外还应突破教室界限，不仅让学生走出去，还应把民间艺人请进来，借助课堂讲授工艺技巧，引导学生了解本土文化，关注身边的民间艺术环境，体味其浓郁的文化内涵，使民间艺术也能跟得上时代的步伐，与时俱进。

二、拓展民间艺术"再设计"空间引导

学生在思维理念上更新，通过考察、调研、记录、整理、挖掘等方法从民间艺术元素中吸取"再设计"养分，借鉴民间艺术，在继承和弘扬民间文化与艺术学科间找到融合的契合点，探索艺术设计发展的新空间。通过对民间艺术元素的变化、解构与重组，使其既有现代设计的韵味又具有民间艺术的形神意蕴。

让现代艺术设计在吸收与融合民间元素的基础上，转换出具有民族气质和文化精神的新形式，以适应现代艺术审美和心理特征。如在现代新媒体广告设计中加入湖北雕花剪纸的艺术元素，以其"合"的哲学意蕴和特有的地域文化，特有的"自在"、超时空全视角的叙述语言、意象、造像、思维等创造出新形式的广告设计，有效地提高广告的表现力和审美内涵，赋予其民族文化性，以本土性设计增强广告视觉功能与传播价值。同时在艺术设计与应用实践中体现出对民间艺术元素资源的充分运用与开发，将湖北特有的民间艺术元素应用到旅游产品、包装设计、影视动漫、舞台设计等艺术设计领域，让民间艺术元素与文化产业紧密结合，拓展民间艺术元素在设计的空间，与设计相互融合发展。

三、转变现代艺术教育的模式

重视湖北民地方性民俗文化，对于教育来说，不仅是高校责任，也是全民的责任。因为我们国家的传统文化只能由我们自己来进行传承和发展，才能够使之拥有强大不朽的生命力。所以，要不断突破传统的观念，将文化重新重视。杜绝形式主义，在设计过程中要有目的、有针对性地展开实践。虽是艺术设计教育，但是，必要时候也要进行分层式教学模式，适当地针对艺术设计的传统地方文化教育开设课程，使其能够进行美学研究和审美实践，通过对成型作品的比较和分析，让学生了解艺术的和谐需求。

通过各种不同形式进行艺术设计和文化的结合这方面的研究和讨论，以不断加深学生的学习印象和教学的力度，让学生在自发式的思考中对知识和技术产生兴趣，将实践融入理论中，不断给予学生机会进行实践和考察，让他们记录和追溯需要考察的文化内涵，并进行小组讨论，在设计理念中对各种元素进行整合思考，完善设计理念和更新的价值。从而让中国的未来艺术设计师们将中华民族的传统文化通过瑰丽的艺术作品作为载体去传承

和实践，不断落实文化的发展。

四、典型案例分析

高校标识系统是高校校园环境的重要组成部分，具有地域文化特性的标识系统是高校文化和精神的重要表现形式。实例就校园标识系统的特点、设计要素进行分析，从造型、图形、色彩三个方面探索基于地域文化特性的标识系统设计方法，以期为高校创建具有地域文化性的校园标识系统提供依据。

（一）标识系统及校园标识系统概述

1.标识系统的定义

标识系统（Signage System）是指以文字、符号、图像、色彩等要素综合解决信息传递、识别和形象传递等功能的整体解决方案。标识系统一般设置在公共空间，包括商场、公园、医院、校园及交通枢纽等区域。

2.校园标识系统的特点

校园标识系统因其处在高校特殊的教学、生活环境中，其需要具备引导师生从事相关教学、科研活动的属性，还应与校园景观有机融合，且能体现高校的校园文化与地域特色，充分展现高校的景观风貌。

（1）标志性

校园标识系统的本身属性，具备导引、指示方位的基本功能。在高校繁多的功能区域中，能指引师生、游客等不同人群准确地到达目的地。

（2）融合性

校园标识系统分布在优美的高校校园环境中，除了满足基本的标识功能，还需要充分地融入校园的整体环境。标识系统作为校园公共设施的重要组成部分，其布局应服从校园的整体规划，其颜色、材质、造型的设计应与校园环境相融合，符合校园的整体风貌。

（3）地域文化性

大学在学科特色、研究领域等方面侧重点均不同，校园文化亦由大学的历史、所在地域的风貌、风土人情的不同而各具特色。地域文化的属性，决定了大学具备不同的风格特色。标识系统作为体现高校文化的外在表现形式，在造型、色彩、材质等方面也因地域、文化的不同而风格各异。

（二）校园标识系统设计的要素

1.空间布局

高校标识系统的整体布局应结合校园总体规划，对高校不同的功能区、交通系统进行有效分析，明确入口景观区、教学区、科研实验区、生活区、公共活动区等不同功能区域，结合道路的分级，建立准确、规范的导视信息系统。标识系统的空间布局，应结合不同分区的场所位置，在重要的道路交叉口、建筑入口、楼道口、景点入口等区域合理设置。遵循秩序性、灵活性的原则，有效确定标识牌的位置和数量，确保导向信息的准确、完整地表达，指引目标人群顺利到达目的地。标识牌的布置还需要考虑目标人群的可视角度及光线照射的影响，确定合适的摆设方向。

2. 造型特色

标识系统的造型是其重要的表现形式之一。标识系统的造型特色应具备符合整体标识系统设计主题、设计风格的形式美感。高校标识牌的平面及立面的整体造型首先应满足准确传达信息的基本要求，其次应融合于校园整体环境，最后应充分结合校园文化、地域特色、建筑元素、校训等要素，通过视觉图形抽象化的方式表达设计主题，创造极具高校特色的形态，突出校园文化内涵。校园标识系统的造型也应具有系统性和统一性，特殊标识应设置临时的造型以示区别。

3. 材料工艺

在复杂的室外环境中，材料的选择首先必须经久耐用，具备较强的抗损毁性和耐候性能，防腐蚀、抗油污、易清洗、不褪色。标识系统的材质选择还需要具备能通过切割、焊接等人工手段，加工出符合设计造型的特性。高校是新科学、新技术研发和应用的场所，标识系统材料也应与时俱进，除了运用不锈钢板、亚克力板、防水漆等传统材料外，还应尽可能多地运用新材料、新工艺，融合新科学、新技术。声、光、电等元素也应在高校标识系统设计中积极运用。

4. 色彩搭配

色彩是标识系统视觉的重要表现因素，是视觉感官刺激的首要因素之一。高校标识系统色彩设计应构建统一的色彩体系，色彩的搭配应在符合色彩构成基本原则的基础上，统一而变化，形成系统的整体序列。色彩的选择应与主题、文化相协调，突出高校的独特形象。色彩体系的选择应色彩鲜艳、醒目，具备较强的视觉吸引力，并与周边环境相协调。标识系统色彩体系应有统一的主色，烘托整个系统的主题。

（三）基于地域文化特色的高校标识系统设计方法

1. 高校标识系统造型设计的地域文化性

高校标识系统造型设计是视觉传达的重要表征形式，反映了标识系统的整体形象。造型设计中惯用的现代模块化设计手法，虽在产品的生产、加工中节约成本、提高效率，但也导致造型设计趋于单一，缺乏个性。高校作为培养高级人才的摇篮，肩负着弘扬文化、复兴中华民族的重大教育职责。融合地域文化符号的造型设计，能显著增强高校标识系统的独特性，美化高校的校园景观环境，强化大学生的文化认同感。自然的山水、地方出土的文物、古建筑的遗存，抑或是地方的戏曲、绘画等艺术形式均为地域文化的主要特征，可在造型设计中进行概括、总结，创作出独特的造型。如凤凰是楚人的图腾，竹简是楚人的书籍呈现形式。湖北省高校可充分运用凤凰、竹简元素打造极具楚风书香人文气息的校园标识系统，充分展现湖北省高校的历史文化的地域特征。体现地域文化的造型设计，虽提高了标识系统的生产加工难度，增加了制造成本，但相较于高校文化价值的体现便显得微不足道。

2. 高校标识系统图形设计的地域文化性

高校标识系统图形设计需对地域文化的元素、图案进行提炼、抽象并对其进行形象化地绘制，通过图形加以呈现。图形设计相对于文字更形象、生动，避免了文字在理解、转化过程中的偏差，对文化性的表现更佳。高校所在地域的自然地貌、艺术图案、建筑典型符号均有其特殊性，标识系统设计应针对以上特征进行抽象，开展现代图形化设计。基于地域文化性的图形设计，也会更具个性。如江南的粉墙黛瓦、小桥流水、西安的唐风遗迹、荆楚大地的"荆楚派"建筑及凤纹图样均作为地域文化图形表现的典型符号，可作为所在区域高校标识系统图形设计中的重要元素。

3. 高校标识系统色彩设计的地域文化性

高校标识系统色彩设计首先应基于高校 VI 设计的标准色，色彩设计应与校园整体环境相协调，与建筑、植物、广场等元素融为一体。不同地域文化的外在表现形式，在色调的选择上有较明显的偏好。如"荆楚派"建筑的色彩运用，分为三种类别，即基调色、辅助色和点缀色。在不同建筑部位，通过红、黄、黑三色细致地对比和搭配，巧妙地构成了"荆楚派"建筑的色彩典型特征。融合了地域文化色调的色彩设计，能显著提升校园环境的整体视觉感受，烘托校园整体文化氛围，突出高校独特的景观形象。

（四）荆楚理工学院标识系统设计分析

1. 荆楚理工学院概况

荆楚理工学院（Jingchu University of Technology）位于素有"荆楚门户"之称的历史文化名城湖北省荆门市，是在 2007 年 3 月经教育部批准成立的一所省属全日制普通高等学校，由荆门职业技术学院和沙洋师范高等专科学校合并组建而成，有 30 余年办高等教育的历史。学校占地面 2200 余亩，涵盖理、工、农、医、文、教、管、艺 8 大学科门类。学校的校训是"崇学尚德，求实创新"。

2. 总体设计构思

荆楚理工学院标识系统设计本着"人文性、系列性、创意性"的原则，按"人文化、地域化、景观化"的建设标准，以彰显荆楚文化特色、营造校园文化氛围、创建标识系统体系为理念，完善标识系统体系建设，融合"荆楚派"的风格色彩。

标识系统设计通过明快的色彩对比和简洁的造型表现，将现代标识系统建设与荆楚文化有机结合，以满足明确导向性为基本原则，打造具备荆楚理工学院特色的标识系统。

3. 基于荆楚文化特色的校园标识系统设计分析

（1）道路系列导视牌

道路标识系统选用楚国常用的褐色与对比醒目的白色作为主色调，弧线的扬帆造型与圆形的校徽图案作为主要标识元素烘托主题。道路标识位于顶端，下设建筑、楼宇的导视性信息与道路命名的缘由解析，增加标识的信息量。

（2）楼宇系列导视牌

设计元素：以立方体为基础造型，注重造型、色彩与楼宇风格的一致性。

（3）桥梁系列标识牌

设计元素：在校园标识系统整体风格的基础上，增加曲线造型及水晶波纹元素。

（4）综合导视牌

设计元素：以立方体为基础造型，搭配红色线条点缀，并增加学校导视图。

高校标识系统是高校校园环境的重要组成部分，极具地域文化特性的标识系统是高校文化和精神的重要表现形式。在整体设计中，地域文化特性在其造型、图形、材质和色彩设计等方面得以充分体现，有助于体现高校的办学理念和烘托学术的氛围。因此，一套具备体系化、艺术化特征并融合了高校地域文化特征、办学特质、学术精神的高校标识系统，必将成为高校校园别具一格的靓丽风景线。

第五节　协同性原则

高校根植于地域文化的沃土，除了要源源不断地为地方社会输送所需人才外，还必须义不容辞地承担起支持与服务地域文化建设的重任。高校必须与地方政府和地方企事业单位开展深度合作，实现协同创新，充当地方文化建设的生力军，以充分体现服务地方社会的职能。高校应把开展湖北省少数民族文化研究作为一个重要项目，找准与地方社会各类组织机构的结合点，将地域文化内涵的高校、科研院所、地方政府、地方企事业单位等组合成一个共同体。高校和科研院所打破壁垒，共同发挥人才和科研优势，地方政府和地方企事业单位提供经费支持和后勤保障，共同体内形成良好的互动机制，共同开发利用地域文化资源，提升地方文化实力。

一、强化高校协同意识与社会功能

目前，湖北省拥有 120 余所普通高等学校，汇聚了以两院院士为领军人物的一大批高素质科技创新人才，具备以一批国家级的实验室、工程中心为主导的较为完整地从基础研究、应用开发到科技成果产业化，覆盖国民经济各行业的研究开发体系。这些高校成为湖北经济社会发展的重要力量和支撑条件。一所高校办学目标和价值追求的实现，与其社会功能发挥密切相关。湖北省各高校要实现办学目标和价值追求，就必须积极融入地方经济社会发展，强化协同意识，最大限度发挥其社会功能。

（一）强化协同意识

协同意识，包括高校在服务地方经济社会发展中体现出来的主动意识、机遇意识、责任意识、服务意识、发展意识和改革创新意识。湖北省高校要推进湖北经济社会的跨越发展，并分享经济社会发展带来的成果，首先必须强化协同意识，积极为地方经济社会发展服务。

一是各高校要通过提升全体师生的认识，把扎根湖北、立足中部、服务全国，作为学校未来发展的重要战略要素，形成"以贡献促共建、以服务求支持，为地方经济社会发展提供强有力支撑"的坚定理念。

二是各高校要制定服务地方经济社会发展的明确规划。高校要把主动服务区域经济社会发展作为发展规划的一个重要导向，通过聚焦区域经济社会发展的重大需求，在发展理念、发展举措上积极适应和服务区域经济社会发展的需要。

三是各高校要不断强化社会功能，围绕湖北经济社会发展的重大战略需求、重大科技攻关项目、行业发展的重大问题，协同政府、企业、科技服务机构等主体，在人才培养、学科建设、科技服务以及文化引领上，促进湖北经济社会的发展。

（二）强化人才培养功能

高等教育的根本任务是人才培养，即根据社会对人才的需求，科学确定培养目标，制订培养计划，提高培养质量，输送优秀人才。各高校要适时根据国家和湖北经济社会发展对人才的战略需求，发挥各自教育优势，培养和输送合格的人才。

一是根据国家和湖北经济社会发展对高层次人才的实际需要，不断调整和优化学科专业结构，努力培养、不断输送品德高、基础厚、专业精的毕业生。

二是加大力度选派优秀教师，担任湖北省地方干部，为当地科技、经济发展出谋献策。

三是各校根据学科现状，加大对湖北省的科普教育、企业员工的职业培训、继续教育等工作的力度，提高湖北省人民的科学文化素质。

（三）强化科学研究功能

高校科学研究只有积极为地方经济社会发展服务，才能真正体现自身的应用价值。

一是要充分发挥知识和智力密集的优势，加强基础学科建设和基础科学研究，为解决重大理论问题和重大科技攻关项目提供理论支撑。

二是要把科学研究和社会需求紧密结合起来，提高科研综合实力，将学术成果转化为现实的生产力，解决湖北社会所亟待解决和长期发展所需解决的问题。

三是要发挥高校桥梁纽带和科技熔炉作用，通过与省外高校、科研院所的科技合作，强化科技创新驱动，不断引进、吸收、创新"外来科技"，并通过科研成果转化与湖北经济社会发展的对接，服务湖北经济社会发展。

（四）强化文化引领功能

大学文化由其办学理念、学术精神、规章制度、学生风格、环境氛围等因素经长期历史积淀综合而成，体现了大学的个性品格和整体风貌，是塑造大学特有个性、孕育名师大家、凝聚师生员工的精神和灵魂。湖北各高校要积极培育以崇尚科学、追求真理为核心，以各自学校的大学精神为特色的高校文化，进而引领湖北经济社会发展中荆楚文化的角色优势、资源优势和导向优势。

一是要深入研究新形势下文化发展的趋势，推进文化创新，挖掘湖北文化的内涵，强化荆楚文化特色，培养湖北人的文化自觉与文化自信，共建湖北人的文化精神家园。

二是要以科技创新推进文化产业发展，特别要发挥高校的科技优势，通过互联网、数字信息技术、移动网络技术形成的数字化视听新媒体、数字出版、动漫游戏等新兴产业，进一步加快传统文化传播方式和表现形式的升级换代，促进文化创意经济全面发展。

三是要自觉担负起对民族文化传统的保存、清理、批判、传播的责任，自觉承担推进文化可持续发展的责任，并不断创新、与时俱进，进而引领社会文化进步。

二、创造协同创新环境

作为全国第三大教育基地，湖北省要通过充分发挥科教优势，切实推进自主创新，加快创新型湖北建设。其中，积极推进协同创新，将成为创新型湖北建设的重要途径。

（一）引导高校内部与地方经济社会发展协同

高校内部协同创新，是协同创新的基础。建立并优化协同创新的机制，是高校自身长远发展并服务经济社会发展的重要保证。

1. 引导学科协同

按照科教兴省和人才强省的战略，鼓励各高校，结合各自学科发展现状和学科特色，适应湖北经济发展方式转变和产业结构调整的要求，实行学科专业动态调整机制，建立专业设置与市场需求信息监测预警机制。鼓励相关高校重点发展战略性新兴产业相关专业和湖北省传统支柱产业技术改造相关专业，压缩社会需求相对饱和的专业。要引导高校把特色发展作为加快自身发展的根本途径，加大政策倾斜力度，重点支持建设一批特色高校、特色院系、特色学科、特色专业。

2. 引导人才协同

支持各高校加快实施卓越工程师计划和研究生教育创新计划等，着力培养高素质专门人才和拔尖创新人才。引导各高校依托创新平台或重大科技项目，围绕国家战略需求，集聚和培育一批创新创业领军人才、科技创新团队，整合协同校内人才资源，建设人才服务高地。同时，要结合国家"千人计划"和湖北省特聘教授制度，引导高校加大高层次科技创新人才培养和引进力度；通过配套措施支撑高校设立优秀青年教师科研启动经费，提升青年教师创新能力；鼓励高校选派骨干教师到国外一流高校进行访学或学术交流，提升各高校教师队伍业务水平和国际学术影响力。

3.引导科研协同

围绕湖北经济社会发展的重大决策战略，特别是"两圈一带""一主两副"等重大战略。引导高校参与一批重点研究课题，开展前瞻性、预测性研究，攻克难点、热点、重点问题，提供高水平的决策咨询服务；引导并扶持各高校发挥其科研基地、科技中心、图书馆等资源在湖北省经济社会发展中的服务作用；鼓励各高校创新人才和科研项目、科技成果、大型仪器设备等科技创新资源信息库，积极面向社会、企业开放共享；支持高等院校开展面向企业员工的岗位技能培训，引导科技人员深入企业、农村和社区开展科技服务。

（二）引导高校与高校之间的协同

校际之间的协同是推进高校协同的重要一环。省委、省政府及其教育主管部门，要积极创造条件、搭建平台，制定措施，加强校际交流与合作。

1.支持同一层次高校之间的协同

在学生培养上，可互认学分、互派学生、相互选修对方课程、互推免试读研、联合培养博士和硕士，促进学生全面成长；在教师教学上，可互聘导师、互派教师进修访学、互聘兼职教授，促进师资良性互动；在科学研究上，可合作组团申报重大课题、可邀请对方专家定期做科研报告、可互享科研平台促进各校优势学科互补、促进科技资源的合理利用与充分共享。

2.鼓励不同层次高校之间的协同

教育主管部门要引导制定对口支援、教师深造、学科带动的措施，加强不同层次高校之间协同合作与创新。深入推进"武汉城市圈中央部属高校与地方高校对口支持合作计划"，充分激活、合理利用部属高校优质资源，带动省属高校特色发展。

（三）构建产学研协同创新体系

高校和其他科研院所、企业间的研究者、生产者、管理者之间协同，是协同创新的关键。省委、省政府要通过设立专项资金，构建产学研合作体系，引导鼓励高校在重大科研项目攻关、科研成果转化以及科技人才服务经济社会方面发挥作用。

1.鼓励高校围绕国家和湖北省发展战略，积极承担重大科技计划项目

推动高校在产业结构优化升级、增强自主创新能力、统筹城乡区域协调发展、生态文明建设、加快武汉城市圈"两型"社会配套改革、加强鄂西生态文明建设等重大项目中，与相关科研机构、企业和地方政府联合攻关。同时，要善于依托高等院校实验室、工程（技术）研究中心，建设一批产学研合作服务基地，转化一批成熟项目，确立一批创新项目，储备一批前瞻性项目。

2.支持各高校通过专利许可、技术转让、产品开发、技术入股等多种方式，加快科技成果转化

引导高校主动融入东湖国家自主创新示范区建设，重点建设若干个"高校自主创新重点基地"。办好湖北省高校科技园，促进科技含量高、产业前景好的精品项目入园转化。

落实《湖北省科学技术进步条例》的奖励规定，鼓励高校科技成果以股份制等多种形式参与分配，鼓励高校科技成果在省内转化。

3. 引导高校教师深入企业服务

实施"高校青年教师深入企业服务行动计划"，支持高校与行业、企业、科研院所和地区建立产业技术创新战略联盟，创办产业实体，共建创新平台。根据高等院校应用研发和科技服务工作特点，制定相关政策，鼓励高等院校教师以职务成果创办企业，允许职务成果作价入股，向企业提供技术服务。鼓励高校教师承担企业技术攻关项目，具有明显经济或社会效益的重大横向项目视同级重点科研项目，并计入教师科研工作量。支持高校学生参与科技创新研究和自主创业。建立高校服务农村地区、贫困地区、少数民族地区发展的机制，组织高校参加"城乡互联、结对共建"活动。

第五章　湖北少数民族非遗的高校教育传承路径

第一节　开设湖北少数民族非遗类校本课程

在高等教育中设置非物质文化遗产相关课程，无疑是保护和传承湖北省非物质文化遗产最有力的措施。在湖北省众多高校中，大部分非艺术类综合高校普遍都设置有美术教育和设计专业。我们可以把湖北省非物质文化遗产中的传统美术融入高校美术教育中去，建立民间传统美术教育机制，充分利用这些优秀的民间传统美术资源，打造高校的美术特色教育，也可以将民间传统舞蹈及音乐资源优势融入高校舞蹈音乐教育中去，建立非物质文化遗产特色艺术专业。另外，在非艺术专业中开设选修课，可以开设地方民俗文化和民间传统美术、民间传统音乐、民间传统舞蹈等课程。

一、民间传统艺术课程

艺术设计教育是民族历史文化的传承与发展，而中国民族民间艺术文化的继承与发展更需要通过教育来实现，两者相互作用、互相影响。中国民间艺术有着独特的艺术魅力，是民族文化的重要组成部分，更是中华民族宝贵的文化遗产。其随心所欲、不以形为桎梏的意象表现特征及其鲜明的地域特色和思想观念，无不影响着现代艺术设计教育的理念和教学模式。而如何开发利用地区民间艺术资源，延续与推进民间艺术元素在现代艺术设计领域的发展与演进，又如何切实有效地通过艺术设计教育来改善现代设计对民间艺术元素形式化的过分追求，这些都与高校的艺术设计教育密不可分。

（一）湖北民族民间文化融入高校教育设计的必要性

现如今，这些具有特色的湖北民族民间艺术瑰宝正面临失传的危险，亟待抢救。教育是民间艺术传承、发展的重要渠道之一，因此地方高校更应建立艺术设计理论教育的框架，并将湖北民间艺术元素研究成果进行有目的的归纳与整理，两者实现有效融合。

民间艺术是大众的淳朴艺术，也是艺术设计发展的源泉。设计教育要提升层次，获得更高层次的发展就必须考虑民族文化的独特性及其设计教育自身的独立性，在继承和创新民间艺术中探索与现代设计意义之间的契合点，增进艺术设计的民族文化底蕴，提高艺术修养，拓宽艺术设计教育发展的空间。民间艺术是本源文化的主客体在审美系统中使主体与艺术设计作品在精神上达到相互交融，是精神性的文化形态，其儒道文化思想及对"物我交融"意境的追求都体现着独特的价值观与审美观，这些都为艺术设计提供了丰富文化内涵与设计根基，因此艺术设计教育必须以民间艺术元素为基础，树立发展民族化的现代艺术设计理念。而作为地方高校的艺术设计教育更应有效地对民间艺术元素进行挖掘、分析与运用，借助现代设计语言完善民间艺术元素的现代转换，将浓郁文化精神内涵应用于现代设计中，从根本解决民间艺术元素的传承与发展，培养具有中国特色文化的优秀设计人才和中国化的设计。

湖北有着丰富的民间艺术资源，艺术教育应引导学生重新认识湖北民族民间艺术元素，这不是对民间文化及艺术元素的简单挖掘和整理，也不是民间艺术元素在形式上的重新展示，而是对民间艺术带来的文化根本和独具特性的审美观和艺术思想，巧妙地与设计结合，对人本精神的抒发与追求。这是文化隐形的流露，是在民间文化熏陶下的自然体现。民间艺术元素蕴藏着深厚的儒、道思想和意蕴特征，如以最具中国化民间艺术形式之一的剪纸来说，其对意的把握与体验，意象造型、吉瑞效应等这些特征都蕴涵着传统的美学思想和深厚文化内涵。而对民间艺术的弘扬，也主要是对其深厚的民俗文化内涵与的审美特征的传播与传承，因此在教育引导下我们可以从设计的角度来重新认识、整理民间艺术元素，在设计中利用民间艺术元素现存的符号、形式，合理把握与创新，体现出其符号间的联系及其深刻的文化内涵。

（二）湖北民族民间艺术融入高校艺术设计教育的策略

1. 在认知层面上加强学生民间文化艺术修养

结合专业特点有针对性地增设相关的湖北本土文化民间艺术的课程，丰富学生的文化底蕴，在艺术设计的教学内容与课题设计中融入地方民间艺术元素内容，如我校就开设了湖北雕花剪纸的艺术选修课程，培养学生对民间艺术的兴趣，并开设湖北民间艺术元素专题讲座等。同时最大限度地利用各种资源，如民俗活动、手工作坊、博物馆等，以各种媒介渠道拓宽学生的视野，使高校的艺术设计教育课程体系向更广方向拓展，从整体上丰富艺术设计教育的培养模式。另外还可以采用课内外结合的教学方法，有效地利用特有的民族文化资源，来实现艺术设计教育多元化艺术人才的培养。而教育模式的改进首先应打破课堂界限，将艺术设计传统工艺考察与实践的课程做实做细，让学生进入民间，通过采风，切实地感受湖北民间艺术的魅力。深入土家族、苗族等少数民族地区考察，系统、全面地收集整理少数民族民间艺术，并从民间工艺、服饰图案、建筑等诸多方面提取民间艺术元素的精髓，培养其独具的艺术魅力和审美情趣，实现艺术与自然的融合。

2. 拓展民间艺术"再设计"空间

引导学生在思维理念上更新，通过考察、调研、记录、整理、挖掘等方法从民间艺术元素中吸取"再设计"养分，借鉴民间艺术，在继承和弘扬民间文化与艺术学科间找到融合的契合点，探索艺术设计发展的新空间。对民间艺术元素的变化、解构与重组，使其既有现代设计的韵味又具有民间艺术的形神意蕴。让现代艺术设计在吸收与融合民间元素的基础上，转换出具有民族气质和文化精神的新形式，以适应现代艺术审美和心理特征。如在现代新媒体广告设计中加入湖北雕花剪纸的艺术元素，以其"合"的哲学意蕴和特有的地域文化，特有的"自在"、超时空全视角的叙述语言、意象、造像、思维等创造出新形式的广告设计，有效地提高广告的表现力和审美内涵，赋予其民族文化性，以本土性设计增强广告视觉功能与传播价值。同时在艺术设计与应用实践中体现出对民间艺术元素资源的充分运用与开发，将湖北特有的民间艺术元素应用到旅游产品、包装设计、影视动漫、舞台设计等艺术设计领域，让民间艺术元素与文化产业紧密结合，拓展民间艺术元素在设计的空间，与设计相互融合发展。

3. 转变现代艺术教育的模式

重视湖北民地方性民俗文化，对于教育来说，不仅仅是高校责任，也是全民的责任。因为我们国家的传统文化只能由我们自己来进行传承和发展，才能够使之拥有强大不朽的生命力。所以，要不断突破传统的观念，将文化重新重视。杜绝形式主义，在设计过程中要有目的、有针对性地展开实践。虽是艺术设计教育，但是，必要时候也要进行分层式教学模式，适当地针对艺术设计的传统地方文化教育开设课程，使其能够进行美学研究和审美实践，通过对成型作品的比较和分析，让学生了解艺术的和谐需求。通过各种不同形式进行艺术设计和文化的结合这方面的研究和讨论，以不断加深学生的学习印象和教学的力度，让学生在自发式的思考中对知识和技术产生兴趣，将实践融入理论中，不断给予学生机会进行实践和考察，让他们记录和追溯需要考察的文化内涵，并进行小组讨论，在设计理念中对各种元素进行整合思考，完善设计理念和更新的价值，从而让中国的未来艺术设计师们将中华民族的传统文化通过瑰丽的艺术作品作为载体去传承和实践，不断落实文化的发展。

二、民间传统音乐课程

地方高校在对地方民间音乐的研究与保护方面有着丰富的资源及优势，要把对民间音乐的保护作为"为地方服务，对历史负责"的重大事项来做，并以此形成其教学与科研方面的特色，进而打造地方高校的发展特色和比较优势。三峡大学作为鄂西南地区的高等学府，对本地区传统民歌的传承和发展起着重要作用，将鄂西南地区传统民歌引入学校音乐类专业的教学实践中，使之借助高校音乐专业的教学平台，传承鄂西南地区传统民歌以及丰富音乐类专业的教学内容，拓展学生对区域传统音乐文化的认知有着非常重要的现实意义和应用价值。

（一）湖北民间音乐文化保护存在的问题

湖北拥有题材内容丰富多彩、表现形式风味独特的民间民族音乐，这是荆楚文化的精华，是湖北人的骄傲。但是这些代表荆楚文明的璀璨明珠正在失色，甚至消亡。据各地音协和文化管理机构了解，一些珍贵的地方乐种或音乐表演形式随着老艺人的离世而失传，有的甚至已经消亡了，这是十分令人痛心的事情。近年来，虽然各方面为保护民族民间音乐文化作出了相当多的努力，但由于受客观条件制约及其他方面的原因，湖北省在民间音乐文化的保护方面存在以下问题：

1. 专业人员严重匮乏

各地乡镇文化馆（站）担负着当地民间音乐文化的搜集、整理与保护工作。但是乡镇一级的文化站人员编制很少，有的乡镇甚至没有文化站，或者是虽有但名存实亡。受多种因素的影响，补充进文化机构的人中专业人员（音乐、舞蹈或其他艺术专业）并不多，而愿意从事这种工作的人更少。同时，由于乡镇文化馆（站）实行"以钱养事"的工作评价机制，他们主要以日常社会文艺活动为主，因此很难把音乐文化管理与保护作为重点事项。

2. 保护经费严重不足

经费保障是做好民间音乐文化保护的前提条件，但是各地财政对文化保护经费几乎没有预算或者是"名有实无"。乡镇综合配套改革后，很多工作都得依靠"聘用人员"和民间"志愿者"来做，地方音乐文化保护与传承工作的积极性、稳定性和可持续性可想而知。许多珍贵的资料由于经费不足而得不到更好的保护，一些重要的传承人更是得不到"文化人"应有的待遇保障，仍然继续着"亦工亦农"的生活。

3. 保护手段不够系统

中华人民共和国成立后，湖北省组织了几次大规模的民间音乐的收集整理工作，也组织了"三民调演"等有利于民间音乐保护利用的活动，并形成了多部民间音乐作品集成，但还有许多优秀作品没有被收录。另外，已做的音乐集成工作只收集了音乐部分，而对语言及其他艺术缺乏关注；具有特色的音乐表演形式也没有被收集进来，使民间音乐成为"文"物。

4. 传承利用中的观念误区

对地方民间音乐艺术的传承，应该体现"扬弃"的思想，保留"原汁原味"的音乐原生态，在题材内容上"与时俱进"。现在许多地方根据"市场的需求"开发民间音乐，对传统音乐文化进行改造，过分追求现代化，将一些传统的民间音乐改得面目全非、不伦不类，因此间接加速了民间音乐非遗的"遗弃"。

5. 音乐文化生态的退化

民间音乐文化的产生、保护和传承与其所处在的文化生态环境密切相关。就湖北省而言，当前也面临文化生态的严峻考验。

（1）自然环境的重大变化

人类经济和社会活动，改变了某些地方自然原生态面貌，生产关系也发生了变化，使民间音乐文化生态不复存在。比如随着三峡大坝的建成后"高峡平湖"的景观出现，昔日险滩和三峡纤夫成为历史，长江三峡号子的"野性"也成为人们的记忆。

（2）现代文化的强烈冲击

音乐文化理念和表现方式的现代化，无论是主观还是客观，都把民间音乐挤至舞台的边角或束之高阁。

（二）高校传承湖北传统音乐非物质文化遗产的方式

高校音乐专业是专门培养音乐人才的机构，在师资方面具有绝对的优势，音乐专业学生具备较好的专业素养，毕业后充实到地方文艺团体、中小学校、文化馆等中去，对保护和传承地方民间音乐的具有积极作用。

1. 课堂教学实践

声乐课堂教学是教师利用某种方法对学生进行专门的歌唱技巧训练，是在一定时间内通过一定的形式，按规定的教程、教材和练声曲，以严肃的态度循序渐进地全面提高学生歌唱认知能力和实践能力的一门技术课程。这种教学能充分挖掘学生的歌唱能力和美好音色，训练学生自觉控制歌唱技术和心理并与大众审美情趣相一致的声音观念，以获得唱声、唱字儿、唱情、唱味儿、唱神、唱气儿的全面修养及耐久的能力。在声乐课堂教学中，三峡大学声乐专业教师将鄂西南地区传统民歌引进自己的声乐课堂教学，讲授鄂西南地区传统民歌的历史发展轨迹，传统民歌音乐体系，音乐特性，提升了学生领悟鄂西南传统音乐素养的能力。

2. 舞台教学实践

声乐是一门听觉艺术，是一门表演艺术，它的艺术感染力最终要靠歌者在舞台上的歌唱表演来得以体现。由于声乐教学形式的特殊性，舞台实践才是真正检验学生声乐学习效果的最佳方法，学生由课堂小舞台到实践大舞台，从技术、心态、表演等方面真正得到磨炼，完善课堂学习的不足。长期以来，声乐课堂教学一直固守着声乐教室这个小舞台，教师教授学生学习，教师示范学生模仿，日复一日年复一年进行机械式的训练，严重脱离舞台艺术实践平台，以至于学生在完成大学四年专业学习后，不能登上舞台演唱，即使登台也与小课堂的演唱水平相差甚远，严重影响演出效果。近几年三峡大学艺术学院音乐专业的学生每学期开设两周《舞台实践》课程，由专任教师负责指导，以舞台表演的形式完成作业及考试。声乐专业的教师们在注重声乐课堂教学的同时，为强化学生舞台实践能力，把课堂教授的短小、诙谐、灵活的鄂西南传统民歌让学生在周末音乐会准确演绎、毕业音乐会以及重要的演出中，这样激发学生学习的浓厚兴趣，延伸课堂教学内容，将鄂西南传统民歌用舞台实践的形式展示，用活态化的方式传承。

另外田野采风是音乐专业类教学的一门必修课程，学生们走进民间与原生态的传统艺术亲密接触，在耳濡目染、言传身教中得到鲜活的体验。三峡大学音乐专业的学生每年分春秋两个学期，到鄂西南地区进行田野采风，用文字、图片、录音、视频等方法对传统民歌的原始状态进行记录，通过现场观摩、文献资料收集等学习方式将所收集的资料用于舞台实践，把"记录"还原成活生生的"现实"。有的学生则通过毕业论文的写作，用文字的形式挖掘、整理。尽管学生们的写作粗糙稚嫩，但对鄂西南地区传统民歌的传承仍有分外重要的意义。

3. 民间艺人传授实践

传统民歌传承一般是家族和师徒传承，采用口传心授的方式。三峡大学艺术学院音乐专业开设有《中国民歌》《中国传统音乐欣赏》《中国音乐史》，2015 年向全校学生开设了《中国民歌欣赏与演唱》和《声乐基础》课程。教学中采用把专家请进课堂，让学生零距离向歌师学习，先后邀请第十三届原生态唱法金奖获得者王爱华、王爱明，民间唱法歌手陈娟深入课堂，与同学们交流演唱方法，传授鄂西南地区的传统民歌。2016 年 12 月"土家族传统文化研讨会"在三峡大学图书馆求索报告厅举办，中央电视台晨耕导演，土家族文化研究专家王代栋，三峡大学艺术学院陈宇京教授，国家级非物质遗产传承人王爱华、省级非物质文化遗产传承人王静、三峡大学艺术学院李晓艳教授等人现场讲解土家族传统文化、现场示范演唱多首鄂西传统山歌。把民间文化专家及歌师请进校园，充分利用鄂西南地区社会各界的民间音乐文化资源为学生传授原汁原味的鄂西南地区传统民歌。

三、民间传统舞蹈的课程

（一）民俗文化与民间舞的关系

民俗文化，指的是一个地区、民族或国家中民众共同传承、共享与创造的风俗习惯及生活方式，是广大群众在日常生活与生产中构建的一系列精神与物质文化现象，涵盖有建筑习俗、服饰习俗、歌舞习俗等内容。而我国地域辽阔、历史源远流长，这就使从古至今的发展中滋生与孕育了多种多样的民俗文化。民俗文化是我国普遍存在的一种社会文化形式，依附于各个地区群众的情感生活而产生，彰显出各个地区与民族群众的宗教信仰、价值观念、文化心理及生活习俗等特点，是一种重要的意识形态，也是悠远而丰厚的文化遗产，其作品是社会性与集体性的完美融合。民俗文化具有增强群众归属感与认同感的价值，有利于民族精神的汇集与凝聚，能够在反复演示、集体遵从的状态下，打造区域性的民族精神及整体品格，是我国优秀传统文化中的核心内容及关键组成部分。而民间舞是其所对应的民俗文化生动反映与流露的一种折射，借助文化渗透的手段在民间舞教学中传承民俗文化，可使学生对产生这一舞蹈的文化环境与渊源有更加深刻的理解，有助于高校民间舞教学成效的优化，还具有继承与发扬民间文化的积极意义。因此，在高校民间舞教学中，教师应深度挖掘蕴含在舞蹈作品中的民俗文化，引导学生对这些文化知识进行赏析与研究，以辅助学生更好地体会民间舞动作的渊源及意义。

（二）高校在湖北民间舞非物质文化遗产传承中的优势

1. 专业性

湖北民间舞非物质文化遗产作为湖北艺术文化的分支，具有一定的专业性，尤其是舞蹈肢体语汇的汇总、舞蹈历史文化的发掘、舞蹈审美意蕴的探讨等，均需要有专业的舞蹈学、民俗学、民族学、文化人类学的基础知识。从当前非物质文化遗产的传承主体来看，只有高校在此方面具有优势。

首先，高校是我国教育体系的最高环节，拥有大量高层次的学术人才，高校教师乃至高校学生的文化基础与学术能力，使他们在民间舞非物质文化传承中具有特殊的价值。

其次，民间舞属于舞蹈的范畴，高校开设舞蹈专业的不在少数，舞蹈专业的教师大都对民间舞有所了解，甚至于非常熟稔，这也为高校在湖北民间舞非物质文化遗产传承中的价值发挥创造了条件。

2. 稳定性

随着国家对非物质文化遗产保护的日益重视，非物质文化遗产的传承方式也在不断增加，并出现许多具有代表性的传承方式，比如数字化传承、基地建设传承等。教育传承是非物质文化遗产传承的主要方式之一，与一般的传承方式相比，教育传承有着独特的优势。就以湖北省高校为例，其在民间舞非物质文化遗产传承中具有很强的稳定性，能够为民间舞非物质文化遗产的传承开辟一条稳定、可靠的传承路径。

首先，高校作为育人机构，具有目的性明确、组织性强、课程体系齐全等特点，这为湖北民间舞非物质文化遗产的传承提供了便利的条件，高校仅需要将民间舞非物质文化遗产与专业教育、课程教学有机地融合起来，便能实现传承的目标。

其次，高校内部文化活动丰富多样，也是民间舞非物质文化遗产传承的重要方式。

（三）高校传承湖北民间舞非物质文化遗产的方式

1. 编写民间舞教材

教材编写是湖北民间舞非物质文化遗产高校传承的重要方式，湖北各高校要重视民间舞教材编写的工作，推动民间舞非物质文化遗产传承的深入开展。

首先，结合专业布局，优化课程体系设置。在高校民间舞非物质文化遗产的传承中，不同的专业扮演的角色，或者说发挥的作用有着很大的差别，其中，最为核心的专业自然为舞蹈系。湖北省设有舞蹈系的院校为数不少，比如中南民族大学、武汉音乐学院、湖北艺术职业学院、湖北民族学院、华中师范大学等，此类高校需要以舞蹈专业建设为准绳，将民间舞教材纳入专业的课程体系中，优化课程体系布局。

其次，紧扣学生学习层次，完善教材内容编写。高校湖北民间舞教材可以分为两大类：第一类是专业化的民间舞教材，其教学群体为舞蹈专业的学生，主要服务于学生的舞蹈学习，借助湖北民间舞资源提升学生的舞蹈专业素养；第二类是通俗化的民间舞教材，主要用于通识课程的教育，是向广大的大学生群体传播民间舞的有效载体。

2. 设置民间舞研究中心

对非物质文化遗产内容、形式、内涵等的深刻研究是非物质文化遗产传承的前提条件和客观需要，而高校在非物质文化遗产的研究中具有得天独厚的优势。因此，湖北省高校要结合学校定位与优势专业，设置民间舞研究中心，以系统、科学的研究作为民间舞非物质文化遗产传承的基础。

首先，做好人才引进工作。专业的研究队伍是湖北民间舞非物质文化遗产研究深入开展的重要保障，湖北省各高校要加强民俗学、舞蹈学等学科人才的引进工作，从民间舞研究的需要出发，构建完善的人才引入机制，推动高校间的交流访问，为民间舞的研究提供坚实的人才队伍。

其次，做好课题立项工作。非物质文化遗产是当前社会科学研究领域的热点内容，湖北省高校要以湖北民间舞非物质文化遗产为中心，申请国家社会科学基金，争取民间舞研究的资金。

最后，推动学术研究成果的转化。学术研究成果转化是发挥学术研究市场价值、社会价值的基本要求，湖北相关职能部门要充分利用高校最新的研究成果，从政策制定等角度落实研究成果的社会化应用。

3. 引导学生成立民间舞社团

学生社团是学生在相同兴趣或共同理想的导向下而自发性组成的校内组织，在学生教育中发挥着独特的作用。随着我国高等教育事业的不断发展，高校学生社团不仅总量不断增加，类型也日益丰富。湖北省高校要充分注意到学生社团在民间舞非物质文化遗产传承中的作用，引导学生成立民间舞社团，使民间舞社团成为高校民间舞非物质文化遗产的重要载体。比如，可以设置土家族摆手舞社团、宣恩土家族八宝铜铃舞社团、土家撒叶儿嗬社团、云梦龙舞社团等。在高校间成立学生民间舞社团有着非常重要的价值。

首先，作为学生自发性的组织，学生社团在丰富学生在校生活、推动学生社会化发展中具有重要的价值。构建民间舞社团，能够让对民间舞感兴趣的学生走到一起，发挥民间舞的育人作用。

其次，学生社团能够有效拓展民间舞的影响力，使更多的大学生认识到湖北民间舞的艺术魅力，推动湖北民间舞非物质文化遗产更好地传承。

4. 加强校企合作

拥抱市场是非物质文化遗产传承的必然出路，也是非物质文化遗产在传承中永葆生命力的必然要求。在湖北民间舞非物质文化遗产的市场化传承中，文化企业发挥着基础性的作用，但文化企业虽然有着丰富的市场运作经验，但专业层次普遍偏低，在产品、服务的专业性以及创新性上多有不足，制约了湖北民间舞非物质文化遗产的传承，对此，高校需要加强校企合作，充分利用自身的专业优势，助力文化企业的市场传承。比如与旅游企业开展合作。民族游、民俗游等文化游是当前旅游经济中的热点内容，湖北民间舞具有独特的审美价值与文化底蕴，是文化旅游的重要元素。高校可以与旅游企业合作，打造如同广西桂林《印象刘三姐》那样的文化景点，推动湖北旅游经济的深入发展。又如与文化演出企业开展合作。湖北民间舞具有很强的审美价值，市场化演出是湖北民间舞传承的重要形式，高校可以与演出机构合作，编导既有浓厚湖北民间舞特征又契合现代观众审美需求的新作品，实现民间舞市场传承的目标。

四、高校非遗传习所模式构建

高校非遗传习所是指由政府牵头，高校为依托，以非遗项目传承人为核心的非物质文化遗产技艺、知识传授和学习研究的文化场所。组建湖北省高校传习所，是湖北非遗事业保护的需要。湖北省高校非遗传习所模式可以从完善相关法律法规、科学设计非遗课程体系、传统技艺与现代教育结合、推动非遗市场化发展等方面构建。

（一）湖北省高校组建非遗传习所的必要性

作为荆楚文化发源地，湖北省拥有十分丰富独特的文化资源。根据对非遗项目普查，湖北省一共收集到 77729 项文化遗产项目，涉及 17 个门类。其中，民间文学类占比最大，有 41805 项，传统音乐类 11555 项、传统舞蹈类 1726 项。且已建成较完备的非遗资源数据库，完成录入传承人 9688 名，文化遗产项目 12216 条。

针对丰富多样且极具特色的文化遗产，湖北省政府、文化和旅游厅在抢救和保护文化遗产方面采取了一定的措施，但仅靠资料上的整理是远远不够的，还需要开展更加实际的保护与传承工作。同全国其他地方一样，随着城镇化与现代化的发展，湖北的文化生态发展迎来了巨大挑战。一些通过口头传授的传统技艺、民间故事以及众多依靠行为活动承载的非物质文化遗产项目正在逐渐流失。目前现存的一些非物质文化遗产史料技艺等也存在着遗失境外、过度开发、随意滥用等问题，非遗项目传承人的生活条件也越发艰苦。因此从繁多项目的整理、文化项目的流失、传承人的窘境各方面来看，湖北省非遗保护事业十分紧迫。根据以往经验，仅仅依靠政府进行文化遗产的保护工作是远远不够的，还需要社会各界的力量支持与参与，甚至是全民的参与。

（二）湖北省高校参与非遗传承中的不足

目前高校保护传承非遗主要局限在某个领域的某个专业，例如艺术设计、民俗音乐，缺乏与非遗保护及研究的专门学科。因此，非遗在高校教育实践中的传承从广度和深度上均不能满足需求。非物质文化遗产目前仍以口传心授的方式传播和继承，随着文化生态现状的改变，许多技艺因没有传授的平台而濒临消亡，有些祖传技能已陷入后继无人的境地。而高校作为知识技能口传心授的载体并没有发挥其自身优势，没有利用高校教师丰富的教学方法和经验为非遗项目构建适应新时期传承的新模式。传统技能理论教学结合得不紧密，使得非遗在传承过程中表面热闹之后，学生对于文化内涵精神的理解不够深刻。

为了加强湖北省高校和研究所对于非遗领域的重视，湖北省政府颁布了《湖北省非物质文化遗产条例》，计划利用湖北省教育资源丰富的优势，调动湖北省高校科研力量，深入开展非物质文化遗产研究工作。2013 年 11 月，湖北省政府向首批 16 个高校非物质文化遗产研究中心授牌。在 2015 年，湖北科技学院、湖北中医药大学等六所高校及科研机构成功入选第二批湖北省非物质文化遗产研究中心。湖北省高校及科研单位的非遗研究中心越来越多，研究领域也逐步深入。

湖北省将非遗研究中心设置于高校之内，无疑是一种新的突破。不同的高校研究所依据自身的优势资源，在不同的领域进行深耕研究。除武汉大学和华中师范大学两个综合性非遗研究中心外，中南民族大学的重点放在了少数民族非遗上，武汉音乐学院关注湖北传统音乐和舞蹈，湖北省美术学院研究传统美术和手工技艺，湖北省艺术研究院则开展湖北戏曲戏剧保护与传承研究。尽管已经挂牌了多家非遗研究中心，但实际发挥的作用并不能令人满意。武汉纺织大学非物质文化遗产研究中心主任叶洪光认为，当前在湖北省众多高校中，能够形成专业非遗项目研究、实操机构的仅有武汉纺织大学的"纺织非遗馆"、湖北美院的艺术研究。长远来看，湖北省高校对非遗项目的参与还存在着不足，在互动和管理模式上尚缺乏实践性，其他社会力量的参与度也较低。

（三）湖北省高校非遗传习所模式建构

目前非遗传习所主要分布在社区、村庄之中，因为更加贴近非遗诞生与发展的生态，也更加能以公共文化设施的用途服务大众。与这些传习所不同的是，高校非遗传习所需依赖于高校及科研院所建立，而这些大型的研究机构主要分布在城市，且在政府资源整合方式、社会参与主体、非遗传承人身份变革及其职能等方面有所差异，更多的是社会各界力量及资源的有机整合，而不仅仅只是类似"文化站"的公共文化场所。

1.政府主导整合资源，完善相关法律法规

政府作为公共文化服务体系建设的领导核心，需要始终坚持社会主义先进文化的前进方向，始终坚持以人民为中心，始终坚持社会主义核心价值观为引领。在党的十九届四中全会之后，现代化治理体系的建设进一步深入，这就要求政府在各项事务中，找准自身定位，明确什么该做，什么不该做。在高校非遗传习所构建初期，政府需要发挥主导作用，整合非遗项目及其传承人、社会企业组织、高校研究所多方资源，并依照相关法律对三方进行政策、资金激励，促进各主体之间的合作。鼓励传承人到高校传授技艺甚至以传习所谓"家"，从而进行更加安稳的创作、传授、研发非遗作品等工作。吸引社会企业参与非遗传习所基础设施建设，对有市场潜力的非遗项目进行投资，研发、生产相关文化产品。促使高校有意研究相关课题，开展相关非遗课程研发和设置，使非遗教育工作更加专业化、系统化。同时需要通过各方协商，听取各方意见，明确高校非遗传习所涉及各方利益主体权利和义务的条例，使多方主体在合理化科学化的环境下，形成良性合作。在建设后期，也需要在不断发展中发现问题，并以立法的形式进一步完善与发展高校非遗传习所模式。

2.高校主动参与，科学设计非遗课程体系

作为文化事业单位，湖北省高校要积极响应政府号召，在校党委的领导下贯彻落实政府相关政策的实施。对于《湖北省非物质文化遗产条例》中非遗传承人的办公设施安排，高校可以提供相关基础设施予以配合。另外，大多数非遗传承人都存在文化程度不高的情况，对于现代化的教学任务安排更是难以掌握，这就要求高校在与传承人充分沟通后，精心设计适宜传承人讲述水平、适宜学生深入学习的现代化课程体系。需要明确的是，构建非物质文化遗产传承的高校艺术设计课程群的主要目标要从当下青年群体的价值观为出发点，引导学生运用现代设计学理论，在非物质文化遗产原生性与活态性的内核不被改变的基础上，将新的艺术整合到非遗传习所中，能够亲眼见证非遗项目及其传统技艺，加上高校深入的研究，文化企业能够找到合适的项目。非物质文化遗产作为中华传统文化的民间精华，在新时代"文化自信"的大背景下，是一座值得深挖的精神宝库。因此文化企业的进驻或合作，能够推动非遗项目市场化发展，使企业、高校、非遗传承人真正做到产、学、研相结合，从而获得企业经济利益和社会效益。

　　如图 5-1 所示，高校非遗传习所模式的建立，首先需要政府部门发挥主导作用。政府合理规划非遗传承人与高校科研院所的有机融合，初步建立高校非遗传习所实体单位，鼓励支持社会企业组织进驻传习所，形成社会各界共同参与的新局面。非遗项目传承人作为该模式的核心，具有着传授技艺，支撑传习所发展的权利和责任。非遗传习所可以进行科研教学等工作，而社会企业组织的进驻，可以通过提供资金、技术等方式，获得相关非遗产品开发的版权。模式初步建立后，不断完善相关管理条例，明确各方主体权利与责任，则可形成良性互动的高校非遗传习所模式。

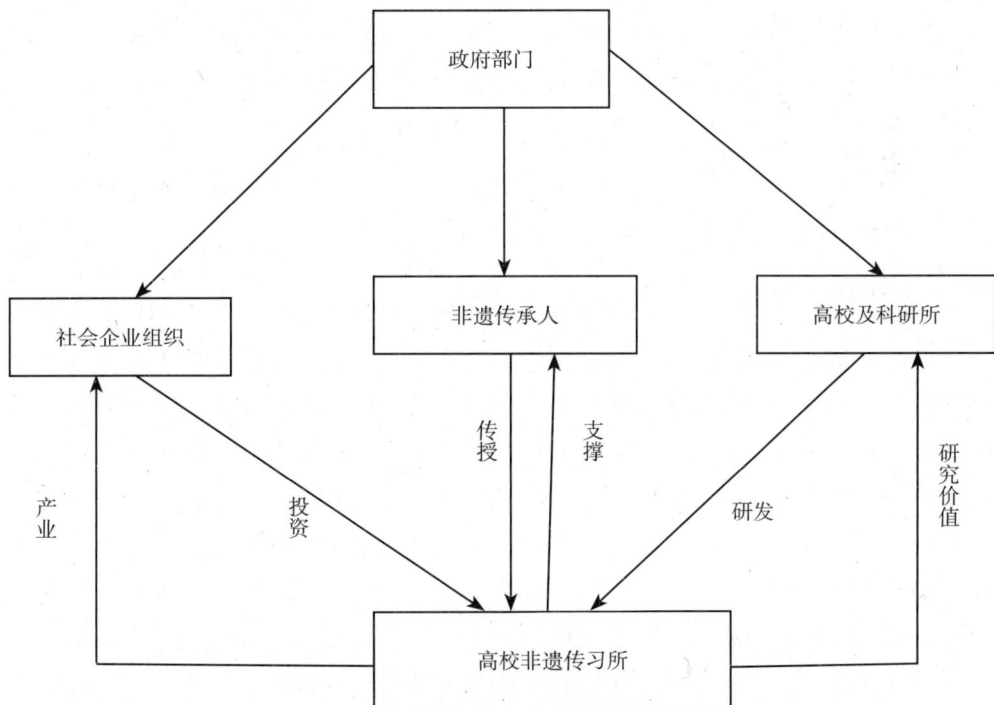

图 5-1　高校非遗传习所模式构建示意图

第二节　策划探究类非遗调研社会实践活动

高校开展非物质文化遗产创作实践教学为湖北省非物质文化遗产的发展提供了强有力的保证。高校应配备专门的非遗创作工作室及相应的设备设施，这样能让学生体会及领悟非遗民间传统工艺制作全过程，使学生操作技艺得到加强，为湖北省非物质文化遗产提供人才储备，为非物质文化遗产传承奠定持久、深厚的基础。同时，高校可以借助文化产业发展的大好形势构建非物质文化遗产实训基地，教师实地引导学生进行创作，直接将创意转化为生产力，真正实现非物质文化遗产的生产性保护及有效传承。

一、理论预设与实际情况的关系

有些学者认为，策划探究类非遗调研的逻辑顺序是这样的：调查者确定所要研究的对象——进入研究对象生存环境之中——参与、体验、观察、访谈、收集定性资料——分析、归纳资料，形成理论框架——进一步观察、归纳——再次进入研究对象生存环境之中……通过反复论证和调研，逐步形成系统的理论框架和严密的调查材料。这个过程中，强调完全"无我""忘我"的状态。

对于大学生而言，由于调查经验不足，以及受到实际情况的制约，非物质文化遗产调查的深度、广度、最终效果很大程度上取决于调查前的理论预设。在进入调研之前，要先经过资料的收集、系统的论证，而这些也正是非物质文化遗产教育教学内容体系中的重要组成部分。实际的调查是一个动态过程，在从预设到求证的过程中，会不断出现新情况，理论预设可能被实现，也可能被修改甚至推翻。

二、共识调查与历史民俗文化的关系以

湖北武汉新洲的花朝节为例，2017 年的花朝文化旅游节，活动时间从四月一日至六日，不仅有大型的民俗表演、祭祀活动、传统集会，还有"绝对求对"（对对联）等活动。花朝节作为新洲地区特色的非物质文化遗产，是祖辈留下的精神财富。如今，要站在新的高度重新审视这个精神瑰宝，不能一味地盲目沿袭，在调查中，要观察文化可以继续传承所需要做出的调整和改变，而不能以硬性的指标加以固化。

单项的调查主要针对特定区域的特定民俗，例如新洲花朝节，是当地文化中一个片段。但是，这种调查要放在历史民俗文化的坐标之中，与之密切联系。历史文化可以向调查者展示文化的脉络，有利于研究者更加深入地研究文化的特质、流传情况和精神内核。

三、调查主体与客体的关系

早期的人类学家就已经注重强调田野调查是针对异族文化的调查，调查者应以一种

"外来者"的视角出现,而不要过多受到自身文化的影响,要置身于被调查者的立场上来观察、理解和研究问题。列维斯特劳斯说:"神话、习俗、姻亲关系等都被共同的深层结构所控制,一个遵守这些习俗或神话的民族自己不会感到这种深层结构,就像以汉语为母语的人并不感到自己说的话服从汉语语法规则一样。"

在调查中,要培养学生树立"外来者"或者"局外人"视角,移情于文化当事者。正如美国人类学者本尼迪克特,她在"二战"结束之后接受美国政府调查日本民族性格的课题,以便制订处理战后日本问题的策略。她对于日本的极端名誉感、耻感文化、"精神战胜物质"的论调十分惊讶,但是没有妄加评论,她说,既然日本人认为这是美德,那它就是美德。她所理解的日本民族文化,得到了日本人的广泛接受,这是一个非常好的榜样,对于调查中的民间文化要达到一种直触本质的尝试,又要获得当地人的强烈认同。

在非物质文化遗产实践教学的调查中,还要注意以下事项。

首先,培养学生掌握科学、恰当的调查方法,确保调研的规范性。

其次,引导学生树立科学的态度客观看待民间文化,入乡随俗,置身其中,尽量以一个"合格的当地人"的姿态去调查,不断进行观察、访谈和互动。

最后,田野调查是一个动态的过程,要能够临时应变,不断提升自己的调查能力和方法。

四、典型教案分析

荆州马山民歌是国家级非物质文化遗产,其特色声乐教学是利用湖北地区丰富的民间音乐资源,在我校音乐教育中进行的以"传承与发展非遗文化,提高学生对我国传统音乐理解与认识,树立民族自豪感,培养学生的个性化创新能力"为目标的特色教学改革试验。本课程遵循的是"在继承中发展个性化创新"和"教学与实践相结合"两方面原则。案例从荆州马山民歌实践教学模式构建的意义、要点、应用价值三方面展开论述。

(一)荆州马山民歌实践教学模式建构的意义

通过对本课程的研究,促进《荆州马山民歌》实践教学体系构建,建立"实践+授课+表演"教学模式,激发学生自身对非遗的热爱,并且自愿积极担当起"宣传、保护、弘扬"民间非遗文化的使者。同时,本教改结合非遗进校园的大背景,可以创设校园文化生活的丰富多彩性,从而进一步提升学生的传统文化素养。另外,该教改能够促进非遗文化与校园文化的有机融合,符合高校"个性化教育"理念,帮助学生激发潜能,创新创建新空间,为学生的个性化发展搭建新平台。

(二)荆州马山民歌实践教学模式建构的要点

1.教学目标

①让学生了解国家级非遗荆州马山民歌这一中国优秀民间音乐文化,感悟到民间音乐

艺术之美。

②本课程将荆州地区国家级非遗项目马山民歌积极引入课堂，促进民间非遗和校园红枫文化的有机结合，形成融合非遗文化与校园文化的文化特色，为红枫文化节等系列活动培养人才，进一步深化文华学院特色非遗校园文化建设。

③本课堂力求探索出一条"非遗校园传承"的新路子，为非遗文化培养社会传承人、技艺传承人，实现我校个性化办学特色，为学生发挥潜能搭建平台与发展空间，让学生寻求到自我个性化发展的机会。

2. 教学要求

本课程作为一门实训演练型课程，学生们在掌握马山民歌演唱要领的基础上，必须做到课程的实训延伸，在教师的指导下，创新性地开展各项实践活动。具体要求如下：

①要求学生了解"马山民歌"非遗项目的基本传承情况，掌握马山民歌演唱要领，熟悉演唱技巧。

②服务"非遗进文华红枫节"的各项活动，要求学生配合教师编排出节目，参加文华红枫节的开幕式表演，并且要求在整个文华红枫节期间，完成红枫节的定点表演、与游客的互动交流等工作。

③服务社会文化活动，要求学生在教师的指导下有组织地参加一些社会文化活动，如公益会演等。

3. 教学内容

本课程共计32学时，课程主体划分为两大板块：马山民歌实训（16学时）、系列活动展演（16学时）。以"实践＋授课＋表演"的方式加以组织，注重马山民歌演唱实训与校园文化活动、社会文化活动的结合。

①马山民歌实训板块要求学生了解"马山民歌"非遗项目的基本传承情况，带领学生领悟马山民歌文化，掌握马山民歌演唱要领，熟悉演唱技巧。

②系列活动展演板块。服务"社会文化活动"，要求学生在教师的指导下有组织地参加一些社会文化活动，如公益会演等。

4. 课程评价

（1）评价内容

过程评价：根据学生对马山民歌演唱要领和技巧的掌握情况，以及参加文华红枫节开幕式表演、红枫景区定点表演、社会文化活动表演等的总体表现加以评分，分别给予优秀、良好、合格、不合格四种不同成绩。

成果评价：结合实践活动所取得的成绩，社会影响力等，分别给予优秀、良好、合格、不合格四种不同成绩。

（2）评价方式

采用教师主评、学生自评、互评的多元评价方式。

（三）荆州马山民歌实践教学模式的应用价值

本课程通过服务"非遗进文华红枫节"和社会文化活动进行推广的各项活动创造经济价值和社会价值，传播文华学院的品牌形象，提高学校的知名度和美誉度，对学校的招生有积极影响。

第三节　搭建校园非遗文化展介平台

非物质文化展示平台体现了数字化媒介的传播性、交互性、趣味性的全新体验方式，为湖北省非遗保护与传承起到了积极作用，实现了非遗展示的目的和意义。

一、数字化展馆藏品资源信息分析

呈现在数字化展馆的藏品信息作者将其分为三类：第一类是非实物类展品，无法通过实际物品呈现文化内涵；第二类是实物类展品，通过作品传递文化信息；第三类是以传承人为主要信息展示，作为非遗的守护神，传承人在整个非遗传承中起到举足轻重的作用。

在对当地的传承人进行田野调查，开展为期五天省内考察行动，途径荆州、潜江、仙桃三个地区，以荆沙为考察重点，走访、了解了当地工艺美术、物质及非物质文化遗产，收获了丰富详细的第一手资料（表5-1）。

表 5-1　考察记录

地点	日期	活动
荆州	3 月 12 日	高仿越王勾践剑、青铜器——许光国
		青铜剑——张云
		薄意堂木雕——李永安
		"璞玉"工艺——彭晓山
荆州	3 月 13 日	荆州博物馆
		荆州群艺馆
		竹编工艺
	3 月 14 日	荆州创业技工学校
		楚绣基地
潜江	3 月 15 日	潜江博物馆
		潜江群艺馆
仙桃	3 月 16 日	沔街工艺美术有限公司
		贝雕——路光荣
		江汉平原皮影收藏家——郑先忠
		麦秆画——邓友谱

（一）非实物类藏品资源信息分析

非实物类藏品的定义是为平台资料收集所设定，即受众在观赏非遗项目时不是通过实际物体、产品、图形等可触摸的形式了解该项目的，将这些类型的项目划归到非实物类别。目的是便于将各类的非遗项目合理地区分展示，按照各项所呈现的特征来界定。笔者对非实物类展品的描述汇总成表格（表5-2、表5-3）。

表5-2　注释汇总表

非实物藏品汇总	
名称	注释
民间文学	又称口头文学，由广大民众集体创作、口传心授而世代传承。包括神话、传说、民家故事、民间笑话、史诗、叙事长诗、歌谣、谚语、歇后语等
传统音乐	指主要通过口头创作方式产生和传播于民间的各种音乐样式，包括民歌、民间器乐和民间祭祀音乐等
传统舞蹈	日常生活场所表演的各种舞蹈，是民间文化的重要组成部分，湖北传统舞蹈内容丰富，品种繁多
传统戏剧	中国各地民众创造的戏曲艺术，具有很强的程式性和技术性
曲艺	中国民间各种说唱艺术的总称
传统体育	指活跃在民间的传统体育、技巧的比赛活动
民俗	指流传于民间风俗习惯，他蕴藏于民众生活中，是民间传统文化的主要内容
传统医药	传统民间知识体系重要组成部分，蕴含了中华各民族特有的价值观念、思维方式、想象力和文化意识，具有很高的科学认识价值和实践价值

表5-3　非实物类展品资源信息特征统计表

非实物类展品资源信息特征统计表			
项目名称	展示形式		
民间文学	文字	图片	音频视频
传统音乐	√	√	√
传统舞蹈		√	√
传统戏剧		√	√
曲艺		√	√
传统体育		√	√
民俗	√	√	√
传统医药	√	√	

以上的八类展品形式多以传承人口述或者表演人员现场表演的音频视频形式记录，这类型的展品需要注意是在资料采集的过程中，尊重传承人所表演的真实性以及原创性，保证记录过程的完整程度（表5-3）。

（二）实物类展品资源信息特征分析

传统美术、传统技艺所提供的展品形式多是以实物展品为主（表5-4），因为这两类非物质文化遗产所呈现的是以技艺为主要手段附着于实物上进行表现都属于民间美术的范畴。所以实物类的展品资源特征主要是以实物为主体，配合技艺的步骤与说明进行展示，其中也会涉及对实物材料的介绍（表5-5）。

表5-4 实物类汇总表

实物类藏品汇总	
名称	注释
传统美术	劳动群众在生产劳动、社会活动之余，为满足精神生活的需要，创作的各种视觉造型艺术
传统技艺	指民间传承下来的是手工业技术与工艺

表5-5 实物类汇总表

实物类展品资源信息特征统计表			
项目名称	展示形式		
	文字	图片	音频视频
传统美术	√	√	√
传统技艺	√	√	√

（三）传承人资源信息特征分析

湖北省省非遗保护工作成绩显著，非遗申报等工作在全国位居前列。国家级代表性传承人57人，省级571人。传承人作为非遗承载主体，凭借过人的才智，传承人们坚守着非遗文化的传统和令人敬畏的传统艺术。他们作为非物质文化遗产的"活化石"，秉承着为后人保留老一辈文化遗留下来的光辉理念，一直在非遗文化的传承道路上坚定不移地前行。他们既是家族文化的继承者，也是社会文化的传承的继承者。前文中列举的需要传承本人演绎、讲解的艺术形式，他们起到非同小可不容忽视的作用，可以说如果艺人没有继续传承各自坚守的文化，非遗文化许多精彩生动故事将不复存在。传承人的信息特征与前两类不同，因此在资料整理中需要单独设置规范（表5-6，以木板年画为例）。

表5-6 传承人数据统计规范

传承人数据统计规范	文字	姓名	陈艺文
		所属项目	木版年画
		所属类别	民间美术
		性别	男
		出生年月	1951/7/2
		籍贯	河南
		从艺年数	10
		传承代数	5
		项目代表	是
		传承人信息	生平简介、专业特长、获得荣誉

二、数字化展馆传播的需求

网站的传播应配合以下3点：

（一）内部结构精简，便于检索与浏览

数字化博物馆传播属于大众传播媒介的范畴，借助网平台传递信息，公众可以及时地了解非物质文化遗产的管理信息动态。网站上展示的文化信息除了向受众提供信息解读，优化网站的内部结构，便于用户使用。开设专题应该具有艺术性与专业性兼具娱乐性的功能，添加多个外部连接接口，服务各类人群的使用习惯。建立专业的技术团队，信息采集加工载体以及工具设备。

（二）传播效果与使用人群建立互动

越来越多的用户趋向交流互动来了解彼此，在此也包括以展品展示为主的博物馆主体，加入互动的优势在于可以随时感受与用户之间的关系，及时发现本身存在的隐藏问题，使传播过程中信息落脚点更加准确。

（三）全球化的信息共享

数字化博物馆意味着博物馆自身性质发生了改变，传统博物馆受限于体制的问题，想要走出国门基本只能是个别精品才能拥有的"待遇"。地球村概念的提出将世界各地紧密地联系在一起，经济文化的联系也将会更为频繁。一份来自国际博物馆协会的统计报告显示，全世界已登记在线博物馆站点数量为 6492 个，其中在欧洲拥有最多博物馆站点数量为 3853 个，北美洲的数量为 1840 个，拉丁美洲 512 个，亚、非两大洲共计 287 个。信息的传播已经扩散到世界范围，世界各国都在鼓励支持数字博物馆的搭建，希望通过此平台整合民族文化资源优势，加强世界范围的文化影响力。

三、数字化博物馆展品资源的特征分析

（一）平面成像采集

采用摄影技术对博物馆中的展品数字成像处理，再通过图片处理软件对数字图像做技术操作的过程，此技术普及较为广泛，是所有数字展馆采取的基本手段。在展览中多使用这项技术的原因有 3 个方面：一是博物馆的众多藏品中有许多珍品因为体积以及保存条件的原因，无法以实物的形式呈现在观众面前，借助静态平面技术的优势便可以数字成像的形式高清还原珍品的面貌；二是有些文物展品在被发掘的过程中已经遭到了不同程度的破损，如若长期放置于空气中，会造成二次破坏，加上游客在游览时不注意个人素质拍照时没有关闭闪光灯，这都会对文物保存造成影响；三是再大规模的博物馆也有游客容纳量的问题，因此博物馆在展出时，能够仔细地欣赏展品的机会也很少，博物馆里的环境因素也制约着观赏者对展品的欣赏。

使用图像采集处理的优点：

1. 展品信息数据化，便于网络传播。

2. 数据化格式为常用图片格式，便于不同环境用户使用。

3. 执行和维护成本可控。

不足之处：

仅限展品类型为二维空间，如画作、绣布等，单一角度可以完整呈现全部信息。

（二）动态数字模型

展品自身性质的差异，数字信息采样的需求也对应变化。一种常用的技术是使用三维软件进行建模，根据展品的实物图像以及平面成像采集的数字图像，最后通过三维软件的合成所得到的展品三维模型。这种方法的限制性在于展品的形态相对要小，在制作过程中比对实物图片的过程较为复杂。需要测量实物的详细数值以及结构比例，把所测量的数据应用到模型上。另外一种技术是 flash 软件动画，将逐帧的图像有序组合而成的简单的动态效果。

动态数字模型的优点：

1. 仿真精度高，展品细节表现准确。

2. 配合音响、视频技术增强用户体验。

缺点：

1. 扫描设备昂贵，建模周期长。

2. 展示环境有要求，需要安装插件进行浏览。

四、湖北省非遗数字化展馆的建设定位

（一）内容定位

内容定位的原则遵循全面呈现十大类项目概况，对非遗作品进行筛选，还应考虑到精品优先展示，重点作品突出展示，达到信息的全面覆盖。内容信息的级别按照：一级为十大类别；二级展示各类别代表项目，其中代表项按照优先国家级再省级的顺序；三级对应各项代表作品。非遗传承是各族民众视为其文化遗产组成部分，它们具备记录传统文化的表达手段，例如语言是传统口头文学的载体。目前，我国非物质文化遗产划分为十大类内容资料形式多种多样，因此需要将其统一的资料形式呈现，原则是图片为主音乐影像为辅的内容设定。保证资料真实性的前提下，制定资料采集原则，例如图片尺寸，像素要求，图片质量。音频视频同样采用统一要求，确保内容的规范性。

（二）网站结构

1. 主线明确

制定合理的网站信息结构，内容设定的目的是满足基本的展示设计的基础功能，如何方便受众体验是信息结构的任务所在，强调精神需求与情感满足的设计是定位的最终目的，强调用户体验到社会服务的新模式。

2. 层级简化

在对数字化展馆阶段性开发的计划中，依照丰富展馆资源为主的首要原则，网站内容从传统美术、技艺两大类项目中进行资料采集。因为在目前各地群艺馆、博物馆中收录的

资料里，主要展品都是出自这两类项目中，并且资料的完整度高，可采集的范围较广便于整理。

3. 拓展性强

其他八类项目的资料由于主要以音频视频资料为主，在整理和采集过程中需要不断地添加。网站的主要展示形式以图片为主音频影像为辅，为受众呈现比较直观容易理解的非遗知识展示功能。

（三）数据储存定位

1. 统一数据格式、尺寸

非遗的数字化工作是将实物展品进行数字处理的过程，在采集大量的数据之前的首要任务是做好统一的数据采集格式规范工作，便于在庞大数据中进行梳理分类。展品基础介绍，包含文字说明、图像、视频音频，馆藏精品的三维模型都需要严格的格式要求。

2. 数据备份、储存、版权

我们所收集各类信息数据，存储位置必须是安全环境，未经允许禁止擅自将数据对外交流使用，做好资料备份避免数据自身损坏。除此之外都应备注详细的作者信息，尊重传承人的知识产权也是对非遗文化的一种保护。

3. 管理员权限

设置管理员权限等级，对展品的各类信息管理，如修改、添加、删除，高级别操作包括数据库的各项功能更改都需要多个管理员进行确认，管理员权限可控。通过不断丰富的网站自身资源，数字化展馆发展的下一个阶段是内容的梳理，即对目前数字博物馆所收集的内容进行分类工作，这项工作的最终效果是以信息图表的形式呈现给受众，其目的是在于在受众心中建立较完整的非物质文化遗产的发展历史，从微观到宏观的认知，加深非遗文化对受众的熟悉程度。资料完整，结构清晰后的工作在于怎样让受众更好地接受非遗文化，主动去享受非遗文化所带来的乐趣是下一个阶段的任务。建立线下商店分享非遗产品文化，这部分内容作为展馆的延伸结构，目的是通过非遗文化带动产业发展，由产业发展促进更多的受众加入非遗的保护中，并给传承人带来直接经济利益，保证他们的正常生活开销。从数字化博物馆资料收集整理到线下商店的发展，我们所谈的非物质文化遗产保护工作其实只是做到了一半，真正的保护是传承。因此在数字化展馆发展的最后时期，教育部分是我们最终目的。博物馆的工作核心其实教育已成为社会共识，1984 年出版的名著《新世界的博物馆》中对其教育意义这样描述的："心脏好比是博物馆的典藏品，灵魂则是博物馆的教育职能。"在之前的收集的展品资料是为博物馆教育功能提供物证教育（物证教育是一种靠实物说话的教育方式，即以"物"来"验证"通过课堂、书本和各种传播渠道所传授的知识）而展品整理所得出的信息图表则为博物馆提供了知识框架教育。

五、湖北省非遗数字化展馆设计实践

（一）交互原型结构设计

原型（Prototype）经常被译成试制品，但是在以用户为中心的设计中，原型所扮演的角色与传统的试制品还是有截然不同的区别。原型的分类是根据精细程度进行区分，主要有两类：一类是低保真原型，与最终产品效果不太相似，可以是纸质绘制的草图，也可以是计算机绘制的线框图，但是逻辑关系是明确的；另一类是高保真操作使用上与最终产品基本保持一致，制作时考虑到界面效果逻辑关系等诸多元素，最终呈现效果与实际产品近似。原型设计以用户为基本落脚点，让使用者充分了解到整体交互的设计流程，因此，整个设计是一个目标导向的设计过程。其设计研究开始于对用户的了解与分析，设计师首先要直接地深入了解用户，站在用户的角度，设身处地地沉浸在用户的世界中。梳理了整个网页的结构、视觉以及展示方式后，在交互流程设计工作遵循适应不同人群的交互方式，不影响交互功能为前提简化操作，创造良好的用户体验。

综合考虑，制作高保真原型的工作量庞大，针对所研究的对象分析，当前需要明确的是整体网站的结构关系。所以优先选择制作低保真原型，制作时选择树形原型的形式，不使用任何装饰性的图形元素，只是用线条和文本链接。

（二）网站结构设计

1. 最新动态的设置是否有必要

原因是在网站建设初期，网站所提供的内容是为受众更好地去了解非遗作品，而并非发布一些官方的活动信息。但是就本文对国外数字博物馆的建设分析，都设有类似于最新动态的功能模块，这也是较为成熟的博物馆建设所需要设置的部分。目前的非遗数字化博物馆处于发展初期，是否考虑到在建设初期添加此功能，仍然需要考虑服务的本体，湖北省群艺馆自身的承受能力。因此综合考虑暂停此功能开发，根据今后博物馆发展状况，决定是否需要重新开设该功能。

2. 实物与非实物类页面设置是否存在功能重复

原因是实物类展品进行展示时，页面所呈现的是文字、图片，非实物类展品展示不可能仅仅将音频、视频内容单独展示。两种展品在分类上可以按照实物非实物进行分类，但是在网页展示时却存在着共性，站在用户的角度在进行浏览网页时，即无论实物还是非实物都可以通过文字信息、图像、音频、视频进行作品展示。站在资料收集的角度实物与非实物的区分同样需要从以上几个方面整理，因此这部分的网页结构可以综合为一类页面，减少用户的使用步骤和工作人员的资料整理。

（三）界面设计实践

迈尔斯延克在《界面易读性研究》一书中提到："易于理解的界面设计是支持而不是干扰内容。"书中提到的有关界面设计考虑三个方面原则。

只使用一种设计样式表。设计样式表被用于设计中，安排设计元素的格式，无论单个项目设计还是系列项目，它都是保持设计一致性的基本工具。它奠定了基石，建立了代码体系，给内容以引导线索；能够加快用户把握信息的速度。固定的用户会觉得每次使用都是熟悉的，而新的用户对设计也会很快熟悉起来。

符合常规的使用习惯。一致性的价值在元素的放置位上被体现出来。固定的用户每次都会在同一位置找到同样的元素。例如在网页顶端多数网站会设置导航，右上角会有搜索功能，左上角是返回首页等。刻意地去改变用户使用习惯可能产生不舒服的体验。

敏感的风格。除了一致性之外，风格必须具有意义。如果风格代码吻合用户对事物原本的印象期待，那么用户将会较快地、持续地掌握界面的设计。

界面设计易读性地思考整理以下表格，对应的属性关系，以便后续工作开展做参考（表5-7）。

表 5-7 易读性总结

要求	具体含义
清晰地表达	一致、准确、简约
	使用吻合受众阅读水平的语言
	以阅读者需要的顺序来表现内容
清晰地设计	使用一种有效的设计风格，保持一致性与清晰性
	使用易于阅读的字体
	创造一种易于阅读的布局
	元素周围与元素之间的距离处理要一致
	色彩是信息设计的工具，而不是装饰
	对照片进行选择、修建、精心摆放
	对图表进行清晰的设计、备注和说明

1. 网格系统

网格系统可以使网页界面设计结构清晰，页面布局变得有序和合理。网格系统组成由一系列的水平和垂直线相交构成，网格系统可以很好地控制内容。通过网格系统，我们可以创建一个更好的信息层次结构设计，使设计更具有节奏感。正如编码，代码需要有机组织，网络设计的网格系统是相同的，为设计师在设计中提供了一个规范的模板。优秀的网站都拥有非常优雅的外观，他们在设计之初一定会借助网格系统。

2. 界面风格界面的风格

言外之意可以理解为是网站的"性格"。如果将网站拟人化，那么界面风格就可以判断出它属于哪一种类型。玛瑞莎梅尔（Marissa Mayer）是 Google 产品设计师，她曾经对网页视觉界面打了一个形象的比喻，在她看来简约的网页界面设计好比是一把"合上的瑞士军刀"，出于用户体验的角度 Google 的网站外观设计采用简洁的风格。

3. 网页元素

①色彩

用户对颜色的反馈是最直接的，当用户注意到设计时，最先进入大脑的信息就是色彩、基本型，以及外观。艺术与设计领域的结合相当微妙，这一点上艺术家与设计师已经探讨了许久，在这里只能提出几点需要注意的内容以供网站建设参考，界面颜色方案的设计把握可读性为前提：

冷暖色调。通常人们理解的红、橙、黄、褐都是暖色调的颜色。而蓝、绿、紫、灰以及白色都是冷色调色彩。需要表示保守、严肃的网站界面常常使用冷色调（特别是蓝色）。需要表现活跃、生动的界面可以尝试使用暖色系。与非遗内容对比出，使用暖色系更亲近，更易使用户产生好感。非遗数字化博物馆界面风格遵循的设计原则以简约直接的信息表达手法为主，力求给用户清晰的浏览环境。

色相饱和度。高饱和度的颜色或者说纯色，例如，明亮的黄色、红色和绿色，会让人感到生动、明亮有力的情绪。它们性格明显，并且色泽鲜明。如果过度使用高饱和度的色彩，极易产生视觉疲劳，饱和度低的色彩，无论是深色还是浅色构成了调色板中大部分区域。色相的选择直接关系到整体形象，不同色相表达不同属性。例如红色代表力量、激情，具有醒目的特征，特殊情况下是警示的作用；黄色象征着幸福，传递喜悦和光明的感情，也会有警告批评的感受；绿色是生命的颜色，绿色使人到舒适安全；蓝色象征和平，具有强烈的稳固性。原本的图像色彩信息已经过于复杂，主色相的选择考虑到非遗文化的特性，尽量避免界面色彩相互影响，因此借鉴了非遗标志中的色彩信息，使用暖色系的红褐色。

②字体

字体和字体大小直接关系网站的整体视觉画面，也是内容传递的主要形式。在一定情况下会对网站优化起到助推作用，如在页面上显示更醒目的大字体和粗体，可以获取搜索引擎的注意力，捕获网站资源，间接地增加互联网搜索引擎调取页面信息提高 PR 值。虽然现在有很多类型的字体，用户习惯阅读印刷字体，在屏幕上阅读尽可能模仿印刷字体形式，达到纸上阅读与屏幕阅读相近的舒适程度。

③图像

图像可以通过多种方式为用户提供咨询传递，它们能够引导、描述、强化、表述一个主旨，或者模拟某种情感。与字符和信息显示类似，图像为特殊的目的和受众塑造信息。一些图片比其他图片的信息更集中、更全面、更具体，但所有图片的使用都是为了清楚地展示信息。

第四节　建立非遗主题的校园文化

非遗文化体现了我国传统民族精神，是我国中华民族传统文化的重要组成部分。而校园既是传播知识的场所，也是人类文化遗产的学习与传承之地，承担着文化传承的使命。

将湖北省非物质遗产文化很好地引导入校园，能够较好地推动校园文化建设，提升学生及教师的整体精神文化水平，塑造良好的校园风骨与灵魂，增强校园文化核心竞争力，同时也能够弘扬与传承优秀的非遗文化。

一、非遗文化对校园文化建设的作用

（一）提升了校园文化核心竞争力

校园文化所传递出来的价值取向及思想导向能够深入贯彻习近平总书记新时代中国特色社会主义思想，引导学生及教师树立正确的人生观价值观，为社会和谐发展作出铺垫。

湖北省非遗文化包含了全省当地文化的精要，通过非物质文化遗产这一纽带传递出万物和谐、寿与天齐的美好意愿。无论是名震世界的"恩施扬琴"，还是风趣幽默的"汉调二簧"，这类非物质文化遗产都流露出古时候的人们对于美的向往与追求，蕴含着独特意趣和境界的完美结合，给人以强烈的心灵震撼，具有积极向上的审美教育意义。在将这类非遗文化引入校园后，学生与老师在专业人员的指导下，积极参与到创作与展示的过程中，能够充分感受到其中的乐趣，也能够从中领会到非遗文化所传达的美好精神品质，对于校园文化核心竞争力的提升大有裨益。

（二）增强了校园精神文化层次

将湖北省非遗文化在校园中进行宣传推广，是中华民族传统文化在校园中的良好传承，同时非遗文化中的美好精神品质能够增强校园精神文化层次。教师与学生通过学术讲座、参与非物质文化遗产相关活动等方式，学习了非遗文化的相关知识，了解了非遗文化的底蕴，能够增强广大师生的民族认同感，激发传承传统文化精神的责任与义务，让广大师生能够形成积极的爱国情怀，树立正确的世界观、价值观与人生观，有效推动了校园精神文化的建设。在非遗文化中，诸如珠算、中医针灸等项目，都具有较高的技术性，充分展示了古代人民的求知与创新精神，体现了他们积极进取的理想追求。将非遗文化引入校园能够让教师与学生认识到非遗文化的深刻内涵，端正对非遗文化的思想观念，求知与创新精神也能够带动校园精神文化的提升，让师生在日常教学过程中能够形成良好的风气，一方面提升了校园精神文化的层次，另一方面也使非物质文化遗产得到了良好的弘扬与传承。比如珠算这一非物质文化遗产，教师与学生在参与过程中了解了算盘的使用技巧，能够折服于古人的高超智慧，同时珠算中所体现的运算技巧也可以被教师与学生用于日常教学生活中，从而锻炼数学思维能力，让校园精神文化从根本上得以提升，也促进了非物质文化遗产在校园中的传承与应用，呈现一种双赢的局面。

（三）创新了传统文化传承的途径

将湖北省非遗文化引入校园，不但能够使校园文化建设得到推动，同时校园文化建设也能够有效带动非遗文化的良好传承，使非遗文化以一种全新的途径得以发扬光大。众所周知，非遗的保护与传承工作专业性较强，涉及方面较广，要想较好地对非遗文化进行有效地保护与传承，就应当创新传承的途径，培养出传承的新生力量。而校园作为培养人才的摇篮，其主体是青年师生，他们的思想及行为影响着校园文化的建设，也为非遗文化的良好传承提供了条件。因此，在校园文化建设汇总引入非遗文化，能够积极推动非遗文化以校园文化为土壤而扎根发芽，以高素质人才为载体进行良好的传播与继承。

非遗进校园这一举措，不但推动了校园文化的建设，也能够让非物质文化遗产的传承途径得以创新，符合新时代的发展特点，让非遗文化也能够代代相传，造福千秋。

二、非遗文化融入校园文化的良好策略

（一）根据学生实际情况选择合适的非遗项目引入校园

非物质文化遗产项目繁多，其中涉及生活中的方方面面，有部分项目诸如奶娘催罡巫舞、沮水巫音等，由于具有浓厚的地方特色，承载了较为强烈的当地历史背景，学生在理解时过于困难，不适合充当非遗项目引入校园。

因此，在进行非遗进校园这一举措时，首先要根据学生的实际情况选择合适的项目。学生正处于身心飞速发展的关键阶段，对于新鲜的事物具有强烈的好奇心，对非遗文化缺乏足够的认知，如果引导不当，很容易造成学生人生观、价值观出现偏差，继而造成难以挽回的损失。在选择非遗项目时，要基于学生的年龄特点，选择普及面较广、影响力较大，且能够为学生身心健康发展提供帮助的项目，诸如土家摆手舞、采茶戏及当地戏曲文化等，都能够让学生在轻松活泼的学习环境中领会到该项目传递出的美好品质及思想。

（二）在校园中与校园文化活动相结合宣扬非遗文化

非遗文化正是当地极具人文底蕴的传统文化精髓，它以独特的风格展示给人们以美的感受，潜移默化人们的思维方式和价值取向。校园文化活动是文化校园建设的重要组成部分，浓郁的非遗文化氛围与良好的校园文化相融合，既优化了学校的育人环境，又充实了师生的精神培育。将非遗文化引入校园后，要依托于校园内师生的力量，与校园文化活动相结合，创新非遗文化的表现载体。比如，学校组织学生四处走访探寻散落在民间的非物质文化遗产，采用摄影采风、文学作品记录等方式，促进教师与学生对非遗文化的进一步了解。同时还可以设立各类与非遗文化相关的校园社团，在社团中定期举办以非物质文化遗产为题材的艺术创作比赛、展览和演出，从根本上提升教师与学生的爱国情怀，让教师与学生为中华民族拥有如此优美的传统文化而感到自豪。依托于各类校园文化活动，非物质文化遗产才能够在校园中充分发挥其作用，让广大师生认识到非遗文化的深层次内涵，从而进行良好的传承与保护。

三、经典案例

在我国传统戏曲艺术文化中，湖北汉剧可称为长江流域地方传统戏曲的重要剧种，它植根于荆楚文化的摇篮，与湖北人民劳动生活环境、民俗风情、语言文化，以及文化审美

习惯息息相关，与当地艺术文化传统紧密相联系。

（一）传统戏曲文化在高校教育中的发展动向

二十多年前，联合国教科文组织在世界高等教育会议上，发出了对 21 世纪的高等学校教育工作的展望和如果有效行动的世界宣言，宣言内容讲道："通过研究去发展、创造和传播知识，作为其社会服务的一部分，提供有关的专门知识，帮助社会的文化、社会的经济发展，促进和发展科技研究和社会科学与创造性艺术方面的研究"，"帮助在文化多元化和多样性的环境中理解、体现、保护、增强、促进和传播民族文化和地区文化，以及国际文化和历史文化"。这一对高等院校提出的宣言是关于民族传统文化传承与发展的时代要求，高校教育在传播传统音乐文化工作时应着眼于高校人才培养、科研动向以及社会服务等诸多方面。

（二）传统戏曲文化在高校教育中的传播实践

音乐文化教育传承主要途径就是学校教育，而高校音乐教育更是培养对社会有益的音乐人才的重要阵地。非遗产汉剧作为地方大戏种，它的存在却被我们长期忽视。作为人类非物质文化遗产的传习基地的高等学府，高校汇集了以青年学生为主体的大批民族文化继承人和创新者，作为祖国发展新生力量的他们，是未来传统文化的直接传承人。因此，在高等院校中积极开展关于非物质文化遗产汉剧表演艺术的相关课题研究，会对共同建设中华民族优秀文化宝库产生重要意义。

在 2012 年华中师范大学音乐学院，由声乐系周希正教授牵头，开设了以湖北地方戏曲汉剧、楚剧为保护传承目的的兴趣班，兴趣班的成员是华师音乐学院声乐系中大一年级至研究生二年级学生，还包括个别非音乐专业的学生，该班现共有学生 12 人。兴趣班通过理论和实践两种课程设计进行教学工作：其一，是汉剧戏曲艺术理论研究课；其二，是戏曲舞台表演课。该兴趣班课程主要从戏曲的基本理论、汉剧表演曲舞艺术，剧目创作研究方法等多个方面进行汉剧在高校的资源开发与利用。

在保护非物质文化遗产时，手段及途径是多种多样的，但不能像保护文物那样作为固态来隔离保护，而是要将其一直保持在"活"的状态下进行保护。汉剧是综合性的舞台表演艺术，与之相关的唱腔、音乐、表演都是鲜活的，所以口传心授的活态传承，才是传承汉剧传统表演艺术形式的方法，这种保护才不会使得汉剧表演艺术消失。为此，兴趣班戏曲表演的课程，更是由汉剧非物质文化传承人的两位老师亲授课程，两位老师分别是八贴袁忠玉和六外邹洮河。兴趣班的授课方式是依照传统艺术口传心授式的教学模式，排演剧目了《辕门斩子》《二度梅》、董卓戏貂蝉》《贵妃醉酒》等经典剧目，且涉及汉剧行当的大部分。聘请来的专家老师亲自示范，毫无保留地将汉剧的"手、眼、身、法、步"等表演精髓传授给课程班的学员。经过一段时间的辛勤付出，他们得到了丰厚的成果：在 2012 年湖北省首届艺术节大学生戏曲比赛中，四位兴趣班学员参赛，并斩获金银铜全部奖项，比赛成绩甚至赶超汉剧专门院校。

高等师范院校音乐教育中对汉剧传统音乐文化资源的开发与利用上，依然会出现以下问题。

1.汉剧学员人数过少

以华中师范大学音乐学院为例，参与汉剧兴趣班学习的人数有12人，但是院系有在校研究生与本科生的总和大概千余名学生，学员人数与学院学生总数相比，学员人数严重不足。这说明青年学生对传统地方戏曲几乎没有关注度。造成这种现象的原因有两个：一个是出现在学生主体上对汉剧艺术了解比较少，另一个是出现在客体上是社会及高校环境都对汉剧艺术的传播力度不足。地方戏曲是我国民族文化艺术的一种综合载体，文化要传承就要找到传承媒介和探寻相关有力手段。音乐院校及高等师范院校的相关音乐教育专业，就是肩负着传播传统音乐文化的重要使命。传统音乐文化的传承唯有"教育手段"才是代代传习的核心部分，高校作为教育手段的传承基地，它是民族音乐文化的寄托，更是能够在当代培养出各类音乐领域中最顶尖人才的摇篮。因此高校的教师群体，也要加入到大力宣传传统戏曲的行列，从国家科研项目、课题申报等等形式入手，通过大力宣传手段让更多的青年学子加入到对非遗汉剧艺术的传习以及研究中，唯有将新鲜血液的注入才会给古老艺术形式带来新的生机。

2.戏曲教育在高师教育中不普及

汉剧传承与保护的机制要相对完整才能使汉剧蓬勃发展，在一百年前，汉剧大约最辉煌的时候，汉剧科班及班社多达几十或上百，处处百家争鸣。而现今，关于汉剧的教学机构都寥寥无几，高等学府有关汉剧的专业更是凤毛麟角。

湖北当地高师教育应立足于本地特色传统戏曲教育，并构建以汉剧作为本地高校音乐特色教育的传播中心，建立相对完整的传承与保护研究体系，是汉剧在高师教育中传承亮点。我们可以通过以下手段，如图5-2。

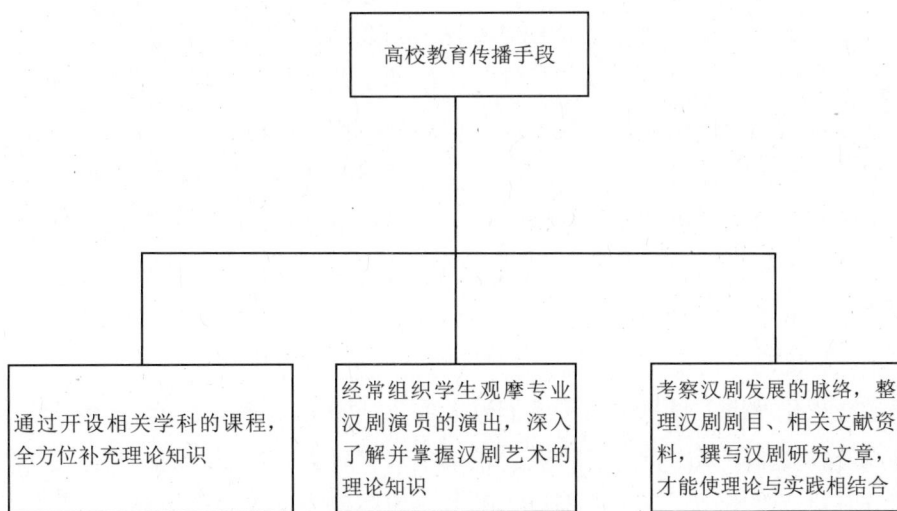

图5-2　音乐教育传播手段

积极促进学校人文特色建设和学科特色优势培养的发展同时，也要大力提高专业性人才培养的质量，使戏曲在高师中的传播教育加快推动。

3. 创新剧目严重不足

关于汉剧的剧目创新上有两种观点存在：一种观点是老剧目没有挖掘抢救，可用很少，另一种观点是剧目创新太少，形式单一。兴趣班的成员目前学习的基本都是经典传统剧目，显有涉及新作品的。且汉剧剧目丰富，向来有"八百出"之称，而真正抢救保护出来的优秀古老剧目非常少，更何谈创新而言。

经典剧目的传承，可以使后人更好地了解汉剧艺术传承经久不衰的精髓特质，但往往经典剧目的数量少。经典固然需要传承，倘若故步自封，僵化守旧更是不行。汉剧艺术每年出品的新剧目非常有限，那么全国各大音乐学院的老师和学生完全可以通过专业特色，比如作曲、舞蹈、声乐、器乐等专业地集中调配，用学院派的手段使这些专业发生碰撞，或能产生出汉剧创编艺术的新火花，在汉剧剧目上推陈出新。编创新剧目对于文化遗产的保护也尤为重要，我们要加快速度了。"物质文化遗产"的保护和"非物质文化遗产"的保护是根本不同的两种保护形式，前者侧重保护前人所留下的物品、名胜古迹、古代建筑或是出土文物，是物质的"遗产"，而面对非遗产的保护措施，我们不仅要保护前人留下的非物质状态的作品样式，音乐样态，更重要的是进行对前人创造出的文化系统来传承保护。

（三）创建"翻转课堂"教育模式与开放式网络课程的传播途径

新时代的年轻人对中国的古老艺术认可度还是非常高的，现在的年轻一代生活中"古老"并不多见，他们更多的是对传统艺术的好奇，传统在他们眼里可以说是"奢侈"。虽然年轻人时常会被"标签"化，但是中华民族的子孙们在面对文化认同的时候还是不会含糊。但年轻人也有困扰，他们没有"途径"去了解中国传统艺术，或者说是连机会都没有。这些缘由可能有很多，比方说从老辈人那听说来的戏曲艺术是枯燥无味的，而专业院校的戏曲学习也是门禁森严，可能和实际生活是脱节的，若是想学习传统艺术，比如戏曲汉剧艺术，除了专业汉剧演出团体外，是没有一些培训机构可以进行汉剧爱好者的培训和学习的，这些都是汉剧传播及教学途径的困扰。一旦有机会让年轻人接触到汉剧，大多年轻人就觉得原来汉剧是这么美妙的一件事情。以昆曲《牡丹亭》进校园反响极为成功一例就可以很好地说明，青年人是愿意接受他们认为的新鲜事物的。虽然在几百年前，听戏是再平常不过的事情现在看来却变得奢侈，这对年轻人来说便是当今的"新鲜事"，若有各种手段能让青年人轻而易举地得知汉剧信息，汉剧振新指日可待。

当今是智慧化城市，科技带给了人们巨大的生活变革，新媒体的应运而生，使得古老文化的传承及发展都带来了良好的机遇，不单单只有过去口传心授的一种学习方法，不单单只有剧院听戏一种途径，一切都变得多元，一切不可能都可以变得可能。可以实现在线上线下的翻转课堂教学模式，可以利用开发式网络实现和戏曲名家虽有实际距离但仍面对面的交流机会，能够在网络媒介上听到新老剧目的演出甚至是直播，可以通过媒介知道最新的讲座信息，演出时间，甚至大到国家政策，小到一个戏迷听戏后最直观的自我感受等等一切新生手段，这样的途径是汉剧发展过去几百年完全不能够相提并论的。

1. "翻转课堂"教育模式的优势

环顾周遭世界，通信技术的发达和信息产品的普及已经改变了我们的生活，各个方面都让我们的生活变得灵活多变，且更有效率，并且这种改变冲击到了我们教育的实施，这种科技力量为传统音乐教育带来了新的可能。在音乐的供给层面看，人接受音乐刺激的来源几乎是随手可得，用手机、平板电脑等等媒介通过互联网可以马上得到想要的资源，音乐课程和教室已经不是唯一的或者说是主要的信息运输渠道了，教师也不再是信息主要的提供者。

翻转课堂已经在生活中开始渗透，传统戏曲艺术也不例外。网络是媒介，使得传统戏曲艺术的发展开始改变了。在网络平台上，利用网站、网页、微博、聊天群、微信及微信公众账号等等网络媒介平台，票友和戏迷自发地申请到传播媒介的个人账号或公众号，并收集传播着有关汉剧的各种信息，比如：演出场地、演出人员、国家政策导向、学校教育课堂，高校人才培养动向等一些过去没法快速知晓的信息。那么想要了解汉剧动向的人就可以进行关键字的搜索，以便得到相关信息的了解，信息的传达可以说是及时的。还可以上传汉剧唱段资料，达到资料共享的效果。

"网络课堂"的建立也可以让天南海北的朋友都可以聚集在一起，利用网络平台，让授课过程变得简单，不再需要教室和讲台，一个手机可能就能听到最优秀的教师讲解。这种模式大幅促进了戏剧的传播和普及，利用网络的方便快捷，使得课堂的概念不再固定。例如一种"微信群聊"的翻转课堂模式，相关的汉剧从业者，也可能是汉剧票友，或是汉剧爱好者，在网络平台上发布宣传消息使得对汉剧艺术感兴趣的人通过"信息群"集合在一个聊天群内，"微信群主"或是"群成员"在群内均可传播汉剧有关的动态，大家通过这个"信息群"都可得到共享，并且在群组内的成员，可利用文字、语音或是视频进行没有障碍的相互交流。这样一种模式使得信息的及时性得到充分地展现，也使沟通变得无障碍。即使是在群里进行汉剧相关课程的培训讲解，也是极为方便和快捷的。

网络平台已经搭建，但是关于传统戏曲艺术的资源还是多局限于史料纸质资料，许多珍贵资料都是孤本，无法被大众所方便查阅，若是利用好网络课堂的平台，对汉剧艺术的大众普及工作的建设，更加广阔的前景会被开发利用的。

2. 开放式网络课程的有效传播途径

文明是传播社会发展一定阶段的产物，是人类达到智慧水平形式的存在状态，是人类在认识并改造世界的过程中，人类本性在这个过程中不断进化从而逐步形成稳定思想观念的具体表现，文明影响着我们看待自己和世界的方式。当然事物的两面性也是存在，好的表现是人类在进步，文化传播手段也不断在科技化，伴随的不好的产物可能一定程度上会认为是在对古老艺术的破坏。当然我们要在保护古老文化精髓的基础上进行创新手段改造，发展必然有质疑，打破了最舒适的生成现状必然会感到不适应。但是想要推动文明，就要为此做出努力，通过建立开放式网络课堂的途径，首先改变人们的心态，主动利用网络去探索关于汉剧艺术的传播途径及振兴方式，再利用网络平台建立，当然不是说要摒弃传统教学及推广模式，只是建立新的途径为汉剧的传播和发展提出新的可能，以及更好的设想去推动。

（1）网站网页的建设

网络分为两种，一种是行业门户网站，比如中国戏曲网站，是内容的提供者，主要为专业人士所服务。另一种是门户网站（BAT），门户网站提供各种工具，尤其是SNS工具，SNS是指"社会性网络软件"，利用大众推广平台，最直接的智能手机网络软件如微信、微博，利用这些平台与行业门户进行结合，加之一些名角及戏迷票友自身的影响力，使汉剧的推广和传播产生巨大的作用。

（2）智能机制的建立

计算机、平板电脑、智能手机等已经变成了科技时代中不可或缺的重要学习工具。在这些工具里面运作的软件就是让当代传统戏曲艺术能打开新传播思路的前沿途径手段，应用软件的持续开发支持着科技日新月异的进步，从而能试图为中国传统文化传播探索一条新路径。

善于利用信息技术的实效性，使得学习不再变得局限书本，平板电脑、智能手机等等可以移动的载体，让学习知识变得"移动化"，让学习场所走出了教室，随时随地都能在"行动中"学习，这种教育模式的新风貌在我们生活中越来越常见。善用信息的行动学习工具，使学习也能变得创意起来。这就是科技为音乐教育带来了新的可能，同时也带来了新的思考：汉剧艺术的传播可否利用新鲜媒介作为平台，让现代科技教育传播手段根植于古老汉剧艺术，为汉剧的广泛传播找寻出路。

科技让我们模糊了以往的一些学习概念，比如上课下课的时间没有界定了，上课的场地也可能不再是教室，学习的模式也不再单一的是老师与学生的面对面等，科技挑战了音乐教育传播的运作模式。目前，哈佛大学、麻省理工学院已经开设了所谓的在线课程（Opencourse），部分学科的学位授予也转移到网络课堂。那么这些在线课程的成功案例是不是也能借鉴到汉剧艺术的传播上来呢？如果能够把当下汉剧最为有名气的"角"们唱段或教学录制下来，通过组织教学团队对汉剧艺术传播教学进行设计，拍摄汉剧艺术作为教学科目的影片视频，投放至网络上，甚至可以和以同样模式授课的伙伴团队探讨教学相关的问题，这种智能学习的模式建立，大幅开拓了传播视野，为汉剧的新途径传播带来了可能。

周边APP工具：微吼直播、YY语音，这类工具可以实现视频在线的同步授课。若能将汉剧的大师，通过这类视频直播软件工具的利用，使得汉剧的传播会更加便捷。当然，这类课程的前期宣传和推广也是要做足的，依然可以利用公共信息平台发布信息，以及利用有一定知名度的演职人员的明星光环去带动推广，从而达到宣传目的。观察过去的历史我们可以看出，凡是进步的国家都是在理念或是知识上超前或有预知能力，才会使整个社会充满动力。当前的汉剧艺术教育的传播更是需要权衡当前的现实，认真检视自身，要善用科技优势，普及培养新一代"大众"的汉剧艺术关注者。

第五节　构建少数民族非遗文化舆论宣传机制

设立高校非物质文化遗产研究机构及工作室，可以更好地致力于湖北省非物质文化遗产的发掘与整理、保护与传承，也有利于民间传统艺术形式与高校艺术文化教育的整合。可以建立基于高校与非遗优势互补的共享机制。高校研究机构可以充分利用现代化的硬件设备及较强的科研能力为非遗的保护及传承作出贡献，共同参与非物质文化遗产的创新与开发；成立高校非物质文化遗产研究所吸纳非物质文化遗产传承人，有利于高校特色专业的建设，非遗代表传承人与高校研究民族、民俗、民艺的教授及教师相互学习与交流，把非遗代表传承人的丰富实践经验和创作绝活融入高校教学研究中来，提高教师的理论研究水平与实际创作水平。通过这样的学习和交流也可以提高非遗代表传承人的文化水平及创新能力。

一、构建学校教育传承民族文化的宣教机制

学校教育传承民族文化，首先是培养学生的文化主人意识，增强民族自豪感和自信心。有一位学者曾感慨地说："失去一种艺术是可惜的，失去保护民族民间文化的意识，则是可悲的。"这句话给我们的启示是，对于本民族还是其他民族来说，民族文化的理念至关重要，它将决定我们采取什么样的行动，并导致不同的结果。只有当民族成员认同和热爱自己的民族文化，把本民族文化的爱融入"血液"中时，民族文化的永世传承才可能得以实现。

培养文化主人的意识，在于提高文化自觉，这关系民族文化保护和传承的缓急。任何一个民族，应明白本民族的起源、历史和发展趋势，并不断进行反思与创新。可以说，文化自觉增强，民族文化保护和传承就兴旺；文化自觉消失，民族文化保护和传承也就终止。因此，对于湖北省少数民族的优秀文化，也要加强教育，要在广采博纳其他民族优秀文化的基础上，提高本民族文化的自识、自重、自尊的意识，并能成为他们的自觉行动，去采取正确措施保护它、传承它、发展它，这样才能在多元文化的世界确立自己的位置。

教师和学生是学校教育的基本要素，他们对民族文化的认同和理解直接影响到学校民族文化教育的效果。培养教师和学生的民族文化认同和主人意识，既是学校民族文化教育

的目的，也是学校民族文化教育的动力，有利于建立学校自己的教育传承机制。同时，他们对民族文化的认同感会以一种自然的无意识的方式影响着所在社区和家庭其他成员，而这种影响力是无法估算的。学校应采取各种途径和多种方式，加强民族文化保护的教育，大力宣传民族文化知识，不仅要针对学生，还要针对教师，逐步形成制度并长期坚持下去。要使教师和学生在民族文化教育的实践中，进一步深化"了解一个民族，必须了解这个民族的文化；尊重一个民族，必须尊重这个民族的文化；发展一个民族，必须发展这个民族的文化"的认识，自觉地把学习优秀民族文化、传承优秀民族文化作为己任，努力营造人人都来关心民族文化传承，支持民族文化传承，投入民族文化传承的氛围。

二、构建学校教育传承民族文化的教学机制

在规范教学要求、丰富教学内容、增强教学吸引力上下功夫，把广大大学生培养成为既能够熟悉、运用、传承优秀民族民间文化，又具有扎实科学文化知识、强烈的民族自信心的中国特色社会主义事业的建设者和接班人。对于民族地区来说，学校传承民族文化应该成为一项硬性教学要求。无论是小学、中学还是高等学校，无论是职业教育还是普通教育，都必须把民族文化教育列入日常教学活动之中，并围绕当地优秀的民族民间文化资源的特点，因地制宜地开展。尤其要做好列入国家和省非物质文化遗产保护的项目进入课堂的工作。

学校民族文化传承，要有一个合理而又科学的教学计划，并与常规教育结合起来，使科目设置、教学内容和课程安排具有地方特色、民族特色和学校特色。课堂教学是文化传递和文化整合的最重要组织形式，尤其是多民族的课堂教学，一定要因材施教、因人施教、因地施教，采取开设专门课程的方式，或在相关课程和活动中安排恰当的教学内容，使文化遗产在历史与现实的沟通中鲜活起来。目前，缺乏教材是制约学校开展民族文化教育的一大障碍，同时也严重影响民族文化教育的质量。要在国家实施课程的前提下，鼓励各学校结合自身和当地的实际，充分利用优秀的民族文化资源，以促进民族文化传承和发展为中心，组织编写校本教材，鼓励相同文化类型的地区共同编写或使用相对统一的校本教材。教材的编写是一项复杂的工作，既要注重聘请专家进行指导，又要发挥本校教师的作用，还要利用好当地民族民间艺人的资源。在内容的选择上，不可能照顾到每一个民族，也不可以面面俱到，应当注重课程知识的代表性和独特性。

总之，要通过走出去收集、收集后提炼、提炼上加工，努力提高教材编写的质量。实践证明，抓好试点是推进工作的有效方法，学校民族文化教育传承也不例外，需要通过抓好试点，探索学校开展民族文化教育传承的有效路子。

三、构建学校教育传承民族文化的活动机制

学校民族文化活动，是巩固民族文化教育成果，提高学生学习兴趣，促进民族文化传播，更好地服务当地经济社会发展的重要载体。只有把学校民族文化教育与当地经济社会

发展有机地结合起来，寻找出一条既符合学校传承与发展民族文化，又能促进当地经济社会发展的路子，才能为学校民族文化教育长期开展提供保障，才能使"活态"的民族文化得以生存和发展。

学校无论是举行大型活动还是常规活动，都应贯穿民族文化的内容，如将学校运动会增加民族体育项目，学校文艺会演加大民族文艺的份额，新年晚会列入民族文化表演，将民族健身操作为课间操的项目等等。同时，广泛开展和组织班级之间、年级之间的民族文化活动，不断充实和改进教学内容，使活动既具有观赏性又具有教育的功能。有条件的学校可组织学生参加民族民间文化的社会实践，提高学生表演的才能和动手的能力。定期或不定期地举办民族民间文化教育成果的展示和交流，从而促进各校相互学习、相互提高。

一个民族的文化记忆是十分顽强的，经久不衰的。许多少数民族，特别是没有文字的民族，其民族的历史差不多都是靠口头的史诗、传说等文化记忆，一代一代地传递下来的。学校可以组织学生参加当地各类民俗活动，在活动中学生既是参与者，也是受教育者，让传统古朴的民俗活动焕发生机和活力，使民族文化生存的这块土壤更加肥沃，从而使更多的民众从丰富的民俗活动中感受到生活的愉悦、快乐和乡情、亲情，在世代相传的民俗活动中感受到独特的文化魅力，感受到传统文化与他们生活密不可分，从而起到潜移默化的作用。

四、构建学校教育传承民族文化的保障机制

学校教育传承民族文化要纳入当地经济社会发展的规划，有条件的地方应制定学校教育传承民族文化的专题规划。要组织有关专家，深入开展调查研究，认真总结工作经验，着力于优秀民族文化的保护和传承，提出具体的意见和建议，搞好规划的制定。有了好的规划，关键在于实施。学校教育传承民族文化，不仅是学校的事，它需要对社会各方面力量的多元整合，尤其是教育、民族、文化等部门，纳入本部门的工作内容，建立起相应的工作协调机制，要定期召开专题会议，安排部署民族民间文化教育工作，研究解决工作中遇到的困难和问题，并采取切实可行的措施，推动民族民间文化教育健康发展。有关部门应根据工作的职能，各负其责，协调配合，抓好落实，共同推进学校教育传承民族文化工作。

能否统筹解决学校教育传承民族文化的师资问题，是民族文化教育能否坚持开展并取得实效的关键所在。因此，各地要制订民族文化教育师资培养计划，需要有一些特殊的政策和措施，并充分利用现有的资源，对相应学科的教师进行培训，可以组织他们到民族地区进行实地调查研究以及参加各种民族文化活动，使那些具有特长的教师能够达到民族民间文化课的教学要求。在当前师资比较缺乏的情况下，应充分地发挥民族民间艺术的人才资源，把当地的民间歌师、舞师、建筑师、工匠师及民族民间演出队伍的骨干请进课堂，聘请国家和省公布的非物质文化遗产项目的传承人进行授课。

学校教育传承民族文化既是一项工程，也是一项事业，要从保护和传承优秀民族文化

的需要，推动湖北省少数民族繁荣发展的需要，构建特色民族教育的需要出发，高度重视、统筹解决好所需要的资金问题。政府应把学校教育传承民族文化教育所需要的经费，列入当地财政年度预算。各级教育、民族、文化工作部门要从教育经费、民族教育专项经费、非物质遗产保护经费中，安排一定数量用于民族民间文化教育，帮助解决教师培养培训、教材编写、教学设备购置等方面的特殊问题。开展民族文化教育传承的学校，每年应从学生平均公用经费或其他经费中，安排一定比例用于民族民间文化教育活动。社会各方面，也要积极支持学校教育传承民族文化，参加各项民族文化活动。随着学校教育传承民族文化的深入，各项工作逐步进入了制度化、规范化、长效化，应将民族文化教育纳入教学评估和督导的内容，作为对学校教学工作的考核内容之一，并建立相应制度和机制。要定期开展民族文化教育工作的检查、督导和评估，定期组织开展民族文化教育优质课和精品课评选，定期表彰民族民间文化教育的先进集体和个人，定期展示民族文化教育成果，进一步激励学校教育传承民族文化，在民族文化保护、传承和发展中发挥更大的作用。

第六节　开展高校非遗传承人选拔活动

　　流行于土家族区域的三棒鼓是一种重要的非物质文化遗产，是一种传统的民间曲艺和特殊的艺术形式。随着社会进步和现代化的推进，作为国家级非物质文化遗产的三棒鼓传承发展虽然取得了一些可观的成绩，但其当代传承依然面临一些困难。以宣恩三棒鼓为例，当代传承面临着"群众基础薄弱、传承缺乏专业人才、缺少专项保护发展经费、市场需求乏力"等发展困境，破此困境应着力"培养优秀传承人、让非遗进校园、政府加大支持力度以及有效实施引导管理"。

一、国家级非遗土家族三棒鼓的基本状况

　　土家三棒鼓作为一种地方曲艺，虽然受到现代社会变迁的影响，但在长期的发展、嬗变、传承过程中也体现出土家族人的民族精神与情感追求，其演唱形式轻快活泼，唱词通俗易懂，又蕴含令人遐想的意蕴。

（一）三棒鼓历史沿革

　　三棒鼓源于唐朝，流行于元朝，始称为三杖鼓，在《湖北民俗志》中载录："三棒鼓是因以三根鼓棒丢耍击鼓伴唱地方小调而得名。三棒鼓起源于唐代三仗鼓。"明朝时期，汉族统治者开始与土家族地区进行文化交流与文化同化，汉族的歌舞艺术逐渐向东、南地区传播，明朝末年三棒鼓传入土家族地区，对土家族文化产生了深远影响。

　　三棒鼓最初是流浪者的一门乞讨手艺，在天灾人祸时被迫远走他乡逃荒，在逃荒要饭

时，不只是向他人伸手乞讨一点食物或者金钱，而是通过自己的技艺，展示给观众以博得掌声和笑声，换取打赏维持生计。后在政治变动、社会环境的影响下，宣恩三棒鼓由开始的闯江湖以谋生计的乞讨艺术逐渐演变为婚丧嫁娶、街头宣传、开业祝寿的助兴演唱形式。

（二）三棒鼓表演程序调研表明

三棒鼓作为助兴演唱没有具体的表演程序，但在土家丧礼中有着一套固定的程序，因此简要叙述在丧事中三棒鼓的表演程序，具体分为以下四大步骤，也就是一夜四场，每一场时长一般情况下两个小时内。

第一场为参灵开板。到孝家之后的第一件事就是了解亡人的生辰八字、死亡时间原因、家庭情况等。这一场主要是唱"亡人"的生平和儿女对"亡人"的孝顺。表演者一般为四人，两人击鼓抛棒并轮流演唱，另两人敲锣。唱词如"时间过得快／子丑寅卯来／故亡遗像桌上摆／烛光照灵台"等。

第二场扯白。扯白可以理解为互开玩笑，如同相声一样，一人逗哏一人捧哏。这一场以趣闻轶事为主，内容不限，天南海北，无所不谈，这也正是三棒鼓的高潮所在。表演者为两人，抛刀也只有在这一场出现。唱词如"你像潘长江／我像小沈阳／花鼓像把相声讲／糍粑裹蜂糖"等。

第三场说书。这一场已经临近下半夜，大部分客人都快昏昏欲睡，一般师傅都会说点历史、唱点古书。这样不仅活人的时间打发过去了，也陪了亡人。土家族丧礼中一般固定的书目如《二十四孝》《劝世文》等。唱词如"盘古初开章／天地人三皇／伏羲八卦定四象／才分阴和阳"等。

第四场为点孝赐灵。这一场是最后一道程序，点孝赐灵的内容多为祝福奉承孝家兴旺发达、吉祥如意的唱词，同时还唱父母对儿女的养育之恩。唱词如"酒醉饭吃饱／选择路一条／走上正常的轨道／参灵把亡朝"等。

三棒鼓虽是闯荡江湖的乞讨艺术，但可以说是文学、艺术、杂技的结合，唱词灵活，题材故事性强，在表演中，需要脑力与体力的配合，为保证表演的流畅、气力的发挥，所以每一场都有固定的时间休息，不至于太赶太急，破坏整体节奏。

（三）三棒鼓传承和发展现状

当前，经济的快速发展，传统的非物质文化也不断在加快建设的步伐，随着国家对非物质文化遗产的重视，三棒鼓也有了新的生存土壤，灵活填词的好处对于政策宣传起到了重要的作用，可以把国家政策、中央精神编写成朗朗上口、通俗易懂的唱词，让老百姓更容易理解，及时做到上传下达，确保政令畅通。

1. "申遗"成功

三棒鼓近年来的大力发展离不开国家和地方政策的宣传及支持。2009 年，宣恩三棒鼓入选为第二批省级非物质文化遗产名录；2011 年，经国务院批准文化部授牌，宣恩三棒鼓成功申报为第三批国家级非物质遗产名录。据统计，宣恩三棒鼓共有一位省级非物质文化遗产代表性传承人朱锦泉，三位州级非物质文化遗产代表性传承人陆海权、张相成、胡金平，三位县级非物质文化遗产代表性传承人杨昌埃、唐辉琼、李昌培。

2. 建立传承机构

2018 年 12 月，恩施州民宗委下拨保护经费 10 万元，三棒鼓传习馆在宣恩县地标性建筑钟楼挂牌成立，标志着三棒鼓建立传承机构。宣恩县三棒鼓传习馆成立，是为了更好地推广传统民族文化，传承民间非物质文化遗产，促进宣恩县旅游资源与非物质文化遗产的整合与开发。三棒鼓传习馆是文化部门与民间艺人相连的桥梁，将民族文化的政策与实践紧密地结合，去推广、发扬、传承民族文化。

3. 开展专业培训

聘请非物质文化遗产传承人为讲师集中授徒，从韵脚唱词及丢棒抛刀上来进行演示讲解，培养出新的三棒鼓传承人与爱好者。据三棒鼓传习馆主任介绍，每一年不定期举办四五期培训班，具体举办时间与每期间隔时间同文化部门对接后协商而定。对于招收学员没有门槛，对学员的吃住行等都有一定的补贴。同时，非遗传承从娃娃抓起，进行三棒鼓校园培训。2017 年 9 月，高罗镇中心小学三棒鼓兴趣班成立，由州级传承人张相成授课，每一周一节课，经过一年的实践，培养了 30 多名三棒鼓学习者。

4. 艺术宣传活动

三棒鼓的艺术宣传活动主要是通过 3 个方面展示出来：一是编写出版三棒鼓相关教材和书籍。根据党的政策、政府文件等编撰相关唱词，使民众更多地了解三棒鼓，让三棒鼓扎根基层、落地生根。二是举办相关活动，例如，组织三棒鼓班子到广场宣传党的惠民政策、举办三棒鼓古词大赛等。三是培养、选拔三棒鼓传承人及学习者参加国内各大比赛。例如 2013 年以朱锦泉为代表参加"中国少数民族非物质文化遗产展示周"活动；2018 年参加文化和旅游部在天津举办的"非遗曲艺周"；2019 年 12 月参加中国武陵山区第五届三棒鼓擂台赛（湘西龙山），并夺得铜奖。

5. 国家级非遗土家族三棒鼓的传承困境

2011 年，宣恩三棒鼓成功申报为国家级非物质文化遗产，这对于宣恩三棒鼓的保护、传承和发展产生极大的推动作用，但在实地调查过程中发现，三棒鼓的传承和发展也遇到了困难和挑战，其原因是多方面的，既有三棒鼓艺术形式的局限性，也有外在环境的原因。

（1）缺少高素质的三棒鼓专业人才

目前，在宣恩县职业或者半职业的三棒鼓传承人屈指可数，且年龄偏大，普遍在 40 岁以上。大部分传承人文化知识水平不高，在创新等方面有所欠缺，没有明确的职业规划。从传承人口述得知，许多传承人和表演者把三棒鼓作为"副业"，能把三棒鼓作为职业的人，不仅要能安于清贫的生活，还得需要家人的鼎力支持，毕竟在现实条件下，仅仅靠三棒鼓养家糊口有一定的难度。这就造成传承人把三棒鼓表演不得不先用于商业演出，没有考虑太多传承发展。

同时，随着社会经济的发展和物质生活的诱惑，农村青年纷纷外出上学、打工，三棒鼓由于缺乏相应市场和学习环境，技艺又很难，在学习过程中大多因不耐寂寞和不愿吃苦而放弃。传承人培养的徒弟也多为中年人，年龄偏大灵活性、悟性不如青年，且知识文化水平有限，难以把三棒鼓创新和宣传提升到一个新的高度。

（2）政府支持力度不够，缺少专项经费

宣恩三棒鼓于 2011 年成功申报为国家级非物质遗产名录后，一直没有建立起一支专业的工作队伍。直到 2018 年 12 月三棒鼓传习馆的成立，才标志着三棒鼓建立传承机构。据三棒鼓传习馆主任介绍，虽然三棒鼓传习馆由文旅局主管，实际上为民间社团，缺少政府资金的扶持，社团日常开销需自己承担。政府对三棒鼓传习馆没有固定补贴，政府通过第三方购买服务，三棒鼓传习馆才能获得资金。宣恩政府并没有专门针对三棒鼓传承发展的政策，而是全面倾向传统文化整体的保护与发展，使得三棒鼓在传承和发展过程中缺少强有力的支持，效率低下，无具体规划性。在资金扶持上，从传承人口中得知，对比邻县龙山县来说，传承人补贴均少于龙山县，在只字片语中能感受到传承人虽然甘于清贫，但也期望一定的经济保障。

（3）老市场需求乏力，新市场还未成型

老市场是指红白喜事，新市场是指旅游与非遗的结合。在现代潮流文化的冲击下，三棒鼓的老市场需求乏力，市场的大小在一定程度上决定了三棒鼓的发展，市场窄受众少，表演机会就少。正如宣恩三棒鼓传承人所说："想学的人倒是有，有两个来了我都没教，因为我们这个市场太窄了，我给你带起但是没得地方唱，你就学不到。"据调查可知，目前三棒鼓多用于农村丧事及助兴演唱宣传活动，大多是义务表演和借平台宣传，有少量的补助，收入来源主要来自吊丧。随着社会的发展和人们观念的更新，丧事不一定在家里进行，很多人为了去繁化简而选择殡仪馆，那么三棒鼓也就相应减少了市场。

在各大景区表演民族文化已经是一种常规模式，虽然提倡文旅不分家，但在实际资金的投入中旅游的硬件设施等占比较多，在软实力文化上投入较少，在宣恩旅游景区中给予三棒鼓展示宣传平台少，更加注重景区的规模打造和盈利。旅游不仅是吃喝玩乐，也要让游客感受到纯粹独特的民族文化，才能给游客留下深刻的影响。

二、国家级非遗土家族三棒鼓当代传承

目前，借着非遗政策的春风，民族地区应大力推动民族文化的发展，但基于社会的现代变迁，民族地区一些非物质文化遗产进入国家级名录后，其发展依然面临一定困境。那么，在新形势下，究竟如何更有成效地发展三棒鼓以及如何调动各方面力量解决其目前面临的实际困境呢？以宣恩三棒鼓发展状况为基础，提出如下建议。

（一）发扬好"传帮带"，培养优秀传承人

"传帮带"是一种传统的技艺授徒方式，三棒鼓传承人多采用"传帮带"的授徒方式，

口口相传。在传帮带授徒方式中，师傅不仅在技艺上指导徒弟，在品德上也严格要求，力求培养德艺双馨的徒弟。同时，师傅也要做好表率工作，要不断地接受新知识新思想，利用自己多年的功底、稳固的基础同徒弟的新视野新想法相结合，共同创新出更加符合大众口味的三棒鼓，开阔出更广的市场。三棒鼓传习馆罗杰义主任师从代表性传承人陆海权老师，陆老师指导罗主任的基本功，从韵脚唱词及丢棒抛刀上耐心讲解，悉心培养。罗主任在学习过程中，从一个普通学徒逐渐走向推广、发扬民族文化的组织者。

"传帮带"是两代人之间的思想碰撞，师徒关系极其重要，只有形成良好、和谐的师徒关系，才能更有利于技艺的传授。师傅不仅是技艺上的大师，还是生活中的领路人，要关心徒弟，使徒弟更快融入学艺环境。在传授技艺上也要遵循"因材施教"的方法，基础条件不同，往往其培养着重点也有差异。

（二）让非遗进校园，使学子担负传承使命

由于三棒鼓受众少，在现代化的冲击下，年轻人对于三棒鼓的认知度不高。非遗宣传对于培养年轻传承人和爱好者十分重要，青少年正处于知识启蒙、三观人格养成关键重要阶段，非遗教育从小抓起，有益于增强青少年的民族认同感和文化自信。三棒鼓传承人进校园进课堂可以培养学生对三棒鼓的认同感和兴趣度。同时，抛刀等武戏方面讲究童子功扎实的基本功扎实对于日后的创新有很大的帮助。2021年3月，非遗展演活动在宣恩县清江外国语学校正式开展，本次展演活动由清外学子表演八宝铜铃和滚龙连厢等节目，在让学生缓解学业压力的同时，还能强身健体。除此之外，还可以在高职院校的文化和旅游相关专业开设三棒鼓传承培训课程，比如，艺术专业和旅游专业，通过对学生的培养和传授，选择有天分、可塑造的爱好者进行重点培养。对于学校来说既传承非遗文化，又丰富了学生的业余活动，也多掌握了一门技艺。老一代的传承人大多文化知识水平不高，对于资料的保存、整理、创新、提炼等都需要新一代文化知识丰富的传承者参加协助。

（三）政府加大支持力度，夯实保护传承基础

政府对三棒鼓的经费上还需加大投入。一是对传承人的补贴要提高和落到实处。传承人应该享有国家提供的定期非遗传承工作补助。补助不仅是对非遗传承人生活上的一种保障，更是夯实非遗工作顺利开展的物质基础。政府还应该考虑把非遗社会团体的负责人纳入文化志愿者，让他们享受到相应的待遇，有了经济保障才能更好地开展非遗保护工作。二是充分运用微信公众号，确保有关三棒鼓的活动新闻第一时间在公众号更新，要重视抖音等平台，发表有质量的三棒鼓短视频扩大影响力。三是与融媒体中心要保持合作，把优秀的三棒鼓节目送到更高更广的平台去展示。

要充分利用电视、媒体、公众号等去宣传展示三棒鼓的美与韵味。只有让大众有渠道、有兴趣去了解欣赏，才能让三棒鼓有更广阔、更坚固的生存土壤。总之，政府应该加大宣传呼吁力度，给予更多实质性的政策扶持和资金扶助。提高群众对三棒鼓的认识，引导社会增强对民族文化的认同感、自豪感，形成政策给力、群众努力、市场发力的良好局面。

（四）专业有效的管理，形成保护合力

政府部门要提高保护和传承三棒鼓的认识，思想上要统一，把想法和方案经过统一协商、合理分工落实在实际操作中，制订出切实可行的、可操作性强的规划方案。把文化和旅游市场统筹起来，景区给三棒鼓的展示搭建平台，让游客更多地了解非遗文化，提高三棒鼓知名度。文化和旅游的结合必定是双赢，许多旅游景点千景一面，类型单一，给游客留下的印象和体验感不深，但动态的民族特色，如土家歌舞表演，在景区开展民族文化展演必定会给游客留下深刻的印象，同时也能增加当地就业，拉动经济增长，给三棒鼓表演者一份稳定的收入。清明小假，宣恩伍家台景区里展示了一场原生态的土家民族歌舞表演，游客们在观赏青山绿水的同时，也欣赏了一场茶服表演，品尝了特有的贡茶，给游客留下了深刻的旅游体验。

加强对当地管理人员和演出专业人员的教育培训，建立起一支专业高效的三棒鼓管理队伍，同时打造出一支专业稳定的三棒鼓表演班子，承接州县级各大活动歌舞晚会及景点有偿演出服务，避免举办各大活动临时召集人员，无法保证演出质量。

第六章 总结与展望

第一节 研究总结与结论

在当今中国社会主要矛盾变化、"文化强国"战略不断推进、公共文化服务体系不断完善的大背景下，非遗事业的保护工作和发展模式是其中重要一环。如何建立一个适应非物质文化遗产发展规律、满足公共文化建设需要、发挥政府主导作用、吸引社会各界力量参与的非遗保护组织体系，也一直是学者们研究并探索的问题。在实践中，非遗传习所在全国各地开花，湖北省也有多家传习所挂牌成立，这是一个令人欣慰的大趋势，但也存在着未能调动高校资源的不足之处。湖北省高校非遗传习所模式构建，将非物质文化遗产项目及传承人请进高校，以高校带动非遗研究，以社会企业组织推动非遗项目产业化。该模式试图在传习所模式大发展的同时更加锦上添花，将湖北省高校力量加入进来，在高校里开展非遗传习所的建设工作，更加利于非遗的保护以及产学研的结合，实现新时代湖北省传统文化的发展。

但在非遗传承工作中也存在着一定的局限性，例如尚未征集非遗传承人及项目主要负责人的意见和看法，难以预测其主观意向如何。另外，非遗项目具有生态性和整体性，该类习俗的形成与发展脱离不开当地生态环境和人文环境，脱离便失去本有的特色和形式。对于部分需要整体性、生态性保护非遗项目来说，高校非遗传习所的模式尚无法整体搬迁原有非遗生态环境。因此对于规模较大的生态性的非遗项目，还需要新的模式进行整体性保护。

第二节 前景展望

一、非物质文化遗产法制体系的建设

现阶段我国对以非物质文化遗产保护的法律主要依据的现有法律为《保护非物质文化

遗产公约》《著作法》《民间艺术文学保护条例》等相关法律条目。虽然条目众多，但没有一部专门针对非物质文化遗产保护的完善的法律，这就导致现阶段我国对非物质文化遗产的保护工作，多限于众多的知识产权的申请和保护的法律中，在申请和评判时更多的是无证可寻、无法可依的情况。大部分的情况只有一些政策和条例作出一些保护的限制。

非物质文化遗产的存在形式的特殊性和发展性，都需要专门地对待，就现阶段我国的《著作法》规定来分析，《著作法》是指对创作者创作的作品在精神上和经济上的保护，保护的客体是具象的电影、音乐、著作等，同时规定在作者的有生之年和去世后的50年内是有效的，但对于具有特殊性的非物质文化遗产来说，就起不到有效的保护性。同时，这一部分的规定，也不利于非物质文化遗产的流传、发展和影响。其中存在大量的不可避免的问题和适用性问题。如果就专利权的角度去保护非物质文化遗产，也会同样存在大量的问题，比如专利权要求申请时需要具有一定的新颖性，但这却是非物质文化遗产不具备的，同时专利权保护的时间性问题，也与非物质文化遗产长久留存的条件相悖，所以对于非物质文化遗产保护，专利权也不适合。

目前，在我国对非物质遗产保护的主要法律为《保护非物质文化遗产公约》，此法律条文为联合国教科文组织于2003年出台的国际性的对非物质文化遗产保护的法律。此法律条文对非物质文化遗产的形式和涵盖内容做了定义和解释，在作出界定的同时，也提出了保护的价值和措施，同时在各国也有相对应的对非物质文化遗产保护的法律和条约，但到目前为止也没有统一。高校非遗课程中，教学内容应朝着构建非物质文化遗产保护法的理论建设方向努力，在法律选修课、经济学选修课、艺术学选修课等课程中，适当加入非物质文化遗产保护法的理论章节，为构建非物质文化遗产保护法的实施与完善作出贡献。在各国高等教育中，都涉足对非物质文化遗产保护条文和合约的相关教育课程，这些课程的设置，可以说对世界的非物质文化遗产的保护工作作出了极大的贡献，使更多的非物质文化遗产得到了保护，使其知识产权和所有权都得到了保护和认可。

二、非物质文化遗产研究手段的丰富

丰富非遗研究手段的种类和深度，有利于促进该研究领域的学术规范性以及可持续发展能力。我国目前关于非遗的研究手段主要采用理论研究和定性研究方法以及对其采用的方式还未全面地深入和理解。

（一）全面落实好课程体系建设

教育教学活动必须要依靠课程教学这一平台方能顺利开展，不然便失去了重要的前提保障，因而，想要达成非物质文化遗产的教学目的，则一定要积极开拓和建设高校非物质文化遗产课程体系。具体来说，可以从以下两方面着手开展。

首先是要创建专门的非物质文化遗产课程群，将其视为一门独立的教学学科，设置专业主修课程、选修课程、实践课程等，依靠完善多元化的课程体系来确保教学工作的顺利进行。

其次是在不更改已有主体课程体系、目标和显著特色的前提下利用多种途径将非物质文化遗产的相关知识融入其他课程的教育教学之中，进而推进非物质文化遗产延承工作的有效性，这大体包含两类途径：一是在当前已有的文化课程中适当地融入部分非物质文化遗产的知识，二是以一本读物、一段影像、一个单元或者一节课的形式，将非物质文化遗产的知识、概念融入其中。

除此以外，还要借助具体的教材体现出来，有关部门应当要精心组织业内的专家、学者，大量搜集、整理散落于民间的非物质文化遗产，结合非物质文化遗产多数归类于口耳相承的特征，运用字符、图片、音频、影像等形式来建设相应的教材体系。于具体的内容而言，主要包含普遍特性显著的民族非物质文化遗产和地域性显著的非物质文化遗产，于形式而言，除了字符、文字资料，还包含音频、视频资料。对于地方院校而言，除了要强化开发非物质文化遗产的基础教材，还要结合当地的地域化特征开发特色化的本校教材，充分发扬当地非物质文化遗产的地域优越性增强学生的故土情愫，促进本地特色文化的大发展。

（二）组织社团活动，保护与传承非物质文化遗产

非物质文化遗产的继承和发扬是在潜移默化中口耳相传的，拥有极强的实践参与性，想要使学生切实地担负起非物质文化遗产维护与延续的重任，则一定要让学生亲身投入实践中来体验和感悟，在体验和感悟的过程中收获更多的启示，并在启示中进行文化遗产的延承和革新。

高校培养学生实践技能最为关键的途径便是组织丰富多彩的社团活动，因此，各高校应当以非物质文化遗产为核心内容积极创建一些校园社团机构，经常策划一些同非物质文化遗产传承有关的社团活动，使学生在五花八门的社团活动中认识和了解更多的非物质文化遗产。此类社团机构既可以让社团成员在体验中强化自身于文化遗产的维护意识及继承能力，还可以借助丰富多彩的活动有效地调动其他学生的积极性，吸引更多的学生参与到非物质文化遗产的维护与延承中来。由此可见，将非物质文化遗产融入社团活动中，既有助于使学生的校园生活更为多姿多彩，激发学生的兴趣，同时也强化了他们对本地特色化非物质文化遗产开发、整合、维护和传承的观念和意识。

（三）开展创新实验

目前，有很多高校将"质量工程"视为发展的重要机遇来推行创新实验计划，引导学生直接参与到各种科学研究活动中，全面阐扬自主式、协作性、探求性的育人模式，让千万大学生在大学教育阶段可以获得更好的科研训练。以非物质文化遗产延承的角度来看，推行创新实验计划可以选取一定的非物质文化遗产项目来充当研究的对象，在引导学生自主搜寻所需的研究材料素材，策划研究课题，独立完成成果验证的基础上，促进学生的全方位发展，在这一过程中，学生对于非物质文化遗产的认知与传承能力也会得到有效

的增强。在学生完成自己的科研报告或论文以后，院校可以联合其他院校经常举办一些联合性交流沟通的学生论坛活动，相互分享本校学生与非物质文化遗产的优秀科研成果，共同探讨相关问题，在分享与交流中促进研究成果的不断完善，如此一方面有利于开阔学生的视野，使学生接触到更多优秀的非物质文化遗产研究成果，另一方面也有利于提升大学生参与非物质文化遗产保护与传承工作的效率。

三、非物质文化遗产评价反馈机制的构建

非遗评价反馈机制的构建是保障传承和保护主体工作的公开化和透明化以及提高工作效率的重要举措。它不仅能够规范相关部门的工作行为，同时也能提升民众对非遗需求度和满意度。目前针对非遗的保护机制研究中仍未形成系统的评价反馈机制，因此在未来的研究当中，要增加对非遗评价反馈机制的研究，形成"评价—反馈—运用—提升"的管理研究系统，不断根据保护和发展现状的真实性、导向性及时调整工作计划，建立标准的发展体系，从而有效地增强了非遗可持续发展的能力。

参考文献

[1] 蒋秋萍."非遗"进校园的实践与思考——以"广绣进校园"为例 [J].艺海，2019
（03）：107-109.

[2] 赵尔文达.贵州传统技艺类"非遗"进校园路径研究 [A].《人文与科技》（第二辑）
[C].贵州：贵州民族大学人文科技学院，2019：9.

[3] 李红."非遗"进校园的实践和思考——基于广彩瓷烧制技艺的调查 [J].重庆文理
学院学报（社会科学版），2019，38（1）：85-92.

[4] 孙丰蕊."非遗进校园"与"现代学徒制"——高职在非遗保护和传承中的角色与
功能再思考 [J].中国职业技术教育，2019（3）：25-29.

[5] 本书编写组.中共中央关于制定国民经济和社会发展第十四个五年规划和二〇三五
年远景目标的建议 [M].北京：人民出版社，2020：26-27.

[6] 联合国教科文组织.保护非物质文化遗产公约：第一章"总则"[EB/OL].2021-
03-19.

[7] 李德复，陈金安.湖北民俗志 [M].武汉：湖北人民出版社，2002.

[8] 袁伟.溆浦三棒鼓说唱艺术可持续发展之举措 [J].北方音乐，2015（12）.

[9] 杨懿娟.明清土司制度对"三棒鼓"艺术的影响 [J].兰台世界，2014（35）.

[10] 熊晓辉.明清时期土家族土司制度下的"三棒鼓"研究 [J].湖北民族学院学报：
哲学社会科学版，2013（3）.

[11] 邱雅羚.对湘西龙山县土家族三棒鼓的调查与研究 [J].大众文艺，2012（21）.

[12] 熊晓辉.土家族"三棒鼓"的艺术特征 [J].重庆三峡学院学报，2013（2）.

[13] 华觉明.中国传统工艺的现代价值与学科建设:《中国传统工艺全集》编撰述要 [J].
中国科学院院刊，2018，33（12）.

[14] 徐范，曹馨悦.例谈中国传统手工艺类非遗传承路径 [J].文学教育，2021（3）.

[15] 马骋.寻找传统手工艺在当代艺术中的话语"锚地"[J].上海视觉，2020（9）.

[16] 赵蕾.传统手工艺在当代艺术设计中的应用手段与价值探讨 [J].艺术品鉴，2017
（9）.

[17] 郭敏敏，徐明明.重提"传统手工艺"：由当代艺术设计引发的思考 [J].艺术评论，
2015（7）.

[18] 王琪.非物质文化遗产传承人保护制度的现状及完善 [J].武夷学院学报，2019，

38（8）.

[19] 董淑红 . 关于茶企业会计成本核算所存在问题及对策研究 [J]. 福建茶叶，2017（9）：58.

[20] 李红梅 . 浅谈企业会计成本核算面临的问题与解决对策 [J]. 商，2012（17）：85-86.

[21] 刘文玲，邵丹 . 浅谈国有企业会计成本核算中存在的问题及解决对策 [J]. 经济管理：文摘版，2016（6）：00182.

[22] 马永玲 . 探讨农业企业会计核算存在的问题及完善对策 [J]. 经济技术协作信息，2011（33）：56-56.

[23] 赵彩文 . 中小农业企业会计核算面临的问题及完善对策分析 [J]. 中国乡镇企业会计，2017（8）：184-185.

[24] 金钱琴 . 茶叶生产经营中会计成本核算存在的问题及对策研究 [J]. 福建茶叶，2018（2）：73-74.

[25] 石庆秘，赵梓含 . 人神共存的恩施傩面具色彩运用探析 [J]. 民族论坛,2017（8）.

[26] 吴工，黄绍泓 . 武陵山区土家族傩戏面具的造型特征及制作工艺 [J]. 戏剧之家，2017（4）.

[27] 高盼 . 抖音 App 的传播价值与问题研究 [J]. 新闻研究导刊，2019（10）.

[28] 陈红玉 . 对荆楚文化，我们饱含深情 [N]. 光明日报，2020-02-28.

[29] 王生铁 . 楚文化的六大支柱及其精神特质 [J]. 世纪行，2004（6）：34-35.

[30] 王生铁 . 弘扬荆楚文化精神助推文明湖建设 [J]. 荆楚学刊，2014（1）：23-24.

[31] 傅欣 . 楚文化建筑形象中的浪漫主义审美情趣 [J]. 武汉科技学院学报，2006，（10）：76-77.

[32] 特约评论员，知新 . 让非遗传承更有生命力 [N]. 西江日报，2020-04-20（4）.

[33] 孙正国 . 非遗保护的文化力量 [N]. 中国社会科学报，2020-03-25（7）.

[34] 李敏，王宇洁 . 联合国教科文组织非物质文化遗产保护论述 [J]. 浙江工业大学学报（社会科学版），2020，19（1）：105-109.

[35] 何银春，谢静，梁越 . 武陵山片区传统村落空间分布及影响因素研究 [J]. 中南林业科技大学学报（社会科学版），2020，14（1）：84-92.

[36] 肖红青 . 武陵山片区一体化旅游经济发展的对策研究 [J]. 体育世界（学术版），2020（2）：13-14.

[37] 杨琴 . 全域旅游助力武陵山片区脱贫研究 [J]. 现代营销（信息版），2020（1）：186-187.

[38] 谌晓 . 湖南湘西土家族民歌初探 [J]. 教育现代化，2019，6（99）：253-254.

[39] 彭延波 . 土家族民歌声乐情态的结构 "画像" [J]. 艺术评鉴，2019（21）：27-28.

[40] 于国良 . 论湘西土家族民歌的传承与发展 [J]. 中国民族博览，2019（12）：9-10.

[41] 向华 . 土家族民歌旋律音调结构研究 [D]. 福建：福建师范大学，2013.

[42] 粟茜 . 湖北省五峰县土家族婚礼告祖仪式音乐研究 [D]. 北京：中央民族大学，2012.

[43] 谢嘉幸 . 让每一个学生都会唱自己家乡的歌 [J]. 中国音乐，2000（1）：35-39.

[44] 五峰土家族自治县文联 . 五峰土家族自治县文艺丛书民间歌谣 [M]. 武汉：湖北人民出版社，2004.

[45] 《中国民间歌曲集成》全国编辑委员会编 . 中国民间歌曲集成湖北卷 [M]. 北京：人民音乐出版社，1988.

[46] 金英，张金石 . 基于少数民族音乐文化的高校音乐教育改革研究 [J]. 科技风，2020（14）：45.

[47] 辛霖 . 中国学校音乐教育与民族传统音乐文化的传承 [J]. 大众文艺，2020（9）：166-167.

[48] 罗全 . 人类学视域下少数民族音乐档案价值分析 [J]. 档案管理，2020（3）：82-83.

[49] 郑杰 . 浅析少数民族文化传承与创新：以恩施土家族为例 [J]. 汉字文化，2020（3）：44-45.

[50] 谭晓华 . 土家族文化对恩施旅游业的影响现状及对策研究 [D]. 武汉：湖北工业大学，2012.

[51] 谭志国 . 土家族非物质文化遗产保护与开发研究 [D]. 武汉：中南民族大学，2011.

[52] 张伟国，王雨 . 吉林省首个"新时代传习所"揭牌·将突出"五传五有" [N]. 吉林日报，2017-11-7.

[53] 李新龙 . 湖北"三馆一站"即将免费开放公共文化阳光洒遍荆楚 [N]. 湖北日报，2011-10-27.

[54] 谢方 . 湖北成立首批 16 个非遗研究中心武大华师等入选 [N]. 长江商报，2013-11-2.

[55] 赵婷 . 社区教育与民族地区"非遗"传承研究 [J]. 当代继续教育，2018（1）.

[56] 陈守明 . 面向非物质文化遗产教育传承的高校艺术设计课程群构建 [J]. 湖南包装，2019（4）.

[57] 黄宇鸿，陈美英 . 广西北部湾沿海地区"非遗"传承人的生存与保护研究——以浦北"跳岭头"传承人为例 [J]. 钦州学院，2017（12）.

[58] 李嘉征 . 进入·纳入·融入——对非物质文化遗产进校园活动的若干思考 [J]. 教师，2019（1）：127-128.

[59] 陈昕 . 非遗进校园的实现途径与实证研究 [J]. 美术大观，2016（12）：172-173.

[60] 唐马六贵 . 瑶族非物质文化遗产的保护和继承 [J]. 参花，2014（10）：138.

[61] 杨亭 . 土家族审美文化研究 [D]. 重庆：西南大学，2011.

附录　恩施非物质文化遗产调查问卷

您好，我们某某学院暑期社会实践队，感谢您在百忙之中抽出时间来填写我们的问卷。我们想知道您对当地非物质文化遗产的了解程度、对保护非遗文化的态度及建议以了解恩施沐抚的非遗和民俗传承情况。本问卷采取匿名制，不会泄露您的任何个人隐私，请您放心、如实填写。您的回答对我们十分重要，再次感谢您的参与！

1.你的性别是？

男（　　）

女（　　）

2.你的年龄是？

18 岁以下（　　）

18~30 岁（　　）

30~50 岁（　　）

50 岁以上（　　）

3.您熟悉当地民歌《龙船调》《柑子树》《巴东石工号子》吗？

很熟悉并会完整演唱（　　）

熟悉（　　）

知道得不多（　　）

完全不知道（　　）

4.您经常参加身边举办的民俗活动吗？

经常参加（　　）

偶尔参加（　　）

很少参加（　　）

从不参加（　　）

5.您对以下哪种民俗文化展示方式感兴趣

舞台表演（　　）

作品展览（　　）

现场创作（　　）

有奖竞猜（　　）

拍摄纪录片，播放宣传（　　）

其他（　　）

6. 您认识一些民俗文化传承人吗？

认识 5 个以上（　　）

认识 3~5 个（　　）

认识 1~2 个（　　）

完全不认识（　　）

7. 请问如果您是民间艺人，愿意自己的子女去学习民俗文化吗？

愿意（　　）

看情况（　　）

不愿意（　　）

8. 您在生活中通过什么途径了解本地民俗文化呢？

家中长辈的讲述与继承传统习俗（　　）

在与朋友、同事的接触中耳濡目染（　　）

自己有意识地去了解（　　）

通过参与社会举办的民俗传承活动（　　）

受到政府或学校的宣传影响（　　）

其他（　　）

9. 您认为非物质文化遗产存在问题的原因是

文化落后、过时（　　）

自身创新发展空间饱和（　　）

市场前景不好（　　）

资金投入大，效益低（　　）

其他（　　）

10. 当地有些关于非物质文化遗产的活动是否举办次数少了，如果这种现象存在，您认为是什么原因呢？

非物质文化遗产本身传承性的局限（　　）

政府的保护不力（　　）

政府经济发展规划（　　）

民族融合，特别是民俗被汉化（　　）

传承人数量减少和意愿变化（　　）

活动没有变少（　　）

11. 您认为较好的保护非物质文化遗产和发展民俗文化的措施是加强教育、宣传工作，提高群众意识（　　）

加大对传承人的保护力度（　　）

加大资金投入，完善保护机制（   ）

吸收外来文化、现代文化特点进行创新（   ）

与当地旅游业发展结合（   ）

其他（   ）

12. 在您心中，当地有哪些优秀民俗文化值得传承呢？（开放题，请您列举）

——————

13. 对于本地的非物质文化遗产的传承与发展，请问您有什么建议吗？

——————